Der Weg des Kolibris

Hinweis: Diese Geschichte beruht auf einer wahren Begebenheit.
Der Großteil der Namen und die Merkmale einzelner Personen wurden zum
Schutz ihrer Privatsphäre geändert.
Das vorliegende Buch soll nicht dazu verleiten oder aufrufen, illegale
Substanzen zu konsumieren.
Die Informationen in diesem Buch sind sorgfältig und nach bestem
Wissen recherchiert. Eine Garantie kann von der Autorin dennoch nicht
übernommen werden; eine Haftung für Personen-, Sach- und Vermögens-
schäden ist ausgeschlossen. In medizinischen Fragen ist der Rat Ihres Arztes
oder Heilpraktikers maßgebend.

derwegdeskolibris@gmail.com
www.kristina-jessen.de
www.derwegdeskolibris.de
facebook.com/derwegdeskolibris/

Coverillustration: Susanne Babies
Covergestaltung:: Lucas Hasselmann
Foto der Autorin: Clemens Porikys
Übersetzung englischer Passagen: Eva-Maris Gass

Herstellung und Verlag: BoD – Books on Demand, Norderstedt

ISBN: 978-3-7448-2307-4

Bibliografische Information der Deutschen Nationalbibliothek:
Die Deutsche Nationalbibliothek verzeichnet diese Publikation in der
Deutschen Nationalbibliografie; detaillierte bibliografische Daten sind im
Internet über http://dnb.dnb.de abrufbar.

Kristina Jessen

DER WEG DES KOLIBRIS

Meine Reise mit Ayahuasca

INHALT

EINTAUCHEN

TIEFTAUCHEN

AUFTAUCHEN

EINTAUCHEN

Ali Adlerauge

„Zum Flughafen Tegel, bitte!"

„Wo soll die Reise denn hingehen?"

„Nach Peru!", sage ich müde zum Taxifahrer.

Es ist sechs Uhr fünfundvierzig und ich habe seit vierundzwanzig Stunden nicht geschlafen.

Fünf Stunden vorher sitze ich mit trägen Augenlidern am Rechner und schneide auf den letzten Drücker ein Video für die Redaktion fertig. Nebenbei packe ich meine mehr als sieben Sachen für die vierwöchige Tour und bringe die Wohnung auf Vordermann. Dass sich einen Tag vor Abreise doch noch jemand zur Untermiete findet, hätte ja keiner ahnen können. Und wieso muss ich ausgerechnet nachts um zwei Uhr entdecken, dass das Rohr unter der Spüle leckt? Scheinbar hatte sich über die vergangenen Wochen eine Pfütze im Schränkchen gebildet, die sich nun durch die Spanplatten bohrt.

Wie ein verwirrtes Wiesel laufe ich zwischen Küche, Bad, Schlaf- und Arbeitszimmer hin und her und beseitige eine kleine Katastrophe nach der nächsten.

Wohin überhaupt mit meinen privaten Sachen? Es reicht ja schon, dass ich eine Person, von der ich nur einen kurzen, flüchtigen Eindruck bekommen habe, in meinem Bett schlafen lasse. Wer da sonst schon genächtigt hat, muss die Studentin nicht auch noch aus meinen Tagebüchern erfahren. Ich stopfe die „sensiblen Daten" in eine Kiste, quetsche sie in die überfüllte Abstellkammer, drücke mit meinem Rücken die Tür zu und schließe ab. Den Schlüssel vergrabe ich allen Ernstes in der Blumenerde meiner Monstera-Pflanze im Wohnzimmer.

Im Eiltempo erledige ich Aufgabe um Aufgabe, bis der Wecker klingelt. Es ist sechs Uhr vierzig. Zeit zu gehen.

Ich lasse meine Augen wie einen Scanner ein letztes Mal durch die Räume schweifen. Check. Passt schon.

Trotz des Chaos der vergangenen Stunden verlasse ich die Wohnung mit einem guten Gefühl. Umstände hin oder her, ich hab's geschafft.

Abgehakt.

Was jetzt zählt, sind Reisepass, Kreditkarte und meine Beine zum Laufen.

Alles dabei. Bye, bye.

„Die Peruaner sind sehr sensible Menschen", sagt der Taxifahrer, ein älterer Mann mit lichtem Haar und gutmütigen Augen. Soweit ich das durch den Rückspiegel und im schwammig blauen Licht beurteilen kann.

„Ich kenne einige Peruaner. Die schauen einen Menschen an und wissen gleich über ihn Bescheid. Was machen Sie dort genau?"

Kurz überlege ich, ob ich ihm die Wahrheit sagen soll. Aber warum eigentlich nicht?

„Ich möchte an schamanischen Zeremonien teilnehmen."

Ich hatte einen verdutzten Gesichtsausdruck erwartet, wie bei vielen anderen, denen ich von meinen Plänen berichtet hatte. Stattdessen fragt er nur, ob ich Heilerin werden wolle.

Da macht es Klick. Ich bekomme eine Gänsehaut.

„Haben Sie mir diese Frage nicht schon einmal gestellt?"

„Kann sein."

„Ja klar! Sie sind doch Kurde, oder? Vor ungefähr einem halben Jahr bin ich schon mal mit Ihnen mitgefahren. Da haben Sie mir von Ihrer Reinkarnationstheorie erzählt!"

Er sagte damals zu mir: „Wenn Sie noch vier Minuten Zeit haben, erkläre ich Ihnen, warum ich glaube, dass wir alle wiedergeboren werden!" Die vier Minuten hatte ich.

Da Energie laut Einstein nicht vergehe, würde auch die menschliche Energie nicht verloren gehen, sondern sich nur in eine andere Form wandeln. Unser Körper bestehe zum Beispiel zu achtzig Prozent aus Wasser, das nach unserem Tod aufsteige und als Regen wieder auf die Erde zurückkomme. Genauso verhalte es sich auch mit der Seele, die zwar feinstofflicher[1] Natur sei, aber ebenfalls nicht durch die Atmosphäre passe und deshalb wieder zurück auf die Erde müsse, um sich einen neuen Körper zu suchen. Dieser Kreislauf wiederhole sich so lange, bis die Seele feinstofflich genug sei, um in andere Bewusstseinsebenen aufzusteigen. Soweit seine Theorie.

Als wir damals ins Gespräch kamen, erzählte ich ihm von meinem Interesse für Schamanismus. Bei den Kurden gebe es auch Schamanen und seine Großmutter sei Naturheilerin gewesen, meinte er daraufhin. Verschiedene Freunde hätten ihm gesagt, dass er heilende Hände besitze. Aber das wisse er selbst nicht so genau. Es war ein so angenehmes und interessantes Gespräch,

---

[1]Feinstofflich: 1. Aus einem feinen Stoff gefertigt, 2. (in Bezug auf seinen stofflichen Charakter) zwischen materiell und immateriell liegend; ätherisch, 3. über das sinnlich Erlebbare hinausgehend; feinsinnig, subtil. Quelle: http://www.duden.de (Stand: 09.10.2015).

dass ich sogar weiter mit ihm fuhr, als ich wollte. Zum Schluss gab er mir einen Rat mit auf den Weg: „Beschäftigen Sie sich mit Kräuterkunde!"

Bei Tausenden von Taxifahrern in Berlin gerate ich an diesem frühen Oktobermorgen, an dem ich meine spirituelle Reise antrete, ausgerechnet wieder an den einen, mit dem ich ein halbes Jahr zuvor bereits über all diese Themen sprach.

„Es gibt keine Zufälle", sagt er relativ unbeeindruckt von der Situation, in der ich völlig baff bin.

Als wir kurz davor sind, den Flughafen zu erreichen, erkennt er schon aus weiter Ferne an der Abflugtafel die Nummer des Check-in-Schalters, an den ich mich begeben muss.

„Ein Freund hat mir immer empfohlen, mit meinen guten Augen Kampfflieger zu werden", sagt er. „Aber ich glaube, ich bin eigentlich ein Adler."

Da genügend Zeit bleibt bis zum Einchecken und er es auch nicht eilig hat, bleibe ich etwas länger im Taxi sitzen. Ich erzähle ihm, dass in diesen schamanischen Zeremonien Ayahuasca getrunken wird. Davon hätte er schon gehört.

„Würden Sie mir von Ihren Erfahrungen berichten, wenn Sie von Ihrer Reise zurückkehren?"

„Gerne!" Ich tippe seine Telefonnummer in mein Handy. „Und wie heißen Sie?"

Er druckst. „Ich habe ein bisschen Angst vor schwarzer Magie und ich kenne Ihre Schamanen nicht ... Ich sage Ihnen lieber nicht meinen richtigen Namen. Nennen Sie mich einfach Ali!"

Ich klingele ihn an.

„Und wie heißen Sie?", fragt er.

„Na, wenn Sie mir ihren Namen nicht sagen, verrate ich Ihnen meinen auch nicht!"

Er schmunzelt. „Dann speichere ich Sie unter Maria ein."

Wir steigen aus und Ali hilft mir, meinen schweren Rucksack auf die Schultern zu hieven. Anschließend nimmt er meine Hand in seine.

„Maria, wenn es Ihnen in Peru einmal schlecht gehen sollte, denken Sie einfach an Ali! Das wird Ihnen helfen!"

Das glaube ich sofort. Welch' herzerwärmende Begegnung. Besser hätte die Reise nicht starten können.

Ali Adlerauge. So werde ich ihn in Erinnerung behalten.

Die wahre Wirklichkeit

Ich sitze im Flieger. Als der Pilot für den Start beschleunigt, presst es mich gegen den Sitz. Ich halte mich fest und blicke nach draußen ins trübe Nass. Dann hebt der Vogel ab.

Es liegt eine Reise vor mir, von der ich noch nicht weiß, was sie wohl bringen mag. Natürlich weiß man das vorher nie genau, doch manche Dinge scheinen einfach absehbarer als andere, was einem ein Gefühl von Sicherheit gibt. In diesem Fall ist nichts absehbar. Das einzige, was mir gerade sicher ist, ist die Ungewissheit. Deshalb schaue ich der Reise mit Respekt und Freude oder vielmehr durch Respekt gedämpfte Freude entgegen. Ich habe mir die Entscheidung nicht leicht gemacht, über Monate das Pro und Contra mit meinem Verstand durchgekaut. Am Ende entschied das Bauchgefühl.

Ich werde Ayahuasca trinken – ein Gebräu, das aus mindestens zwei im amazonischen Urwald wachsenden Pflanzen hergestellt wird. Aus der Ayahuasca-Liane Banisteriopsis Caapi und den Blättern des Chacruna-Strauchs[2]. Das Quechua-Wort „Huasca" heißt übersetzt so etwas wie „Rebe" oder „Ranke" und „Aya" bedeutet „Tod" oder „Seele".[3] Seit wahrscheinlich vielen Tausenden von Jahren[4] nutzen es die Amazonasvölker, um Kontakt mit Geistwesen aufzunehmen oder um Visionen herbeizuführen, aber vor allem als Heilmittel. Der in der Liane enthaltene Wirkstoff DMT[5] fällt in Deutschland und vielen anderen Ländern unter das Betäubungsmittelgesetz. In Peru erhielt Ayahuasca 2008 legalen Status als nationales Kulturerbe. Westliche Aufmerksamkeit erlangte die Liane in den sechziger Jahren durch die Literatur von William S. Burroughs und Allen Ginsberg. In den Neunzigern begann Ayahuasca, sich

[2] Neben den Chacruna-Blättern (Psychotria viridis) werden auch andere Pflanzen verwendet, die viel DMT (Dimethyltryptamin) enthalten wie z. B. chagropanga (Diplopterys cabrerana).

[3] Vgl. Christian Rätsch, Ethnobotanica Ayahuasca, in: Arno Adelaars/Chrisian Rätsch/Claudia Müller-Ebeling (Hg.), Ayahuasca. Rituale, Zaubertränke und visionäre Kunst aus Amazonien, 2. Auflage, Baden und München 2010. S. 24.
Rätsch weiter: "Das Wort ‚Ayahuasca' hat vier Bedeutungen, die alle miteinander verbunden sind. Zunächst gibt es eine (beta-carbolin-haltige) Pflanze (Banisteriopsis caapi), die Ayahuasca heißt. Dann wird auf der Basis dieser sogenannten Pflanze unter Zusatz zumindest einer (DMT-haltigen) Pflanze ein entheogener Trank namens Ayahuasca zubereitet. Und schließlich nennt man das schamanische Ritual, bei dem der aus der Ayahuasca-Pflanze plus Zusätzen zubereitete Trank vom Schamanen und seinen Klienten eingenommen wird, ebenfalls Ayahuasca. Das mag zunächst etwas verwirrend erscheinen, ist aber in sich schlüssig. Mitunter bezeichnet man auch die psychopharmakologische Wirkung des Trankes und des Rituals schlicht als Ayahuasca. Wir haben es also mit folgenden vier Komponenten zu tun: Ayahuasca-Pflanze, Ayahuasca-Trank, Ayahuasca-Ritual, Ayahuasca-Wirkung."

[4] Es gibt hierzu unterschiedliche Angaben, die von 2000 bis mehr als 15000 Jahre reichen. Vgl. Ebeling in „Ayahuasca" S. 125.

[5] DMT (Dimethyltryptamin) ist ein halluzinogenes Tryptamin-Alkaloid, das unter anderem in vielen Pflanzen enthalten ist.

über die Grenzen des Amazonas hinaus in großem Umfang zu verbreiten. Seit einigen Jahren gibt es einen regelrechten Ayahuasca-Boom. Viele Schamanen müssen immer tiefer in den Dschungel vordringen, um die Liane überhaupt noch zu finden. Denn aus der ganzen Welt reisen Menschen in Scharen nach Südamerika, um dem geheimnisvollen Trunk auf die Spur zu kommen.

Ich bin eine von ihnen. Eine stinknormale Sinnsuchende, wie es schon Tausende vor mir waren und Tausende nach mir sein werden. Jeden Tag aufstehen, sich irgendwie beschäftigen, um abends wieder schlafen zu gehen. Wozu eigentlich? Das kann doch nicht alles sein. Warum sind wir hier? Warum bin ich hier?

Lange habe ich mir diese Fragen gestellt und beharrlich nach Antworten gesucht. Doch die Fragen wurden nicht weniger, sondern mehr! Da ich nicht gerade mit Geduld gesegnet wurde, suchte ich nach einem Booster – etwas, das meinen Wissensdurst schneller stillen würde. Und so lernte ich im Frühjahr 2011 Isabell kennen.

„Die da drüben ist übrigens Schamanin", sagte eine Frau während eines Vortrags im Berliner „Kaffee Burger" zu mir und zeigte dabei auf eine Blondine, die gegenüber von uns auf einem Barhocker saß. Ihre üppigen Rundungen waren in enge Jeans und T-Shirt verpackt. Sie hatte helle sommersprossige Haut, schulterlange goldene Engelslöckchen und einen dezenten Nasenstecker. Nichts an ihrem Erscheinungsbild wirkte auf mich schamanisch. Mit anderen Worten: Sie sah völlig normal aus. Und genau das machte sie für mich interessant.

„Die muss ich kennenlernen", war mein erster Impuls. Im Anschluss an den Vortrag lud der Redner die rund fünfzehn Zuhörer auf Cocktails an der Bar ein.

Der Ort wurde schnell immer lebendiger und die elektronische Musik vom Tanzraum nebenan lauter und treibender. Ich griff nach meinem zweiten Caipirinha, der bereits zur Hälfte leer war, und bugsierte mich an den Menschen vorbei auf Isabell zu, die mittlerweile mit einem Mineralwasser in der Hand an der Wand lehnte.

„Und du bist also Schamanin?", fragte ich ohne Umschweife und vielleicht auch etwas plump. Sie nickte reserviert. Ich ließ mich von ihrer distanzierten Art jedoch nicht abschrecken und suchte weiterhin das Gespräch. Langsam aber sicher begann das Eis zu schmelzen und irgendwann zeigte sie mir lächelnd ihre Grübchen. Und eine freche Zahnlücke. Ich habe sie den ganzen Abend mit Fragen gelöchert. Wann trifft man schon eine Schamanin? Und dazu noch eine, die einen so bodenständigen Eindruck macht. Ich fand es ohnehin schon wahnsinnig spannend, ihr zuzuhören, doch als sie plötzlich begann, von der „verbotenen Pflanze" zu sprechen, spitzte ich noch mehr die Ohren.

„Die verbotene Pflanze? Welche Pflanze ist das?", fragte ich.

Isabell zögerte einen Moment.

„Ayahuasca", sagte sie mit einem scharfen Blick. Von Visionen und Welten in den prächtigsten Farben und Formen schwärmte sie und ihre Faszination schwappte sofort auf mich über. Und so auch der dritte Caipirinha, den ich mir gerade bestellt hatte. Das war ein Zeichen.

„Ein Mineralwasser, bitte!", sagte ich zur Kellnerin und während ich unbeholfen mit einer Serviette über die nassen Stellen auf meinem Oberteil wischte, hing ich schon wieder an Isabells nüchternen Lippen.

„Ayahuasca zeigt dir die Welt, wie sie wirklich ist", sagte sie.

„Die Welt, wie sie wirklich ist?", fragte ich. „Was soll

das heißen? Was ist mit der Welt hier? Ist die nicht real?"
Isabell sagte, das würde jetzt zu weit führen und sie
müsse nun leider los. Ich schaute auf mein Handy. Es
war zwei Uhr fünfunddreißig. Sie gab mir ihre Visiten-
karte, auf die ich in Großbuchstaben den Namen der
Pflanze notierte. Ich brachte sie noch zu ihrem Fahrrad
vor der Tür. Schnurgerade sah ich sie davonradeln.

Gleich am nächsten Tag begann ich mit der Recherche.
Wie ein Schwamm saugte ich alles in mich auf, was ich
zu Ayahuasca im Internet finden konnte. Ich klickte
mich durch massenweise Youtube-Videos, wurde in den
Bann gezogen von Beschreibungen derer, die die Welt
nun scheinbar mit anderen Augen sahen. Sich wie neu
geboren fühlten. Auch der Sänger Sting hat vor mehr als
zwanzig Jahren an einer Ayahuasca-Zeremonie im
Dschungel teilgenommen. Er beschreibt es als die einzig
wirkliche religiöse Erfahrung, die er jemals in seinem
Leben gemacht hat. Es habe sich angefühlt, als würde
„etwas" jede Zelle seines Körpers durchwandern. „Plötzlich fühlte ich mich mit dem gesamten Universum verbunden ... Ich habe keine Ahnung, was es ist, aber da ist
definitiv eine höhere Intelligenz am Werk während
dieser Erfahrung", sagte er in einem Interview.[6]

Die Liane gilt als Königin unter den sogenannten Meisterpflanzen, also den Pflanzen mit psychoaktiven Wirkungen. „Meisterpflanzen sind Werkzeuge (Pflanzen-
lehrer), durch die man die anerzogenen Wahrnehmungs-
muster verlernt und den Blick für höhere Dimensionen
oder andere Wirklichkeiten öffnen kann", schreibt

[6] https://www.youtube.com/watch?v=SxaxvC3W6CQ
(Stand: 25.5.2011).
Siehe auch Müller-Ebeling, Ayahuasca, S. 149f.

15

Ethnopharmakologe Christian Rätsch.[7] Schamanen aus Amazonien würden auf die Frage, was der Sinn des Lebens sei, antworten: „Trink Ayahuasca! Dann wirst du verstehen".[8]

Auch als Therapieform wird Ayahuasca eingesetzt. Drogen- oder Alkoholsüchtige berichten von erstaunlichen Erfolgen durch den Trunk, der ihnen half, sich von ihrer Sucht zu befreien.

So fantastisch dies auch klingen mag – jeder macht unterschiedliche Erfahrungen mit der Pflanze. Auch von absoluten Horrortrips ist in diversen Internetforen die Rede. Eine Frau schreibt, sie habe selbst eineinhalb Jahre nach dem Trinken noch immer Visionen und könne das Kopfkino nicht ausstellen.

In den darauf folgenden Wochen verging kein Tag, an dem ich mich nicht mit diesem Thema befasste.

Außerdem war ich gespannt zu erfahren, wie Isabells schamanische Arbeit aussieht, wie sie sich anfühlt und was dabei geschieht. Also vereinbarte ich einen Termin bei ihr. Zwei Monate nach unserem Kennenlernen lag ich auf ihrer Behandlungsliege.

„Schließe die Augen", sagte sie zu mir. Das tat ich. Zumindest die meiste Zeit. Ich konnte mir nicht verkneifen, ab und zu durch einen kleinen Schlitz zu blinzeln. Schließlich trieb mich auch die Neugierde hierher. Mit geschlossenen Augen und gefalteten Händen vor dem Herzen stand die Wikingerbarbie, wie Isabell von Freunden liebevoll genannt wird, rechts von der Behandlungsliege in diesem schnörkellosen Raum. Sie begann, mit ihren Armen durch die Luft zu wirbeln,

[7] Rätsch, Ayahuasca, S. 13.
[8] Rätsch, Ayahuasca, S. 10.

legte mir Steine auf den Bauch und presste mit hohem Druck und nah an meinem Körper immer wieder Luft durch ihren Mund, so dass ein lautes prustendes Geräusch entstand. Ich bekam eine Gänsehaut. Irgendetwas schien sie da zu vertreiben. Zwischendurch ging sie häufiger zum Tisch und machte Notizen.

Isabell arbeitete zu diesem Zeitpunkt seit neun Jahren schamanisch und betrieb eine eigene Praxis. Im Alter von vier Jahren habe sie erstmalig bemerkt, dass sie hellsichtige Fähigkeiten besitze. Durch ein traumatisches Erlebnis im Alter von zwölf Jahren bekam sie Kontakt zur Geistwelt. Es dauerte lange, bis sie sich endgültig für den Heilerweg entschied, denn sie wollte nie mit Menschen arbeiten, bezeichnet sich selbst eher als menschenscheu. So befasste sie sich zunächst mit Veterinärmedizin, BWL und Recht, bevor sie mit siebenundzwanzig Jahren sehr krank wurde. Sie verlor nicht nur ihre Gesundheit, sondern auch ihre Arbeit, ihre Liebesbeziehung, ihre Wohnung, ihr Geld. Erst dann, als nichts mehr ging, schlug sie einen anderen Weg ein. Es heißt, dass Menschen oftmals eine schwere Krise durchleiden, bevor sie sich auf den schamanischen Weg begeben. Im Rückblick weiß sie, dass sie so krank wurde, weil sie sich weigerte, auf den „Berufungsweg" zu gehen.

Nach der etwa zwanzigminütigen Behandlung setzten wir uns an den Tisch, wo wir bereits das Vorgespräch geführt hatten. Ich erzählte Isabell, dass mir zu Beginn eher kalt war, besonders an Händen und Füßen. Gegen Ende spürte ich einen Energieschwall durch meinen Körper strömen, der mich erwärmte.

„Du hast eine gute Wahrnehmung" sagte Isabell. „Viele Schamanen arbeiten mit dem Feuer. Das ist der Grund, warum manche nur leicht bekleidet sind. Ihnen würde sonst zu warm werden."[9]

Sie warf einen Blick auf ihre Notizen und teilte mir die Dinge mit, die sie während der Behandlung „gesehen" hat. Viele ihrer Aussagen waren erstaunlich konkret und stießen bei mir auf Resonanz. Ich befand mich zu diesem Zeitpunkt in einem schwierigen Beziehungsstatus und hoffte, durch die Sitzung mehr Klarheit zu gewinnen, denn der ewige Zweifel machte mich mürbe. Zum Abschluss lachte sie und sagte: „Jetzt kommt erstmal wieder ganz viel Freude in dein Leben!"

Wie auf Wolken schwebend verließ ich ihre Praxis. Es war ein warmer Sommertag und das erste Mal seit langer Zeit fühlte ich mich unbeschwert. Als hätte mir jemand den Rucksack voller schwerer Zweifel endlich von den Schultern genommen. Ich hatte schon vergessen, wie sich Leichtigkeit anfühlt.

Die folgenden drei Monate sollte dieser Zustand anhalten. Immer wieder überkamen mich heftige Glücksgefühle, manchmal einfach so aus dem Nichts.
Im Herbst traf ich Isabell erneut. Es war der Abend vor ihrer Abreise nach Peru. Das dritte Jahr in Folge flog sie in das ferne Land, um Ayahuasca zu trinken. „Wenn du das nächste Mal nach Südamerika reist, komm ich mit!", scherzte ich beim Abschied.

[9] Vgl. Jeremy Narby, Die kosmische Schlange. Auf den Pfaden der Schamanen zu den Ursprüngen modernen Wissens, 4. Auflage, Stuttgart 2011, S. 182: „Das Wort Schamane kommt von dem tungusischen Wort *saman*, dessen ursprüngliche Etymologie ein Fremdwort sein könnte. Manche Autoren vermuteten den Ursprung in China (*sha-men* = Hexe), im Sanskrit (*sramana* = buddhistischer Mönch) oder in der Türkei (*kam*)(...). Die tungusische Wurzel *sam* deutet auf Körperbewegungen hin. (...) Dagegen hält es Diószegi (1974, S. 638) für wahrscheinlich, dass das tungusische Verb *sa* (=wissen) der Ursprung des Wortes *saman* ist, was demnach ,Der Wissende' bedeuten würde."
Auf verschiedensten Internetseiten wird das Wort Schamane folgendermaßen übersetzt: Einer, der mit Hitze und Feuer arbeitet.

Nur für ein bisschen Abenteuer und Sinnsuche?

Zehn Monate später.

Nils und ich waren an einem Freitagabend im „Kaffee Burger" verabredet. Dort, wo ich vor mehr als einem Jahr Isabell kennengelernt hatte. Nils' und meine Trennung lag bereits eine Weile zurück und wir versuchten uns an einer Freundschaft, nachdem wir an einer Paarbeziehung gescheitert waren. Während die Partywütigen ihre Körper zu Balkanklängen pulsieren ließen, verzogen wir uns in einen der hinteren Räume zum Quatschen. Drei Gläser Rotwein später erzählte ich ihm, dass ich überlegte, nach Peru zu fliegen, um Ayahuasca zu trinken.

Nils hielt es für keine gute Idee. „Du hast doch gar keine Erfahrung mit Halluzinogenen und dann willst du gleich sowas Krasses machen? Tu' es nicht!"

Seine Bedenken konnte ich gut verstehen, denn auch ein nicht unerheblicher Teil von mir zweifelte, ob ich wirklich bereit war, dieser geheimnisvollen Pflanze zu begegnen. Als ich kurz vor diesem Treffen erneut Ayahuasca googelte, erschien an erster Stelle ein Bericht von einem achtzehnjährigen Amerikaner, der nach einer Ayahuasca-Session gestorben und von dem zuständigen Schamanen einfach verscharrt wurde. Auch wenn sich später herausstellte, dass der Amerikaner wohl am Abend zuvor noch bestimmte Drogen oder Medikamente konsumiert haben sollte, womit sich Ayahuasca nicht verträgt, beflügelten solche Berichte natürlich die Angst.

Ich bin ein Kind der achtziger Jahre und ich weiß noch, wie wir in der siebten Klasse im Religionsunterricht Poster gestaltet haben mit der Aufschrift „Keine Macht den Drogen". Darauf zu sehen waren Spritzen,

Totenköpfe und allerlei andere abschreckende Motive. Als Dreizehnjährige habe ich „Fragt mal Alice" gelesen, eine wahre Geschichte eines drogensüchtigen Mädchens, das an einer Überdosis Heroin starb. In dem Buch wurde ein grauenvoller LSD-Trip beschrieben, wodurch ich immer einen wahnsinnigen Respekt vor sogenannten „harten Drogen" hatte. Abgesehen von gelegentlichem Alkohol- und Nikotinkonsum habe ich nur hin und wieder Marihuana geraucht. Ehrlich gesagt bin ich auch froh, dass ich als Jugendliche nie in Kontakt oder in Versuchung gekommen bin, irgendwelche anderen Substanzen auszuprobieren.

Ich schaute Nils mit großen Augen an.

Er runzelte die Stirn. „Ich kenne einen, der hat sein ganzes Leben umgestellt, nachdem er einmal Ayahuasca getrunken hat! Der hat sich sogar einen neuen Namen gegeben", sagte er aufgeregt.

Wollte ich das? Mein Leben ist doch super so, wie es ist, dachte ich auf dem Nachhauseweg. Wollte ich das aufs Spiel setzen? Nur für ein bisschen Abenteuer und Sinnsuche?

Am nächsten Abend stand ein Vorbereitungstreffen für Peru-Interessierte an. Isabell lud dazu in ein spanisches Restaurant im Prenzlauer Berg ein. Als ich dort etwas zu spät eintrudelte, war unser großer Tisch bis auf zwei Plätze voll besetzt. Ich nahm neben Isabell Platz.

Ich war mir an diesem Tag komplett unsicher, ob ich die Perureise wirklich antreten sollte. Meine Zweifel waren stärker als sonst, was natürlich mit dem vorigen Abend zusammenhing. Hatte Nils vielleicht Recht?

Klares Denken zählte heute nicht zu meinen Stärken, denn für die Flasche Rotwein und diversen Shots von gestern rächte sich mein Körper nun. Dies äußerte sich neben Kopfdröhnen und Energielosigkeit darin, dass mir die ganze Welt absurd erschien. Und so auch mein Vorhaben, in den peruanischen Anden dem Sinn meines kleinen Daseins auf die Spur zu kommen.

Während sich die anderen angeregt unterhielten, starrte ich gedankenverloren auf den leeren Platz mir gegenüber, als eine zierliche Frau an unseren Tisch kam und Isabell mit einer herzlichen, fröhlichen Umarmung begrüßte.

„Hallo, ich bin Lina!", stellte sie sich mir mit einem warmen Händedruck lächelnd vor und setzte sich auf den leeren Stuhl. Ihre honigblonden Haare hatte sie zu einem wilden Dutt auf der Kopfkrone gebunden. Ein Pony betonte ihre runden, braunen Augen. Die Chemie zwischen uns stimmte vom ersten Moment an. Die Sechsundzwanzigjährige hatte in Frankreich Schauspiel studiert und machte nun eine Ausbildung zur Heilpraktikerin. Auch sie wusste noch nicht hundertprozentig, ob sie mit nach Peru kommen würde. Doch es gab schwerwiegende Themen, die sie gerne bearbeiten wollte.

„Bei dir scheint doch aber alles in Ordnung zu sein, oder?", fragte sie und schob sich eine Dattel im Speckmantel in den Mund. „Ich meine, du hast einen Job, keine Geldprobleme, eine Familie, mit der du dich super verstehst, tolle Freunde ... Es läuft ja alles."

Sie hatte Recht, eigentlich war alles in Ordnung. Vielleicht lag genau darin das Problem. Vielleicht wollte ich Chaos, einen Ausbruch aus der Gewohnheit. Aber musste ich deshalb gleich so einen drastischen Schritt gehen?

Ich fragte Isabell, warum ausgerechnet ich nach Peru reisen sollte, um Ayahuasca zu trinken. „Bei mir gibt es doch keine riesigen Probleme, die es zu beackern gibt".

Isabell warf mir einen eindringlichen Blick zu und ließ das Gesagte einen Moment auf sich wirken. Dann nickte sie. „Es könnte sein, dass du dich hinterher noch freier fühlen wirst!"

Ich ließ diesen Satz stehen, ohne zu wissen, was genau sie damit meinte.

Im Laufe des Abends wandelten sich meine Zweifel in Vertrauen. Vertrauen darauf, dass dieser Weg richtig war. Dazu trug entscheidend die Begegnung mit Lina bei. Neben unseren Tapas teilten wir in den ersten Stunden des Kennenlernens auch schon eine Sehnsucht miteinander. Wir konnten sie nicht klar benennen, aber sie war deutlich zu spüren.

Am nächsten Tag buchte ich ein Ticket nach Cusco. Und sechs Wochen später war es soweit. Schamanin Isabell, Regisseurin Manu, Kostümbildnerin Annika, Schauspielerin und angehende Heilpraktikerin Lina, Architekt Stefan und ich, freiberufliche Redakteurin – wir saßen zwar nicht im selben Flieger, dafür aber alle im selben Boot.

Einige würden mehr zu rudern haben als andere, wie sich bald herausstellen sollte.

Om Shanti Shanti

Nach einem Zwischenstopp und dreistündigem Aufenthalt in Amsterdam erreiche ich am vierundzwanzigsten Oktober 2012 nach insgesamt sechszehn Reisestunden um dreiundzwanzig Uhr Ortszeit Lima. Mein Anschlussflug nach Cusco ist erst für sieben Uhr morgens angesetzt. Da ich die Wartezeit ungern auf einer ungemütlichen Metallbank im Flughafengebäude verbringen möchte, beschließe ich, in einem Hotel zu übernachten. Kaum trete ich vor die Tür, beginnt die Jagd.

„Señora, Taxi?", lockruft es von allen Seiten aus der Dunkelheit. Ich kann nur die Umrisse der Männer erkennen, die mir die Tür ihres Fahrzeugs aufhalten. Keiner erscheint mir vertrauenswürdig genug. Welches Taxi kann ich bedenkenlos nehmen? Dummerweise steht das in meinem schmalen Reiseführer nicht drin. Also begebe ich mich lieber wieder auf sicheres Terrain, zurück auf die Metallbank. Ein paar Meter von mir entfernt sind zwei junge Männer damit beschäftigt, mit einem merkwürdigen Gerät Koffer und Taschen in überdimensionale Frischhaltefolie zu wickeln. Die Folie soll scheinbar davor schützen, dass niemand die Gepäckstücke zum Transport illegaler Ware missbraucht, wie ich später nachlese. Die beiden Flughafenmitarbeiter wirken sympathisch und definitiv vertrauenswürdiger als die Taxifahrer. Sie wissen bestimmt, wer da draußen seriös ist und wer nicht. Ich solle mir keine Sorgen machen, lächeln sie mich aus ihren Uniformen verschmitzt an. Die Taxen direkt am Gebäude könne ich bedenkenlos nehmen und es gebe auch nur zehn Fahrminuten von hier ein paar günstige Hotels. Aber mehr als dreißig Soles für die Fahrt und fünfzig Soles für das Hotel solle ich nicht zahlen. Zumindest ist es das, was ich verstehe. Mein Spanisch muss sich erst wieder neu entfalten, nachdem ich es lange ungenutzt ließ. Ein Blick auf die Uhr. Es ist dreiundzwanzig Uhr dreißig. Noch immer zeigt sich die Metallbank unter mir von ihrer harten Seite. Weitere sieben Stunden in ihrer Gesellschaft? Nein, danke. Ich wage mich also erneut hinaus, scanne die Männer und suche nach demjenigen, der am wenigsten gaunerhaft wirkt. Ich entscheide mich für den Mann mit dem leisesten Marktschrei. Er führt mich zum Auto, das etwas weiter hinten eingereiht ist. Mit jedem Schritt werde ich skeptischer. Ob das wirklich ein offizielles Taxi ist, frage ich mich, als ich die alte Karre sehe, die sich doch etwas von den vorderen, moderneren Modellen abhebt.

„Sorry, I can't go with you", sage ich. „I don't feel safe", füge ich unverblümt hinzu und schließe in Gedanken Freundschaft mit der Metallbank. So schlimm ist sie nun auch nicht.

„Why?", fragt er mit trauriger Stimme. „Official Taxi!" Er zeigt auf die Plakette, die um seinen Hals hängt. Jetzt tut er mir leid. Er wartet sicherlich schon eine Weile auf das nächste Geschäft. Ich schaue ihm für einen längeren Moment in die Augen, will sehen, ob sich irgendetwas Fieses in ihnen abzeichnet. Doch alles, was ich sehe, ist Sanftmut. Jetzt hat er mich. Ich steige ein in der Hoffnung, dass mir Gutmütigkeit und Mitleid nicht zum Verhängnis werden. Als europäische Frau in Südamerika nachts allein in ein Taxi zu steigen – so mancher, inklusive mir, würden mich für verrückt erklären.

Wir fahren keine zehn Minuten, bis wir das erste Hotel erreichen.

„Achtzig Soles", sagt die Frau hinter dem Tresen in

englischer Sprache.

„Das ist zu teuer! Ich zahle nicht mehr als fünfzig".

„Achtzig Soles", wiederholt sie starr.

„Okay, dann gehe ich zum nächsten Hotel".

Noch immer macht sie keinerlei Anstalten, mir entgegenzukommen. Dann eben nicht, denke ich stolz und lasse mich vom Taxifahrer zum nächsten Hotel fahren.

„Achtzig Soles", sagt auch diese korpulente Rezeptionistin.

„Neeeeein", erwidere ich gespielt gequält und zerknautsche dabei mein Gesicht. „Kommen Sie schon, fünfzig Soles!".

Kopfschütteln.

„Sechzig?"

Keine Reaktion.

„Siebzig Soles – das ist mein letztes Angebot!", versuche ich mit Bestimmtheit zu sagen.

„Achtzig Soles!", sagt sie trocken und ohne eine Miene zu verziehen.

Ich könnte mir die Zeit mit diesem Spielchen auch noch in zehn weiteren Hotels vertreiben, um mich nach zehn gescheiterten Verhandlungsversuchen direkt wieder zum Flughafen fahren zu lassen. Aber so weit geht mein Spieltrieb heute nicht. Ich gebe auf und zahle die achtzig Soles widerwillig. Wenigstens ist das Zimmer sauber und hat eine bequeme Matratze.

Das läuft hier finanziell gesehen wieder nicht ganz planmäßig, gestehe ich mir ein, als ich im Bett liege. Beginnt eigentlich so ähnlich wie meine Reise nach Indien neun Monate zuvor. Damals wurden meine Freundin Mina und ich in einem pseudooffiziellen Tourismus-Büro abgezockt und hatten so schon gleich am ersten Tag mehr als die Hälfte unseres Gesamtbudgets ausgegeben.

Zeit zu schlafen. Rund fünf Stunden bleiben mir noch. Ich knipse das Licht aus.

Om shanti shanti...

Der Flug nach Cusco verläuft reibungslos. Als ich am Flughafen Richtung Gepäckband laufe, tippt mich jemand von hinten an.

„Kristina?", höre ich meinen Namen und drehe mich um.

„Yes?", frage ich leicht irritiert darüber, dass der Peruaner meinen Namen kennt. Aber dann fällt mir ein, dass Isabell einen Taxifahrer organisiert hat, der uns nach Pisac fährt.

„Pablo?", frage ich.

Er nickt und zeigt mir dabei seine schiefen weißen Zähne. Super, dass wir uns gleich gefunden haben, denke ich und Pablo, selbst kaum größer als mein Rucksack, wuchtet diesen auf einen Gepäckschiebewagen. Wir fahren durch die Schiebetür nach draußen, wo ein paar Männer Pappschilder in die Luft halten mit den Namen der Touristen darauf. Auf einem Schild entdecke ich meinen mit schwarzem Filzstift und in Großbuchstaben geschriebenen Namen. So langsam dämmert es mir.

„Pablo?", frage ich den Mann, der in einer Hand das Schild und in der anderen einen Gepäckschiebewagen festhält.

„Si!", sagt er. Ich blicke zum falschen Pablo und verziehe genervt meine Mundwinkel. Der kleinwüchsige Peruaner zuckt unschuldig mit den Schultern und fährt schnurstracks weiter. Dieser Fuchs! Da hat er sich einfach einen der Namen auf den Schildern ausgesucht und mich ins Blaue hinein gefragt, ob es sich dabei um mich handelt. So kann er sich ein schönes Trinkgeld mit dem

Gepäckschieben verdienen, was sonst der Taxifahrer übernommen hätte. Obwohl ich mich schon wieder übers Ohr gehauen fühle, stecke ich ihm am Auto angekommen das zu, was ich in meiner Hosentasche finde. Zehn Soles. Er bedankt sich überschwänglich und macht sich von dannen. Im Auto fällt mir auf, dass mein Trinkgeld für peruanische Verhältnisse mehr als saftig war. Wenn das so weitergeht, gebe ich Lina meinen Geldbeutel zur Verwaltung.

Das heilige Tal

Wir fahren rund vierzig Minuten bis Pisac, das im Valle Sagrado liegt, dem Heiligen Tal. Nachdem wir das beschauliche Örtchen passiert haben, biegt Pablo in einen Sandweg ein, der an einem kleinen Fluss entlangführt. In der Ferne ragen die Berge der peruanischen Anden in die Höhe. Eine Sau mit ihren schwarzgefellten Ferkeln läuft am Wegesrand. Ein weiterer Kilometer zieht vorüber, bis wir in eine kleine Gasse biegen. Wir sind da. Das „Paz y Luz" – Frieden und Licht – ist unsere Unterkunft für die kommenden zwei Wochen.

Ich klingele an der Eingangstür und warte einen Moment, bis sich Schritte nähern. Jemand schließt auf und schaut hinter der Tür hervor. Es ist Lina! Voller Wiedersehensfreude fallen wir uns in die Arme. Eine Woche zuvor hatten wir uns in Berlin an der U-Bahnstation Weinmeisterstraße voneinander verabschiedet. Ich hatte ihr noch hinterher geschaut, sie abtauchen sehen in die Unterwelt. Jetzt taucht sie hier wieder auf und öffnet mir das Tor in ein kleines Paradies.

In der wunderschön gelegenen Anlage mit den terracottafarbenen Häuschen kommen Menschen aus der

27

ganzen Welt zusammen. Es werden Workshops zu alternativen Heilmethoden angeboten.

Die ebenerdigen Apartments sind in einer V-Form angelegt, dessen Innenfläche ein kräftiger Rasen ausfüllt. Manu, Stefan, Annika und Isabell haben schon ihre Zimmer bezogen und sind auf dem Markt im Ort unterwegs. Während sie sich alle für ein Einzelzimmer entschieden haben, schlafen Lina und ich im Doppelzimmer.

„Es kann allerdings sein, dass ich mir ein Einzelzimmer nehmen werde, falls die Prozesse zu heftig werden", sagt Lina, als sie die Tür aufschließt.

Das Zimmer macht einen schlichten, aber freundlichen Eindruck. Mein Bett steht links an der Wand, Linas rechts. Bunte Decken aus Alpaca-Wolle liegen ordentlich zusammengefaltet am unteren Rand der einfachen Holzbetten. Die Wände sind in einem frischen türkisblau gestrichen. Ich lege meinen Rucksack aufs Bett und verteile die Hälfte der Sachen quer über die Matratze. Nur mein Tagebuch mit dem roten Ledereinband bekommt schon den richtigen Ort auf meinem Nachtschränkchen zugewiesen. Ich blicke hinüber zu Linas Regal. Ihre Wäsche ist sorgfältig einsortiert. Egal, denke ich, für Ordnung kann ich später sorgen. Lieber schaue ich mich in der Anlage um, will mich vertraut machen mit dem Außen. Es reicht, dass im Inneren möglicherweise noch Unbekanntes lauert. Als ich gerade an einem leicht erhöhten runden Platz mit einem Strohdach stehe, wo die täglichen Yoga-Klassen stattfinden, läuft ein Pärchen, beide Ende zwanzig, Hand in Hand an mir vorbei und begrüßt mich mit einem offenen amerikanischen „Hi".

„Hi!", erwidere ich und beiße reflexartig die Zähne zusammen, damit mir die Kinnlade nicht herunterklappt bei seiner Erscheinung. Fast schon lächerlich, wie perfekt er das Klischee des kalifornischen Surferboys verkörpert mit seinen strahlend blauen Augen, den von der Sonne ausgeblichenen schulterlangen blonden Haaren und dem braun gebrannten durchtrainierten Body. Fast schon lächerlich, wie mich seine Schönheit hypnotisiert.

„Habt ihr schon Brad Pitt gesehen?", fragt Annika aufgeregt, als wir am Abend alle im Gemeinschaftsraum am Kaminfeuer zusammensitzen. Dieses optische Highlight scheint niemandem entgangen zu sein. Die Mädels stimmen einhellig zu.
   Nur Stefan guckt unwissend. „Wen bitte?"

Die vielen Fragen, die mir in den vergangenen Monaten durch den Kopf gingen, muss Isabell gleich am ersten Abend ertragen. Ich bombardiere sie regelrecht, möchte alles bis ins letzte Detail verstehen. Denn ich liebe es, Fragen zu stellen, vor allem auf dem großen, undurchsichtigen Gebiet der Heilung. Was macht Heilung aus? Welche Mechanismen laufen auf körperlicher, geistiger und seelischer Ebene ab? Warum und wie wird ein Mensch krank? Was genau ist eine Krankheit überhaupt? Welche Wege zur Heilung gibt es? Und welche Antworten bietet der Schamanismus?

Fälschlicherweise verbinden viele mit dem Wort eine Art von Religion. Doch ein Schamane ist keinem Glaubenssystem untergeordnet, sondern arbeitet aus praktischem Wissen jahrtausendealter Erfahrung.
   Der hawaiianische Schamane Serge Kahili King bezeichnet einen Schamanen „als einen Heiler von Beziehungen, zwischen Geist und Körper, zwischen Menschen, zwischen Menschen und ihren Lebensum-

ständen, zwischen Mensch und Natur sowie zwischen Materie und Geist".[10]

Auf viele Fragen hat Isabell eine Antwort parat, doch nicht jede befriedigt mich. Wie ein Bullterrier bohre ich mich mit meinem Verstand immer tiefer ins Fleisch. Ihr Gesichtsausdruck wirkt von Minute zu Minute gequälter und irgendwann gebe ich auf, lasse los, auch wenn ich jetzt noch verwirrter bin als vorher.

Es reicht für heute.

Todmüde und mit einem brummenden Schädel falle ich ins Bett. In der Nacht wird es ziemlich frisch und so ziehe ich meinen Schlafsack bis über die Ohren.

Zwei Könige auf einem Thron

Der Hahn kräht um fünf Uhr dreißig. Ich bin hellwach und gehe duschen. Anschließend föhne ich meine Haare. Doch nach zwei Minuten gebe ich auf und lege mich schnaufend wieder aufs Bett. Pisac liegt auf rund dreitausend Metern Höhe, die sich bei mir in der Breite bemerkbar machen. Ich fühle mich dauerhigh. Nicht unangenehm, nur streckenweise anstrengend, wenn einem wenige Minuten Haare föhnen schon wie ein

[10] Serge Kahili King, Der Stadt-Schamane. Ein Handbuch zur Transformation durch Huna, das Urwissen der hawaiianischen Schamanen, Bielefeld 2001, S. 9.
Vgl. Rätsch, Ayahuasca, S. 20: „Der Schamanismus – auf Deutsch ‚Zauberei' – ist eine Erfahrungswissenschaft, kein doktrinäres Glaubenssystem. In der schamanischen Welt ist es belanglos, was geglaubt wird; nur die Erfahrung ist von Belang. Wer sich in dieses Abenteuer stürzen mag, dem kann der Weg geebnet werden. Es ist die eigene Erfahrung, die zählt und Bedeutung hat; Glaubenssätze sind nur für Herrscher und Ausbeuter von Bedeutung. Die schamanische Erfahrung kann uns von allen Glaubenssystemen, -inhalten und -strukturen frei machen. Es spielt keine Rolle, was man glaubt, es ist nur entscheidend, was man erfährt!"

Marathon vorkommen.

„Trink Coca-Tee! Der hilft dabei, sich besser an die Höhe zu gewöhnen", rät mir Isabell beim Frühstück. In Peru ist der Tee, der aus den Blättern der Cocapflanze hergestellt wird, ein bewährtes Mittel gegen Höhenkrankheit. Zudem hat er eine stimulierende Wirkung, was ganz praktisch ist, denn Kaffee sollen wir zur Zeit nicht trinken. Dies ist Teil der Diät, die wir seit zwei Wochen als Vorbereitung auf die Zeremonien einhalten. Der eine mehr, der andere weniger. Isabell hatte uns schon vor der Reise eine Liste geschickt mit den Lebensmitteln, die wir möglichst meiden sollten.[11] Die Diät hat den Sinn, Körper und Geist zu reinigen, damit die Medizin auf die beste Art und Weise wirken kann. Je strenger und länger die Diät vor und nach der Zeremonie eingehalten werde, desto besser wirke die Medizin.

Nach unserem ersten Frühstück im Paz y Luz, das aus Fladenbrot, Rühreiern, Quinoa, Bananen und Papaya

---

[11]Dazu zählen fermentierte, säurehaltige und überreife Lebensmittel sowie Milchprodukte und fettige, schwer im Magen liegende Nahrung. Sehr wichtig sei es, auf Schweinefleisch zu verzichten, denn es enthält den Stoff Tyramin, der in Kombination mit dem im Ayahuasca enthaltenen MAO-Hemmer Harmalin zu einer ausgeprägten Blutdrucksteigerung führen könne. Weiterhin sollte auf Salz, stark gewürzte Speisen, Industriezucker, Alkohol, Drogen und Koffein verzichtet werden. Am besten sei es, frisch zubereitete Nahrung zu sich zu nehmen und industriell verarbeitetes Essen möglichst zu meiden. Vgl. hierzu Javier Regueiro, Ayahuasca: Soul Medicine of the amazon jungle. A comprehensive and practical guide, Bloomington 2014, S. 63f.

Ebenso wird angeraten, sexuelle Aktivitäten jeglicher Art zu unterlassen und zwar nicht aus restriktiven, sondern aus energetischen Gründen. Regueiro, Ayahuasca: Soul Medicine, S. 66f: „Sexuelle Abstinenz und Verzicht auf romantische Bestrebungen geben Raum für Gedankenstille, die Voraussetzung dafür, mit Klarheit in unsere Seele zu schauen." (Übersetzung von Eva-Maria Gass)

Vgl. Rätsch, Ayahuasca, S. 42f: In puncto Diät gebe es unterschiedliche Meinungen, die sich zum Teil auch widersprechen. Manche Ayahuasqueros seien sehr streng, andere wiederum extrem locker.

bestand, laufen wir gemeinsam hinüber zu José – unserem Schamanen oder Ayahuasquero, wie er sich selbst nennt. Er wird uns in den kommenden zwei Wochen begleiten. Sein terracottafarbenes Sandsteinhaus liegt nur ein paar Meter entfernt von unserer Unterkunft. Ein großer steinerner Schlangenkopf bewacht seine Eingangstür. Aus dem geöffneten Maul ragen eindrucksvolle Giftzähne hervor, bereit zum Angriff. José hatte uns schon kommen sehen und bittet uns herein. Unsere Schuhe lassen wir vor der Tür stehen. Wir treten ein in sein Reich, das lichtdurchflutet und offen bis unters Dach ist. Von den Wänden springt mir die Ayahuasca-Welt entgegen. Die Bilder zeigen filigrane bunte Muster und mystische Figuren. Auf einem Gemälde erkenne ich einen Baum, dessen Wurzeln sich in alle Himmelsrichtungen ausbreiten.

Es duftet nach Räucherstäbchen. Wir setzen uns in die mit weißen Polsterkissen versehene Sitzrunde vor den großen Fenstern. Der Blick auf die mächtigen Berge ist beinahe unwirklich.

José ist ein äußerst charismatischer Mann Mitte vierzig, der seit acht Jahren in Peru lebt. Isabell lernte ihn vor vier Jahren kennen, als sie mit einer Freundin durch Südamerika reiste, auf der Suche nach einem guten Ayahuasquero. Ihr war sofort klar, dass sie mit José den Richtigen dafür gefunden hatte. Sie trinkt zwar auch regelmäßig im Dschungel in der Nähe von Iquitos bei verschiedenen Schamanen Ayahuasca, doch Josés Arbeitsweise sagt ihr am meisten zu.

Bevor José nach Peru kam, war der gebürtige Spanier unter anderem DJ und flog von Plattenteller zu Plattenteller um die Welt. Neben seiner Muttersprache spricht er fließend englisch, deutsch, französisch und italienisch.

Wie der Klischee-Schamane sieht er in seinem adidas-ähnlichen roten Polyester-Jogginganzug mit dem Schriftzug „PERU" nicht gerade aus. Doch er studierte drei Jahre amazonische Pflanzenmedizin und Schamanismus im peruanischen Dschungel und hat mittlerweile Hunderte von Zeremonien geleitet.

Wenn er in der Rolle des Lehrers auftritt, hat er einen versunkenen Blick und eine ruhige, tiefe Stimme, die er erst zum Ausdruck bringt, sobald er sich seine Worte genau überlegt hat.

Er betont, dass er nicht besser oder weiser als andere Menschen sei und sich nicht über seine Schüler stelle. Im Gegenteil: „Meine Schüler sind meine besten Lehrer."

Ernste Aussagen kombiniert er häufig mit trockenem Humor à la „You ordered that pizza, so now you have to eat it!" oder „Karma is a bitch!". Zusammen mit dem siamesischen Kater Max, der herrschaftlich die Couch besetzt, ergeben die beiden ein perfektes Duo. José und Max, zwei Könige, die sich den Thron gerne teilen. José bereitet uns auf den morgigen Tag vor. Unsere erste Zeremonie steht an. Wir werden mit einem Trunk beginnen, der aus dem „San Pedro"-Kaktus gewonnen wird. Dies sei eine gute Vorbereitung auf die herausfordernde Ayahuasca-Erfahrung. Der meskalinhaltige Kaktus wird in Peru beziehungsweise im zentralen Andenraum und den angrenzenden Wüstengebieten seit mindestens zweitausend Jahren rituell genutzt. San Pedro werde uns dabei helfen, mit unseren Gefühlen in Kontakt zu kommen, den innersten, verdrängten, ob positiven oder negativen. Bei manchen wirke der sanfte Vater, wie San Pedro liebevoll genannt wird, als Herzöffner. Bei anderen kämen unangenehme Gefühle auf, je nachdem, was in einem verborgen liegt. In jedem Fall gehe es immer um die heilsame Wirkung der Substanz, denn verdrängte Emotionen würden zu einem Ungleichgewicht im Körper führen, das sich schließlich in Krankheiten äußern kann. Für mich heißt das: Lieber raus mit dem ganzen Psycho-Müll.[12]

José gibt uns eine Hausaufgabe mit auf den Weg. Wir sollen uns über unsere Intention klar werden, mit der wir in die erste Zeremonie gehen. Eine Intention sei wichtig für einen guten Verlauf der Zeremonie, denn der Geist werde schon in die Richtung gelenkt, in die man gehen will.

Er empfiehlt, mit einem Vater- oder Mutterthema zu starten, denn verglichen damit seien alle anderen Themen „Peanuts". Ich komme mir etwas komisch vor, da ich als einzige kein Elternthema habe, zumindest keines, von dem ich wüsste. Ohne es mir schönzureden, hatte ich tatsächlich eine wunderbare Kindheit. Aufgewachsen in einem kleinen Dorf in Schleswig-Holstein war ich umgeben von vielen Kindern und Natur. Und ja – von Eltern, die meiner Entwicklung voller Vertrauen freien Lauf ließen.

Zwar gehen sie mir manchmal gehörig auf die Nerven, aber das lasse ich sie dann schon wissen. Ich habe nicht das Gefühl, dass etwas Unausgesprochenes, Angespanntes zwischen uns liegt. Und dafür bin ich sehr dankbar.

---

[12] Zur Herkunft des Namens San Pedro schreibt Rätsch in Ayahuasca, S. 51: „Niemand weiß genau, wie und wann der heilige Kaktus der Indianer den Namen eines katholischen Heiligen (Sankt Peter, heiliger Petrus) erhielt. Vermutlich stand der Kaktus mit Regenkulten und heidnischen Regengöttern in Zusammenhang. Da San Pedro der Heilige des Regens ist, lag es nahe, den Kaktus so zu nennen (und ihn vielleicht vor der pharmakratischen Inquisition zu retten). Außerdem ist Petrus derjenige, der den Himmelsschlüssel besitzt. Sein Schlüssel ist Achuma, der San-Pedro-Trank".

Am Abend gehen wir gemeinsam bei „Ulrike's" in Pisac essen, ein gemütliches Café, das von einer Deutschen geführt wird. Ich gönne mir eine extra große Portion Pommes zu meinem Rindfleischburger. Ich gebe zu, dass ich die Diätvorschriften recht locker nehme. Schließlich ist das die letzte Mahlzeit bis morgen Abend, da wir morgens vor der „San Pedro"-Zeremonie nichts essen dürfen.

Zurück im Paz y Luz sind wir noch einmal mit José im Gemeinschaftsraum verabredet. Er möchte wissen, ob wir uns über unsere Intention klar geworden sind. Als ich an der Reihe bin, sage ich, dass ich eine Antwort darauf bekommen möchte, was mich mehr erfüllen würde, was meine Berufung sein könnte. José rät mir, dass ich mir eine Mauer vorstellen soll, die mich daran hindert, auf die andere erfüllende Seite zu gelangen. Was dahinter steckt, soll ich mir nicht ausmalen, sondern vielmehr, wie ich Stein für Stein dieser Mauer abtrage.

Der sanfte Vater

Mit leerem Magen und unseren Schlafsäcken unterm Arm laufen wir am nächsten Morgen um acht Uhr hinüber zu José. Der Stern auf seinem metallenen Tor weist bescheiden darauf hin, dass dies der Eingang zu einer anderen Welt ist. Wir treten ein und laufen durch den Garten auf die offene Maloca[13] mit dem Strohdach zu. Geradeaus gegenüber vom Eingang hat José die Mesa aufgebaut – ein Tuch mit allerhand Utensilien darauf

---

[13] Rätsch, Ayahuasca, S. 287: „Maloca: zeremonielles Rundhaus ethnischer Gemeinschaften im Amazonasgebiet".

wie Rasseln, Räucherholz des „Palo-Santo"-Baumes[14] oder „Agua de Florida"[15], eine hochprozentige Blütenessenz, die in der schamanischen Praxis zur Heilung eingesetzt wird und zur Reinigung der Aura dient. Links von seinem Platz sitzen bereits vier Teilnehmer in ihren Schlafsäcken im Halbkreis. Drei Kanadier und ein Ire, die zur Zeit in Guatemala leben. Rechts von José liegen Decken für uns bereit. Jedem von uns teilt er einzeln einen Platz zu. Ich sitze zwischen Isabell und Lina. Wir stellen unsere Wasserflaschen in Griffnähe, von denen wir leider erst nach mehreren Stunden trinken dürfen. Sonnencreme, Taschentücher und sonstige Hilfsmittel, die wir zu brauchen meinen, platzieren wir daneben.

Dicht bei mir liegt mein rotes Reisetagebuch. Ich bin gespannt, was am Ende des Tages darin zu lesen sein wird, denn falls uns Erkenntnisse kommen, sollen wir sie aufschreiben.

Nachdem José alles vorbereitet hat, eröffnet er die Zeremonie. Dafür geht er in die Mitte des Kreises und begrüßt gedanklich und mit Blick in die jeweilige Richtung die Kräfte des Ostens, Südens, Westens, Nordens, des Himmels und der Erde. Gleichzeitig zieht er dabei an einer Mapacho-Zigarette von der Dicke eines mittelgroßen Joints. Mapacho ist ein traditioneller Tabak aus stark nikotinhaltigen Blättern, den Schamanen in Südamerika zeremoniell einsetzen. José geht zu jedem einzelnen, bläst den streng riechenden Tabakrauch in unsere Hände und auf den Kopf. Dies soll negative

---

[14] Ebd. S. 73: „Dieses Palo Santo wird aus den harzigen Stammstücken des kleinen Palo-Santo-Baumes gewonnen (...) Es wird zur Reinigung von Orten, zur volkstümlichen Heilbehandlung (curanderismo) und zu Beginn von entheogenen Ritualen (Ayahuasca- und San-Pedro-Zeremonien) entzündet."

[15] Vgl. Rätsch, Ayahuasca, S. 75f. und Regueiro, Ayahuasca: Soul Medicine, S. 98f.

Energien vertreiben.[16] Anschließend fühlt er unseren Puls, um abschätzen zu können, wer wie viel vom meskalinhaltigen Kaktus verträgt.

Manche haben die Augen geschlossen, manche blicken in die Weite. Es herrscht eine andächtige Stille. Nur die Kolibris machen mit dem flirrenden Geräusch ihrer Flügel auf sich aufmerksam. Ich lächle, als ich sie neben der Maloca am Blütennektar naschen sehe.

Der Kolibri steht nach der „Tradition der Inka-Schamanen für Mut und Ausdauer" und „als Symbol dafür, seiner persönlichen Bestimmung zu folgen." Dabei macht er sich keine Gedanken, wo er auf dem Weg Nahrung finden wird, sondern fliegt im Vertrauen in sich und die Natur einfach los.[17]

„Unter den vielen anderen Vögeln des Regenwaldes kommt vor allem dem Kolibri und Papagei die Rolle als Vermittler von Visionen zu. Denn Kolibris stimulieren nicht nur die Potenz: Bei den Shipibo, den im Südosten Kolumbiens lebenden Huitoto und den Shuar gelten sie aufgrund ihrer Geschwindigkeit und ihres schnellen Ortswechsels auch als positive Omen und mächtige Hilfsgeister. Die Shipibo-

---

[16] Rätsch über die Verwendung von Tabakrauch vor einem Ayahuasca-Ritual beim Schamanen Guillermo Arévalo (Ayahuasca S. 59): „Er blies den starken Rauch auf den Haarscheitelpunkt eines jeden Teilnehmers. Damit gab er ihm Schutz, öffnete das Körper-Geist-Gewebe und verlieh ihm die Bereitschaft, die andere Welt zu betreten".
Ebd. S. 62: „Tabakrauch ist bei Ayahuasca-Zeremonien und anderen schamanischen Ritualen ein ‚magischer Schild', ein Schutz vor niederträchtigen Geistern, schädlichen Zauberern und blutgierigen Mosquitos (...) Dabei kann man davon ausgehen, dass wir es hier mit einer Metapher für die pharmakologische Aktivität des Tabakrauchs zu tun haben. Das Nikotin, die ‚Seele' der Tabakpflanze, ist antibiotisch und antibakteriell wirksam; es tötet die normalerweise unsichtbaren Bazillen."
[17] http://www.livingwisdom.de/medizinrad.html;
http://novertis.com/about/ (Stand: 15.05.2015)

Conibo verehren den Kolibri ebenfalls als ‚Kunstboten‘, der mit seinem spitzen Schnabel die Muster zeichnet."[18]

Als José wieder auf seinem Platz sitzt, bittet er uns einzeln zu sich nach vorne. Ich bin an der Reihe. Ich krieche aus meinem Schlafsack hervor, gehe auf José zu und knie mich vor ihn hin. Er reicht mir den Kelch mit dem heiligen grünen Pulver des San Pedro Kaktus. Mit gesenktem Blick gebe ich meine Intention hinein. José füllt den Becher mit Wasser auf, rührt um und gibt ihn mir. Ich setze an und trinke Schluck für Schluck dieser breiartigen bitteren Masse. Gegen Ende muss ich kämpfen. Ich kann mich nicht erinnern, jemals etwas so Widerliches getrunken zu haben. Aber seit wann schmeckt Medizin gut? Es folgt ein zweiter Becher. Ich beginne zu trinken und mit jedem Schluck verziehen sich meine Gesichtsmuskeln mehr vor Ekel.

Flehend schaue ich José an. „Alles?"

„Ja, alles!" Sein strenger Blick bietet keinen Spielraum für Diskussionen. Von Sekunde zu Sekunde wird es schwieriger, dieses fiese Zeug in meinen Körper zu lassen, aber ich schaffe es. Auch der zweite Becher ist leer. Als hätte ich eine harte Mutprobe überstanden, setze ich mich erleichtert wieder auf meinen Platz. Doch dann bemerke ich, was für eine dicke Kugel sich unterhalb meiner Rippen gebildet hat. Mein Bauch fühlt sich an wie ein zu stark aufgeblasener Ballon kurz vorm Platzen. Mir wird schlecht. Nach und nach verlassen ein paar aus der Runde ihre Plätze und streifen über den Rasen. José hat seinen gesamten Garten zur Kotzzone freigegeben. Lediglich die schmalen Gehwege sollten wir von grünen Fladen verschonen. Nicht jedem gelingt es, sich an diese Vorgabe zu halten. Ich setze mich in den

[18] Müller-Ebeling, Ayahuasca, S. 120.

hinteren Teil des Gartens, wo ich mich relativ unbeobachtet fühle und darauf warte, dass es endlich soweit ist, meinen Magen zu entleeren. Es dauert nicht allzu lang. Wie automatisch so ein Körper doch funktioniert, denke ich noch während des Brechens. Nach dreimal Würgen ist alles raus – grüner Schleim verteilt sich zwischen den Grashalmen und schlagartig geht es mir besser. Ich gehe zurück in den vorderen Teil des Gartens, hole meinen Schlafsack und lege mich in die Sonne. Jetzt entfaltet sich die Medizin erst richtig in meinem Körper.

Ein herrliches Gefühl, einfach nur zu sein.

Sehr sanft lässt mich San Pedro ins Märchenland entgleiten oder aber in die Welt, wie sie wirklich ist, ohne den Verstandesfilter. Ich lege mich auf den Rücken und schaue in die Wolken. Wie filigran sich die Struktur der dünnen Wattefäden doch zeigt. Eine kleine Ewigkeit versinke ich im Himmel, bis ich mich aufrichte und nach rechts blicke. Dort sitzt Lina mit Hut und Sonnenbrille und der Nachbarschäferhündin Melly ganz friedvoll und eins mit der Welt in der Sonne. Wir lächeln uns zu und bemerken wohl beide, dass wir uns gerade noch mehr als sonst auf demselben Planeten befinden. Und dennoch fühle ich mich wie vom anderen Stern.

Melly läuft auf mich zu und schleckt mir das Gesicht ab. Im Normalzustand hätte ich das niemals zugelassen, doch heute kommt kein Ekel auf. Nur Liebe.

Die Hündin zieht zum Iren Steven weiter. Die beiden tollen über den Rasen und es ist eine wahre Freude, ihnen zuzuschauen. Ich würde mich ihnen am liebsten anschließen, doch da wir nicht mit anderen agieren sollen, genieße ich einfach weiter die Szenerie in dieser traumhaften Kulisse. Auch in der Alltagsrealität erscheinen mir die Berge kraftvoll und mächtig, doch San

Pedro hat meinen Blick verändert. Der Kaktus hat den Schleier vor meinen Augen entfernt, so dass sich mir die Natur in ihrer vollen Pracht offenbart.

Ich lege mich hin und döse ein wenig, bis mich jemand auf der Schulter antippt. Ich drehe mich um und sehe im grellen Licht der Sonne José.

„Wie geht es dir?"

„Gut!", antworte ich leise und reibe mir die Augen.

„Hast du gefunden, was du gesucht hast?"

Einen kurzen Moment überlege ich. „Ich denke schon." Das Reden überfordert mich und verlangt zu viel Verstandesarbeit in meiner Welt des Fühlens. Ob ich gefunden habe, was ich gesucht habe, weiß ich nicht, aber was ich gefunden habe, fühlt sich richtig an. Die ersten Steine lösen sich von der Mauer.

Ich tapse durch den Garten und erlebe mich dabei so leicht und frei wie ein Kind. Alles erscheint mir geborgen, friedlich, strahlend und perfekt. Ich rieche die Sonne auf meiner Haut, als hätte ich die Strahlen gierig in mich aufgesaugt. Alle Sinne arbeiten auf Hochtouren.

Irgendwann – es sind bereits einige Stunden vergangen – gibt José Bescheid, dass wir wieder essen können. Jippie! Mein pappig-trockener Mund füllt sich mit Erwartungsspeichel. Ich suche in der Maloca nach unserem Proviant, doch alles, was ich sehe, ist eine angebissene Banane neben Lina, die in ihrem Schlafsack liegt.

„Darf ich die haben?", flüstere ich schmachtend.

Lina ist nicht nach teilen zumute. „Meine!" Mit einem verschmitzten Lächeln zieht sie die Banane zu sich.

Wir kichern leise vor uns hin, bis ich die Plastiktüte auf der anderen Seite des Pavillons entdecke, aus der Bananen und Brot hervorschauen. Zielstrebig laufe ich drauf zu. Dass ich dabei von Steven beobachtet werde, merke ich erst, als der sich den Bauch halten muss vor Lachen. Ich sehe wahrscheinlich aus wie ein hungriges, zerzaustes Äffchen auf Nahrungssuche. Ich steige aufs Lachen ein und wie eine Welle verbreiten sich die Freudentöne über den ganzen Garten. Von überall her schallt es aus den Kehlen der anderen zurück.

Mit meiner Banane und dem Brot setze ich mich glückselig auf den Rasen und genieße jeden Bissen wie ein Festmahl. Jedes Mal, wenn Steven an mir vorbeiläuft, können wir nicht anders und prusten laut los. Meistens stecken wir die anderen mit an.

Als ich das letzte Stück Fladenbrot zerkaue, kommt mir José mit einer Maracuja entgegen. Dem Anblick des lila Früchtchens kann ich nicht widerstehen.

„Oooooh, kann ich die haben?", frage ich, obwohl mir bewusst war, dass José sie gerade selbst ausschlürfen wollte.

Nach kurzem Zögern reicht er sie mir. Ich öffne die Schale mit meinen Fingernägeln und verputze die schleimig-kernigen Fruchtstückchen in Nullkommanichts. Danach habe ich ein schlechtes Gewissen. Erst das Fressen, dann die Moral.

Ungefähr zehn Minuten später läuft mir José erneut über den Weg.

„Sorry, ich hab dir einfach deine Frucht weggegessen!"

José nimmt den bedauernden Ton in meiner Stimme nicht ernst.

„Kristina, you are not sorry!"

Kurz bin ich irritiert, bemerke dann aber, wie Recht er hat.

„Yeah, you are right, I am not sorry!" sage ich und wir beide müssen lachen. Wozu die falschen Höflichkeiten?

Später entdecke ich am Rande des Gartens eine kleine Höhle im Gebüsch. Sie sieht so einladend aus, dass ich schwuppdiwupp in sie hineinkrieche. Die Äste wölben sich schützend über mir und sofort fühle ich mich geborgen wie in der Gebärmutter. Ich döse vor mich hin und als ich irgendwann die Augen öffne, traue ich ihnen nicht.

„Krass!" An der gegenüberliegenden roten Hauswand erscheinen sich miteinander verwebende skulpturenartige Lichterscheinungen. Ich habe tatsächlich Halluzinationen! Ich reibe mir die Augen, schaue in die restliche Umgebung, die vollkommen normal wirkt und blicke wieder an die Wand. Die Bilder sind immer noch da! Ich erkenne Affenköpfe, Jaguare, menschenähnliche Figuren. Alles verschwimmt, um sich dann wieder neu zu formieren. Die Gebilde erinnern mich ein Stück weit an Höhlenmalereien. Wie ein Film, denke ich, und schaue noch eine Weile an meine imaginäre Leinwand, bevor ich im Schneidersitz eine Meditationshaltung einnehme. Ich schließe die Augen. In meinem Kopf herrscht genug Kino.

Ich gebe mich der Sonne hin, während vereinzelte Regentropfen wie Knallerbsen auf der Haut explodieren. Als ich die Augen halb benommen wieder öffne, sitzt Kater Max in ebenso entspannter Pose direkt vor mir. Mit seinen strahlend blauen Augen schaut er mich verträumt und blinzelnd an. Als spüre er, was ich spüre. Ein magischer Moment.

Eine Weile vergeht, bis ich José im Pavillon singen höre. Ich lege mich mit meinem Schlafsack wieder zu ihm und den anderen. Die Bäume tanzen im Wind und die Berge bewegen sich tief atmend hoch und runter. Poetisch.

Nach ein paar Schamanenliedern singt José: „Things haven't been the same since you came into my lihiiife..." Es ist Madonnas „Secret" und zum ersten Mal achte ich wirklich auf den Text.

Langsam beginnt es zu dämmern und José schließt die Zeremonie. Während er drinnen das Essen vorbereitet, bleiben wir noch eine Weile draußen. Ich lege mich neben Isabell und berichte ihr begeistert von meinem Tag. Sie sagt, dass sie es schade finden würde, wenn ich mir nicht auch einmal eine meiner Schattenseiten anschaue, denn das würde ja meine Tiefe ausmachen. Ich fühle mich durch diesen Kommentar etwas angegriffen. Das war doch schließlich meine allererste Zeremonie.

Lebensfreude

Am nächsten Tag zum Nachgespräch bei José beschreibt jeder seine Erfahrungen. Für Isabell, Annika und Manu waren es hauptsächlich schmerzvolle Stunden, in denen tief versteckte Tränen aus den hintersten Ecken an die Oberfläche traten. Stefan hingegen hatte das Gefühl, mit Tieren und Pflanzen kommunizieren zu können. Ein Bild hat sich ihm besonders eingeprägt. Er beobachtete einen Kolibri, der von Blüte zu Blüte flog und dabei von einem goldenen Schimmer umhüllt war.

„Ich konnte kaum glauben, was ich da sah! Es war einfach unfassbar".

Für Lina verlief der Tag ähnlich positiv wie meiner.

„Ich war im Zustand der totalen Aufmerksamkeit für jeden Grashalm, der einfach nur wunderschön ist." Sie wünscht sich, diesen Blick auf die Dinge nicht mehr zu verlieren oder ihn zumindest gut in Erinnerung zu behalten.

Als ich an der Reihe bin, erzähle ich, dass ich mir während der gesamten neunstündigen Zeremonie nur einen einzigen Satz aufgeschrieben habe: „Ich bin hier, um andere zum Lachen zu bringen."

Dieser Satz lässt mich an eine Geschichte denken, die ich ein paar Jahre zuvor erlebte. Ich war beruflich in einem alten Kloster in Italien, um verschiedene Coaching-Seminare zu filmen, die dort stattfanden. Auch ein brasilianischer Schamane war da, der von seiner Arbeit berichtete. Ich machte einen Termin bei ihm. Mein erstes Mal bei einem Schamanen.

Zum verabredeten Zeitpunkt saßen wir uns in einem nur von Kerzen beleuchteten Kellerraum dieses Klosters auf Holzstühlen gegenüber. Daneben seine Frau, die Notizen machte. Mit geschlossenen Augen und konzentriertem Blick erzählte er mir allerlei Dinge meinen Charakter und meine Energie betreffend und konnte mir außerdem sagen, was mich gerade bewusst oder unterbewusst beschäftigt, ohne dass ich ihm irgendetwas von mir erzählt hatte. Ich hörte erstaunt zu und nickte innerlich, bis er plötzlich sagte:

„Ich habe da ein bestimmtes Bild im Kopf. Ich sehe einen großen Raum mit vielen Menschen darin, die an einem Tisch sitzen ..."

Ich überlegte, was er damit wohl meinte. War das symbolisch zu verstehen?

„Und du stehst vorne und hältst eine Rede", fuhr er fort.

Ich hatte keinen blassen Schimmer, wovon er da redete.

„An dem Tisch sitzt eine alte Frau, die dich kritisch oder verwirrt anschaut ..." Er öffnete die Augen.

„Kannst du dich daran erinnern?"

„Nein". Er meinte also tatsächlich eine konkrete Situation.

„Denk nochmal nach ..."

Ich grübelte ein wenig und plötzlich dämmerte es mir.

„Vor vier Wochen war der achtzigste Geburtstag meiner Oma, den sie groß gefeiert hat. Und in der Tat habe ich dort eine Rede gehalten!" Während alle anderen lachten und sich scheinbar gut unterhalten fühlten, sah mich meine Oma, die ein Stückchen entfernt von mir saß, die ganze Zeit mürrisch an. Das verwirrte mich etwas und hatte mich tatsächlich noch eine Weile danach beschäftigt, weil ich befürchtete, dass meiner Oma die Rede nicht gefiel, ich vielleicht ihre Gefühle verletzt haben könnte.

„Mach dir keine Sorgen", sagte der Schamane daraufhin.

„Deine Oma fand es ganz toll, dass du da vorne standest und eine Rede für sie gehalten hast ..."

„Okay ...", erwiderte ich stutzig.

„Das einzige Problem war nur, dass sie kein Wort verstanden hat. Sie ist einfach verdammt schwerhörig."

Als ich das hörte, konnte ich nicht anders, als laut loszulachen. „Haahhahhhaaa!" Auch der Schamane und seine Frau brachen in Gelächter aus. Da machte ich mir die ganze Zeit einen Kopf darüber, ob meine Oma meine Witze eventuell in den falschen Hals bekommen hatte und dann sowas. Sie ist einfach verdammt schwerhörig!

Am Ende sagten mir die beiden, dass das die lustigste Sitzung seit langem für sie war. In der Regel würden viele Tränen fließen. Zum Abschied gaben sie mir noch mein Mantra mit auf den Weg:

„Lebensfreude". Immer wenn es mir nicht gut gehe, solle ich einfach an dieses Wort denken.

Angst

Gar nicht mehr zum Lachen zumute ist mir am Vorabend der ersten Ayahuasca-Zeremonie. Wir sitzen alle am Kaminfeuer im Gemeinschaftsraum zusammen, als Isabell einige Schwarze-Magie-Geschichten zum Besten gibt. Sie hat in ihren vielen Ayahuasca-Nächten, inzwischen müssen es an die achtzig sein, schon so einiges erlebt. Von Dämonen ist da die Rede und von Schamanen, die sich untereinander mit imaginären Giftpfeilen beschießen. Aber wir sollten uns keine Sorgen machen, bei José würde so etwas nicht passieren. Dennoch fühle ich Unbehagen in mir aufsteigen und damit bin ich nicht allein.

Annika schaudert es, sobald sie ihr Zimmer im Paz y Luz betritt und Stefan empfindet seines gerade wie ein schwarzes Loch – auch dann, wenn das Licht an ist.

Aus meinem Unbehagen wird mit einem Mal Übelkeit. Schnurstracks begebe ich mich auf die Toilette in unserem Zimmer und verschaffe mir Erleichterung. Als ich danach im Bett liege und bereits kurz vor dem Einschlafen bin, überkommt es mich plötzlich wieder. Diesmal bahnt sich das Unheil den Weg nach oben und in einem niagarafallartigen Schwall entleere ich mich der scheinbar schlechten Energien in mir oder aber auch nur des schlechten Hamburgers, den ich am Nachmittag zu mir genommen hatte. Wer weiß das schon.

Jedenfalls geht es mir nun etwas besser und ich schlafe ein. Am nächsten Morgen fühle ich mich fiebrig und habe Schmerzen im unteren Rücken. Wenn es keine

46

Zufälle gibt, dann soll es wohl nicht sein, dass ich heute Abend bei der Zeremonie dabei bin. Einerseits schade, andererseits in Ordnung, wenn die Zeit eben einfach noch nicht reif ist. Ich verbringe den ganzen Tag im Bett, schlafe viel und schwitze. Zwischendurch gesellt sich Lina zu mir.

„Langsam freue ich mich richtig auf die Zeremonie", sagt sie.

„Hast du gar keine Angst?", will ich wissen.

Sie verneint. Frohen Mutes verlässt sie unser Zimmer und kurz darauf schlafe ich wieder ein. Bis ich von einem Klopfen an der Tür geweckt werde. Es ist Isabell, die mir eine schamanische Behandlung geben will, um mir die „Angst aus dem Körper zu ziehen". Ich willige ein. Hinterher frage ich sie, was sie gesehen hat.

„Ich hab dich in verschiedenen Inkarnationen als junger Mann in Ketten gelegt gesehen". Flüche seien über mich ausgesprochen worden. Aber diese Angst hätte sie nun aus meinem System genommen.

Als ich danach wieder allein im Zimmer bin, beginne ich nachzudenken. Was heißt es, die „Angst aus dem Körper zu ziehen"? Was passiert dabei auf körperlicher oder feinstofflicher Ebene? Passiert dabei überhaupt irgendetwas? Ist es reiner Placebo-Effekt? Ich habe diesmal keine Energien durch meinen Körper strömen gespürt wie bei meiner ersten Behandlung bei ihr im vergangenen Jahr. Diese Bilder, die Isabell sieht, könnten ja auch einfach ihrer Fantasie entspringen. Wie kann man das unterscheiden?

Ich zweifle noch eine Weile vor mich hin, bis ich gegen achtzehn Uhr einschlummere. Zu diesem Zeitpunkt sind die anderen gerade auf dem Weg zu José. Langsam färbt sich der Himmel schwarz.

Ich fühle mich gesund und frisch, als ich wieder aufwache. Keine Spur mehr von Fieber und auch die Schmerzen im Rücken sind gänzlich verschwunden. Ein Blick aufs Handy. Es ist Punkt sechs Uhr morgens. Das Bett neben mir ist noch leer. Ich schließe die Tür auf und halte mein Gesicht in die wärmende Sonne. Einen Moment später nähern sich Schritte. Manu und Lina kommen um die Ecke. Bei ihrem Anblick erschrecke ich. Manu sieht zwar recht normal aus, doch Lina ist kaum wiederzuerkennen. Ganz langsam setzt sie einen Fuß vor den anderen und muss dabei von Manu gestützt werden. Die Haare hängen ihr mutlos ins Gesicht. Sie hat rot unterlaufene aufgequollene Augen und wirkt zerbrechlich.

Nein. Zerbrochen.

Manu bringt sie zu ihrem Bett und lässt uns dann allein. Lina verkriecht sich tief in ihrem Schlafsack. Ich setze mich zu ihr und streichle ihr übers Haar.

„Es war die Hölle", sagt sie mit schwacher Stimme. „Die Pflanze hat mir gezeigt, dass alles hier nur Illusion ist."

Tränen laufen über ihr Gesicht.

„Alles, was ich bisher geglaubt habe, erschien auf einmal sinnlos, ohne Bedeutung."

Sie wäre richtig „lost in space" gewesen, hatte kein Gefühl mehr für ihren Körper. Irgendwo in weitester Ferne hätte sie ab und zu noch wahrgenommen, dass sie in einem Tempel liegt, umgeben von den anderen und einem singenden Schamanen. Aber das schien so weit weg, beängstigend unerreichbar.

„Es war das Schlimmste, was ich je erlebt habe. Nie wieder! Nie wieder werde ich irgendein Zeug trinken!"

Nach geraumer Zeit habe sie sich in der Zeremonie wieder bewegen können und sich auf die Toilette geschleppt. Was sie dort herauswürgte, habe so widerlich gestunken, als hätte sich ihr Körper von einer fiesen Krankheit befreit. Ayahuasca wird auch „la purga", die Reinigung, genannt. Sich zu übergeben ist Teil des Prozesses.

Lina schläft an diesem Tag viel. José und Isabell kommen zwischendurch, um mit ihr zu sprechen und sie zu trösten. Als wir wieder allein sind, sagt sie, sie hätte extreme Angst gehabt und das Gefühl, dem Tod näher zu sein als dem Leben.

Wahrscheinlich scheute ich mich vor genau dieser Erfahrung und lag deshalb lieber krank im Bett.

Auch wenn ich bei der Zeremonie nicht dabei war, darf ich mittags an der Nachbesprechung teilnehmen. Isabell erzählt von klärenden, tiefgehenden Prozessen und von Aliens, die ihr die „goldene Welt" gezeigt hätten. Stefan ist mit dem Geist der Pflanze in Kontakt gekommen. Ayahuasca hätte sich ihm in Form einer Schlange[19] vorgestellt. Manu hat hingegen nicht das Gefühl, dass sie mit der Pflanze kommunizieren konnte. „Sie spricht nicht mit mir", sagt sie enttäuscht. Deshalb sei sie der Antwort auf ihre Frage auch nicht näher gekommen.

Am Ende blickt mich José an. „Und wie geht es dir jetzt so, Kristina?"

„Gut". Ich überlege einen Moment. „Aber ob ich

---

[19] Von Schlangen berichten viele Ayahuasca-Trinker. Jeremy Narby ist diesem Phänomen auf den Grund gegangen in seinem Werk „Die kosmische Schlange". Auf die Frage, warum man während einer Ayahuasca-Zeremonie Schlangen sieht, antwortete ihm ein Schamane: Weil die Mutter von Ayahuasca eine Schlange ist (Narby, Die kosmische Schlange, S. 43). Christian Rätsch schreibt in Ayahuasca, S. 27: „Die meisten Schamanen sagen, dass Ayahuasca aus der kosmischen Anakonda hervorgegangen ist. Deshalb sieht die oft armdicke Liane aus wie eine Schlange, die sich durch den Wald schlängelt."

morgen an der nächsten San-Pedro-Zeremonie teilnehmen werde, weiß ich noch nicht."

„Und warum weißt du das noch nicht?"

„Meine erste Erfahrung mit dem Kaktus war zwar schön, aber ich frage mich, ob ich nun wirklich etwas aus ihr gelernt habe. Bringt es mich wirklich weiter?"

Josés Meinung ist eindeutig.

„Unbedingt solltest du mitmachen, sonst liegst du vielleicht wieder zwei Tage krank im Bett."

Isabell glaubt auch, dass ich teilnehmen sollte, denn meine Angst sitze irgendwo ganz tief versteckt, was mir meine Rückenschmerzen zeigen würden, die ich am Tag zuvor hatte. Rückenschmerzen könnten für das „Nicht hinsehen wollen, es als unwichtig abtun" stehen.

Auch wenn ich nicht hundertprozentig überzeugt bin, entscheide ich mich dafür. Doch schon allein der Gedanke an das Gesöff löst Brechreiz aus.

José empfiehlt Lina ebenfalls, an der Zeremonie am nächsten Morgen teilzunehmen. Er ist sich sicher, dass San Pedro sie wieder erden werde.

Als ich nachmittags ein Schläfchen mache, erwache ich mit dem Gedanken, dass ich immer den Mittelweg gegangen bin.

Ich möchte aber nicht mittelmäßig sein!

Vielleicht habe ich deshalb einen Hang zu außergewöhnlichen Charakteren, um ein Stück des Extremen mitzuerleben. Vielleicht ist mir auf Dauer der 0815-Weg zu langweilig – die Suppe ohne Salz zu fad.

Die Kehrseite der Medaille würde ich jedoch am liebsten gar nicht sehen. Nur leider zeigt die sich oft von alleine. Mich faszinieren das Extreme und die Intensität, weil ich gerne unterhalten werde, aber sobald es ans Eingemachte geht, ziehe ich mich wieder zurück in meine

Komfortzone. Schlag' mich, aber verletz' mich nicht!

Vielleicht verhält es sich so auch mit Ayahuasca. Einerseits bin ich gebannt von all den Geschichten, die sich um die Liane ranken, doch wenn es um meine eigene Erfahrung mit der Pflanze geht, dann sträubt sich mein ganzer Körper aus Angst vor dem Unbekannten, aus Angst vor der Angst.

Ich hoffe wirklich, dass ich nächste Woche, wenn die nächste Ayahuasca-Zeremonie ansteht, mutig genug bin, es mit ihr aufzunehmen. Ich bin hierher gekommen, um Antworten zu bekommen. Scheue ich mich nun vor diesen Antworten?

Der innere Mann

Abends gehen wir gemeinsam in einem fantastischen Restaurant in der Nähe vom Paz y Luz essen. Plötzlich wird mein rechter Arm taub und meine Finger beginnen zu kribbeln. Ich hatte in den vergangenen Monaten zwar immer wieder Probleme mit meiner rechten Körper-hälfte, die sich in Verspannungen im Nacken und Schul-terbereich sowie im Handgelenk zeigten. Doch so wie jetzt, dass mir der Arm und die Hand taub werden, das hatte ich in der Tat noch nicht. Mir macht das etwas Angst. Ausgerechnet am Abend vor der nächsten San Pedro-Zeremonie meldet sich mein Körper auf diese Weise zu Wort. Zufall? Jedenfalls wird mir dadurch klar, mit welcher Intention ich diesmal in die Zeremonie gehen sollte.

Mich erinnert die Situation an das holotrope Atmen, das ich während eines schamanischen Workshops bei Isabell ein halbes Jahr zuvor praktiziert hatte. Mit Hilfe dieser Atemtechnik kann man in bewusstseinsverändernde Zustände gelangen, um beispielsweise Traumata zu lösen.[20] Am Abend vor dieser Session erzählte uns Isabell von ihrem ersten holotropen Atmen. Sie sei mit ihrem Bewusstsein in den Körper eines gut gebauten afrikanischen Mannes gereist, der gerade in seine Holzhütte ging, um dort in seine Frau einzudringen. Diesen Akt hätte sie dann selbst erlebt, als wäre es die Realität. Sie habe es total interessant gefunden, zu erfahren, wie sich Sex aus der Perspektive eines Mannes anfühle. Seitdem könne sie Männer viel besser verstehen.

Mir leuchteten die Augen. So eine Bewusstseinsreise wollte ich auch erleben!

Am nächsten Morgen atmete ich mir fast die Lunge aus dem Leib, doch so prickelnd wie Isabells Session sollte meine erste Sitzung nicht werden. Das einzige, was prickelte, waren meine tauben Hände – eine normale körperliche Reaktion auf das heftige Atmen.

Das beherrschende Gefühl während der mehrere Stunden andauernden Sitzung war Tiefenentspannung. So gut wie jeder Muskel war auf Standby. Ich war eine Schäfchenwolke, die sich schwerelos treiben ließ. Auf einmal wurde der Raum um meinen Hals immer weiter. Es spannte sich ein imaginärer Ballon auf, so ähnlich wie die Schallblase bei einem Frosch. Bis die Blase sanft platzte. Das war wahnsinnig befreiend.

Irgendwann begann allerdings mein rechter Arm zu schmerzen. Es wurde immer stärker und zog sich bis zur Schulter hoch. Isabell sagte hinterher, die Schmerzen

[20] Entwickelt wurde diese Technik in den siebziger Jahren von dem tschechischen Psychotherapeuten, Psychiater und Bewusstseinsforscher Stanislav Grof sowie seiner Frau Christina.
Quelle: http://www.stanislavgrof.com/bio/ (Stand: 30.11.2015).

würden zeigen, dass ich mit meinem inneren Mann noch nicht im Reinen bin. Denn die rechte Seite stehe im Schamanismus für Männlichkeit.

Vielleicht meldet sich dieses Thema hier in Peru gerade zurück?

Nach ungefähr einer halben Stunde verschwinden die Symptome wieder.

„Bist du morgen dabei?", frage ich Lina, als wir später im Bett liegen. Sie wirkt schon viel ruhiger und klarer als heute früh. Ihre Lippen trauen sich wieder an ein leichtes Lächeln heran.

„Ich denke, ich werde mitmachen. Vielleicht wird mir der Zustand der Liebe helfen."

Ying und Yang

„Ich sage nicht mehr, als daß das Meskalinerlebnis etwas ist,
das katholische Theologen ‚eine unverdiente Gnade' nennen:
Es ist für das Seelenheil nicht erforderlich, aber potentiell
hilfreich, und wenn es einem zugänglich gemacht wird,
sollte man es dankbar annehmen. Aus dem Geleise gewöhn-
licher Wahrnehmung geworfen zu werden, während einiger
zeitloser Stunden die äußere und die innere Welt nicht so
zu sehen zu bekommen, wie sie eine vom Trieb zum Über-
leben besessenen Tier oder einem von Worten und Begriffen
besessenen Menschen erscheinen, sondern wie sie, unmittel-
bar und unbedingt, vom totalen Geist aufgefaßt werden
können – das ist ein Erlebnis von unschätzbarem Wert für
den Menschen (...).[21]

Aldous Huxley

Als die größte Herausforderung am nächsten Morgen
erweist sich tatsächlich das Trinken an sich und die Zeit
davor, wenn jeder einzeln nach vorne zum Meister
gebeten wird, um sich den Becher des grünen Grauens
abzuholen. Während alle anderen vor mir dran sind, versuche ich, mich abzulenken, mir einzureden: „JETZT ist
doch alles gut! JETZT ist doch alles in Ordnung!"

Doch die Kraft der Gegenwart erweist sich als nicht
besonders stark und so geht das Drama in meinem Kopf
fast ungehindert weiter. Bis ich dran bin. Bei der ersten
Zeremonie hatte ich beim Gang nach vorne zum Schamanen noch ein Lächeln auf den Lippen. Unwissenheit
kann vorteilhaft sein. Diesmal fühlen sich mein Gesicht
und meine Magengegend schon fester, verkrampfter an.
Ich knie mich hin. José füllt vier Löffel San-Pedro-Pulver

---

[21] Aldous Huxley, Die Pforten der Wahrnehmung – Himmel und Hölle.
Erfahrungen mit Drogen, 31. Auflage, München 2012, S. 56 f.

in den Metallbecher und reicht ihn mir. Mit geschlossenen Augen gebe ich meine Intention hinein. Ich möchte eine Antwort darauf bekommen, was mit meiner rechten Körperhälfte, insbesondere meinem rechten Arm, nicht stimmt, warum ich oft Schmerzen auf der rechten Seite habe. Ich reiche José den Becher. Er füllt ihn mit Wasser auf, rührt um und gibt ihn mir zurück. Ich setze an und versuche, das Zeug so schnell wie möglich herunterzukippen und es dabei an so wenig Geschmacksknospen wie möglich vorbeizuschmuggeln. Das gelingt mir bis zur Hälfte.

„Kann ich zwischendurch mit Wasser spülen?", frage ich.

José nickt. Zum Glück. Ein bisschen Zeit schinden. Ich setze wieder an, zwinge mich dazu, tapfer zu sein, während mir die Tränen übers Gesicht laufen. Der erste Becher ist leer, doch ein zweiter folgt sogleich. Es gibt wirklich Schlimmeres auf dieser Welt, jetzt stell' dich mal nicht so an, schimpft es in meinem Kopf.

José grinst schelmisch und ich meckere vor mich hin, wie widerlich dieses bittere Zeug ist. Ein Blick in die Berge hilft mir. Ich nehme all meinen Mut zusammen, will den Rest auf einmal herunterschlucken, doch mein Körper wehrt sich. Ich würge. Kann mich gerade noch zurückhalten, es nicht direkt wieder auszuspucken, während ich zittere und sich der Kaktus bereits in meinem Bauch breit macht.

So und jetzt runter damit! Der zweite Becher ist leer und José füllt ihn erneut mit etwas Wasser auf, um auch die Reste, die sich am Rand abgesetzt haben, noch zu erwischen. Ich trinke den Becher bis auf einen kleinen Schluck aus und reiche ihn José voller Entschlossenheit zurück. Mehr geht nicht.

Er lächelt und sagt: „Gooooood!"

Ich hab's geschafft. Der schlimmste Teil ist vorbei und ich schwöre mir: „Nie wieder!"

Wir sitzen eine Weile im Kreis, eingemummelt in unsere Schlafsäcke und lauschen José. Er singt „Medicina curame ...!" und raschelt dabei mit seinem Chacapa-Fächer, der aus den Blättern einer kleinen Palmenart hergestellt wird, im Takt.

Das Außen ist wunderschön, doch im Inneren kämpfe ich mit einer Mischung aus Völlegefühl und Übelkeit und einem verdammt bitteren Geschmack im Mund. Nach und nach verlassen ein paar aus der Runde ihre Plätze und streifen durch den Garten. Einige gehen zielstrebig Richtung Toilette. Irgendwann merke auch ich, dass ich mich gerne wieder an mein stilles Plätzchen zurückziehen möchte, um zu warten, bis die grüne Masse wieder dort herauskommt, wo sie hereingekommen ist. So wie beim letzten Mal. Ich setze mich also wieder auf den Rasen vor den Ayahuasca-Tempel, in dem sich die Toiletten befinden. Ich spüre, wie sich die Medizin in meinem Körper ausbreitet. Mir ist immer noch schlecht. Bald muss es kommen. Beim letzten Mal kam es auch ganz plötzlich. Eindeutige Geräusche aus dem Tempel verraten, dass es bei dem ein oder der anderen schneller ging mit der Entleerung.

In der Hoffnung, den Prozess zu beschleunigen, beuge ich mich vor. Doch nichts zu machen. Mein Körper lässt sich nicht so leicht austricksen. Ein Blick in den Rasen genügt und meine Aufmerksamkeit versinkt im Gewusel der grünen Grashalme. Tunnelblick.

Alles erscheint auf einmal filigraner, strahlender und noch heller leuchtend als sonst.

José kommt vorbei.

„Es will nicht rauskommen!", sage ich. „Es kommt und kommt nicht!".

„Manchmal muss es gar nicht wieder rauskommen", sagt er mit sanfter Stimme. „Die Medizin weiß von alleine, wann es genug ist."

Okay. Ich vertraue und lasse geschehen. Zeit vergeht. Ich weiß nicht wie viel und ich sitze immer noch auf demselben Fleck, überfordert von der Medizin. Ich weiß nicht, was ich machen soll.

„Gar nichts musst du machen! Leg dich einfach nur hin", beruhigt mich José, als er erneut vorbeikommt. Er beginnt, meinen rechten Arm zu massieren. Dabei soll ich tief ein- und ausatmen. Das tut gut. Dann ist mein linker Arm dran und zum Schluss massiert José meine Schläfen und singt dabei. Sein Kater Max springt mir auf den Bauch und wir müssen lachen. Er singt weiter und ich schalte endlich ab.

FÜHLEN!

Als José weiterzieht, bleibe ich einfach liegen, atme weiter tief ein und aus. Die Medizin kommt zwar nicht mit dem Holzhammer, ist aber viel stärker als beim letzten Mal. Es ist ein Gefühl zwischen Genuss, einfachem Sein und nicht wissen, wohin mit all dem Fühlen. Ich wälze mich auf dem Boden hin und her, seufze, verdrehe meinen Körper so, wie es angenehm ist, atme tief und ruhig. Jedes Mal, wenn die Sonnenstrahlen meine Haut treffen, fühle ich mich so geborgen. Ich könnte für immer hier liegen bleiben. Mein Haargummi und meine Klammern haben sich schon längst von meinem Kopf verabschiedet, liegen irgendwo verstreut im Grünen um mich herum. Ich beginne zu suchen und denke kurz darauf: „Scheiß' drauf!" Also lege ich mich zurück ins Gras, gebe mich wieder dem Fühlen hin. Wenn ich die Augen öffne, genieße ich den Blick in die Natur, wenn ich sie schließe, döse ich vor mich hin. Die Wirkung wird stärker und stärker. Ich gehe in den lichtdurchfluteten blauen Tempel mit dem Glasdach und lege mich auf den Boden. Es ist wohlig warm und still. Als ich mich wieder aufrichte, kommt mir der Holzboden, der mir gar nicht mehr so fest erscheint, langsam entgegen.

Dann plötzlich Geräusche am Tempeleingang. Ich sehe Josés peruanische Putzfrau, die auf dem Boden sitzt und an der Tür herumschrubbt. Das ist mir eindeutig zu viel Normalität. Unsere Bewusstseinszustände sind gerade nicht kompatibel. So viel checke ich. Ein Anflug von Schamgefühl überkommt mich, also verkrümele ich mich ohne Blickkontakt wieder in den vorderen Teil des Gartens zu meinen Gleichgesinnten. Die einen liegen in ihrem Schlafsack herum, manche weinen, andere laufen durch den Garten oder sitzen irgendwo und blicken in die Berge. Anmutig.

Endlich dürfen wir wieder was essen. Bananen und Brot. Wahnsinn, wie gut das schmeckt. Zwischendurch hatte ich bereits Gelüste auf Spekulatius und Milch-kaffee – was hätte ich nur dafür gegeben!

Rund fünf Stunden müssen schon vergangen sein und ich habe das Gefühl, die Medizin hat mittlerweile jede meiner Körperzellen erreicht. Ich fühle mich, als würde ich mich in Luft auflösen, als wäre ich fast durchsichtig und ganz leicht. Bewusstsein in einer Hülle. Ein fühlendes Etwas. José kommt zu mir, während ich in meinem Schlafsack auf dem Rücken liege. Ich sehe jede Pore, jede Ader, jede Falte in seinem Gesicht und sein strahlendes, wunderschönes Lächeln. Alles scheint so unwirklich. „Du kommst mir gerade vor wie eine Illusion", sage ich zu José.

Er lächelt. „Ich bin eine Illusion." Dann nimmt er mich an die Hand und führt mich an eine schöne Stelle im Garten. Wir setzen uns.

„Was ist in dir, weshalb du die Kontrolle nicht

abgeben kannst?", fragt er.

Es fällt mir schwer, nachzudenken. „Ich weiß nicht."

Gegenüber entdecke ich wieder meine kleine, schöne Höhle vom letzten Mal.

„Dorthin möchte ich jetzt wieder", sage ich kindlich und er bringt mich hin.

José gibt mir eine Aufgabe. „Kristina, führe dir jetzt noch einmal deine Intention vor Augen, warum du heute hier bist. Schenke deinem rechten Arm und deinem unteren Rücken Aufmerksamkeit."

Das tue ich. Ich schließe meine Augen und drifte sofort wieder in irgendeine Traumwelt – halb bewusst, halb unbewusst – ab. Ich spüre große Dankbarkeit für meine Eltern, für mein Leben, verbinde mich im Herzen einzeln mit meinen Exfreunden, besonders mit dem letzten. Ich umarme im Geiste auch seine Mutter und seine Schwester. Plötzlich kommt mir ein Bild von einer Operation am offenen Herzen in den Sinn und ich spüre, wie sich mein Herz weitet. Wieder versinke ich, gebe mich hin und merke mit einem Mal ganz deutlich meinen inneren Mann. Nicht mein Körpergefühl, sondern den Seelenteil von mir, der männlich ist. Ich spüre, wie dominant dieser Teil in mir zu sein scheint.

„Und wo ist meine innere Frau?", frage ich mich. Ah ja, auch sie nehme ich wahr. Die mitfühlende, weiche, mütterliche Seite von mir fühle ich nun ganz deutlich. Doch die Männliche ist viel präsenter. Ich nehme dies wahr, ohne es zu bewerten. Ich erinnere mich, wie ich als Kind auch eher die Vaterrolle beim Vater-Mutter-Kind-Spiel eingenommen habe.

Irgendwann krieche ich wieder aus der Höhle, lege mich auf meinen Schlafsack in die Sonne, wälze mich und seufze. Ich fühle mich nun sehr weiblich. Scheinbar balancieren sich Yin und Yang gerade neu aus. Das fühlt sich gut an.

Ich döse wieder weg, bis mich eine schlabbrige Hundezunge im Gesicht aus meinem Tagtraum weckt. Schäferhündin Melly ist mal wieder auf einen Besuch vorbeigekommen.

„Ich kann verstehen, dass es ihr in meinem Garten besser gefällt als in ihrem eigenen", sagt José. „This garden is much more fun!"

Sehe ich auch so, zwischen all den „Treehuggers" kann es einem nur gut gehen.

Ich gehe in die Maloca, lege mich neben Lina und greife ihre Hand. Wir lächeln uns innig zu und ich spüre eine tiefe Verbundenheit zu ihr. Ihr Gesicht sieht rosig und glückselig aus.

„Ich fühle mich vom Universum gevögelt", sagt sie noch halb stöhnend, als wäre der göttliche Orgasmus soeben erst durch ihren Körper geströmt.

„Ich weiß, das habe ich gesehen."

„Und ich habe dir versprochen, die nächste Ayahuasca-Zeremonie mitzumachen."

„Ich weiß, das habe ich gespürt."

Die Sonne verschwindet langsam hinter den Bergen. José beginnt wieder zu singen und schließt die Zeremonie. Lina und ich schauen uns an und prusten los. Zeremonie schließen? Soll das ein Witz sein? Der sanfte Großvater hat uns noch fest in seinen Fängen und ist nicht einmal ansatzweise dabei, sich von uns zu verabschieden. Und ehrlich gesagt bleiben wir auch gerne noch ein wenig in seiner Gesellschaft.

„Ich wünschte, dieser Tag würde niemals enden", sagt Lina.

Als es dunkel wird, versammeln wir uns alle in Josés Haus. Ein Märchenschloss mit bunten Lichtern überall.

„The Power of Love" von Franky goes to Hollywood tönt aus seiner Anlage. Perfekter könnte es nicht sein. Ich betrete das Wohnzimmer, schaue nach links, wo Manu in den Armen der Schamanin liegt und schluchzt. Sie bearbeitet gerade ein Trauma aus ihrer Kindheit. Bei diesem Anblick überkommt es mich, ich laufe nach draußen und breche in Tränen aus. Annika und Lina trösten mich und nach einer Weile beruhige ich mich wieder.

Gemüsesuppe und Carrotcake folgen, doch viel bekomme ich nicht herunter. Ich kichere und tuschele mit Lina am Tisch, als wären wir kleine Kinder und Josés Assistentin Mary sagt, sie würde uns gern adoptieren.

Die Medizin ist noch immer so stark präsent, dass ich mich aufs Sofa lege.

„Kristina is totally fucked! That's nice", sagt José und alle lachen. Einschließlich mir. José legt einen wundervollen Song nach dem nächsten auf und tanzt dazu verrückt auf der Couch. Jetzt kommt wieder der Entertainer zum Vorschein, eine Rolle, die ihm vorzüglich steht. Alle außer Lina und mir tanzen, wir genießen einfach nur das Bild, die Stimmung, die Energie, die im Raum schwebt. Ich empfinde eine in Melancholie getränkte Herzensfreude. Tränen könnten permanent sprießen angesichts der Schönheit, in der wir aufblühen.

Lina und ich bleiben wieder am längsten, würden am liebsten hier beim Meister auf der Couch übernachten, doch irgendwann ist auch dieser Tag vorbei. Wir treten aus dem Sternentor hinaus in die dunkle Nacht, nehmen uns in den Arm und schreiten langsam zurück zum Paz y Luz, vorbei an vielen Büschen, aus denen uns Blattgesichter anschauen.

Im Bett stöpsele ich meine Kopfhörer in die Ohren

und höre „Lullaby" von The Cure. Habe ich dieses Lied jemals zuvor gehört? Ja, tausende Male und dennoch höre ich es gerade zum ersten Mal. So nuanciert und differenziert habe ich es noch nie wahrgenommen. Ich bekomme eine Gänsehaut nach der nächsten. „The Spiderman is having me for dinner tonight", rauscht es durch meinen Kopf. Nein, diese Nacht noch nicht, denke ich, aber Ayahuasca ist auf dem Vormarsch.

Nach jeder Krise ein Geschenk

Als ich am nächsten Morgen die Augen öffne, erlebe ich die Welt wieder in gewohnter Schönheit. Zumindest fast. Ein klitzekleiner Rest vom Paradies fließt noch immer durch meine Adern. Wie eine Erinnerung, die gerade erst zu einer wird.

Und Lina sieht aus wie Eva persönlich.

„Gott, Kristina! Es war so wunderschön gestern ..." Sie schüttelt den Kopf vor Entzückung. „Ich kann kaum glauben, was da passiert ist. Ich konnte gar nicht anders, als mich zu suhlen in diesem Gefühl und mich einfach nur komplett hinzugeben!"

San Pedro hat sie wieder ihren Körper spüren lassen und das auf die himmlischste Art und Weise. Es war scheinbar genau das Richtige nach der sehr harten Ayahuasca-Nacht. Durch diese ausgleichende Erfahrung hat Lina wieder Vertrauen in die Reise gewonnen.

José hatte ihr viel mehr vom San Pedro Pulver eingeschenkt, als sie wollte.

„Aber ich dachte mir: Der Master of Desaster wird schon wissen, was er tut", lacht sie.

Das Nachgespräch bringt wieder die unterschiedlichsten Geschichten hervor. Wir saßen alle im selben Garten, doch die einen waren in Eden, die anderen jenseits davon. Die einen scheinen in diesem Leben ein härteres Los gezogen zu haben als die anderen. Obwohl sich „Los ziehen" nach Lotterie anhört, nach Glücksspiel. Im Schamanismus geht man davon aus, dass sich jede Seele ihr Leben vor der Geburt selbst aussucht, um eine bestimmte Erfahrung zu machen. Das, was im Zen-Buddhismus der „große Geist" genannt wird, das „Bewusstsein" oder die „große Leere" will sich in allen Aspekten erfahren und daran wachsen. Eine Erfahrung sei daher nicht per se gut oder schlecht, unsere Bewertung mache sie nur dazu, weil wir hier auf der Erde in der Dualität leben. Was über allem stehe, sei nichts als reine Liebe.

So sieht es auch José. Egal, wie verkorkst eine Situation aussehen mag: „Es ist nicht das Ende der Geschichte", sagt er. Und nach jeder Krise stehe ein Geschenk bereit. Man muss es nur erkennen und abholen.

Über diesen Aspekt des sich selber Aussuchens grüble ich noch immer nach. Wissen werde ich es nie. Schließlich soll Karma ja auch noch eine Rolle spielen. Ein sehr komplexes System also, das meine bescheidenen Hirnleistungen deutlich überfordert. Meditationsmeister wie indische Yogis berichten davon, dass der Fragensteller ab einem bestimmten Meditationslevel leiser wird. Nach der Lautstärke in meinem Kopf zu urteilen, muss ich wohl noch eine Weile üben, bis da oben Ruhe herrscht.

Als ich an der Reihe bin, von meiner San-Pedro-Erfahrung zu berichten, erzähle ich, dass ich meinen inneren Mann als sehr dominant wahrgenommen habe. José vermutet, dass mir die rechte Seite – die im Schamanismus ja für die männliche Seite steht – deshalb weh tut, weil sie überstrapaziert ist. Ich solle von nun an wieder mehr meine weiche weibliche Seite zum Vorschein bringen.

Du musst nichts tun!

Prompt ziehe ich mir am Nachmittag ein Kleid an und lege mich mit meinem roten Tagebuch und einer Decke auf den Rasen vor unserem Zimmer zum Schreiben. Das kalifornische Pärchen ist auch da und bekommt gerade Tai-Chi-Unterricht von ihrem Personal Trainer, der sie zwei Wochen begleitet. Der Mexikaner hat ein so lautes Organ, dass man ihm zuhören muss, ob man will oder nicht. Und ich will eigentlich lieber nicht.

„Why are you here?", fragt er mich, als sich die drei nach dem Unterricht zu mir gesellen. Ich sage, dass ich meiner Berufung näher kommen möchte. Dass ich nach etwas suche, das mich mehr erfüllt und dass ich hoffe, die Zeremonien könnten mir dabei helfen.

„Wer sagt dir, dass du etwas tun musst?", fragt er mich.

Ich weiß nicht recht, worauf er hinaus will.

„Der Staat sagt dir, dass du etwas tun musst! Deine Eltern sagen dir, dass du etwas tun musst! Dein Verstand sagt dir, dass du etwas tun musst! Aber du musst nichts tun!"

Ich sage, dass ich mich nicht dazu berufen fühle, nichts zu tun.

„Du musst dich nicht schlecht dabei fühlen, wenn du nichts tust", belehrt er mich.

Ich weiß, dass er damit auch auf unsere Leistungsgesellschaft und den Druck, der damit auf vielen Menschen lastet, anspielt. Doch er versteht nicht, dass es mir um etwas anderes geht. Dass ich mich danach sehne, einer Beschäftigung nachzugehen, die mein Herz erfreut und es mir nicht darum geht, irgendwelche Normen und Konventionen zu erfüllen, um ein staatstreuer Bürger oder eine gute Tochter zu sein.

Er betet weiter seine Phrasen herunter und so langsam geht mir sein Sendungsbewusstsein auf den Zeiger.

„Du musst nichts tun!", wiederholt er und ich wünschte, *er* würde mal nichts tun und einfach die Klappe halten.

Zum Glück schaltet sich der Surferboy in die Diskussion ein und pflichtet mir bei.

„Ich verstehe, was sie meint!", sagt er. Ihm würde es ähnlich gehen. Sein Job als Modedesigner mache ihm zwar Spaß, aber eigentlich wünsche er sich einen Beruf, in dem er anderen Menschen helfen könne. Die Menschen, die so arbeiten, seien die glücklichsten.

Endlich schweigt der Mexikaner.

Der Surferboy ist, wie sich herausstellt, gar kein Kalifornier, sondern ein in L.A. lebender Franzose namens Arnaud. Er fühlt sich bloß sehr kalifornisch.

Ich unterhalte mich noch eine Weile mit Arnaud und seiner Freundin Sandy. Sie beide sind wirklich verdammt hübsch anzusehen. Jeden zweiten Satz meinerseits kommentieren sie mit „Wild!" im Sinne von „Abgefahren". „Wild" denke ich auch beim Anblick ihrer Haare. Von Tag zu Tag sehen sie zerzauster aus.

Heute Abend steht ihre erste Ayahuasca-Zeremonie an. Vor allem Arnaud ist sehr aufgeregt und nervös, aber dennoch fühlen sich beide bereit für den Trunk.

I just wanted to know!

Lina und ich sind auf dem Weg zum Frühstück, als uns Sandy und Arnaud entgegenkommen.

„How was it?", fragen wir gespannt.

„Pretty awesome!"

Beinahe rutscht mir ein „Wild!" heraus, aber ich beiße mir rechtzeitig auf die Lippen.

Sie wirken leicht verstrahlt und sind offenbar nicht in Redelaune, weshalb wir gleich weiterziehen.

„Wie neu geboren sehen die aber nicht aus, oder?"

Lina zuckt mit den Schultern. „Nein ... Aber sah ich etwa wie neu geboren aus?"

In den kommenden drei Tagen steht für uns keine Zeremonie an. Wir machen stattdessen einen Ausflug zum Machu Picchu. Mit Bus und Bahn erreichen wir nach einigen Stunden Aguas Calientes. Dort übernachten wir im Hostel „El Mystico", das von Julio geleitet wird, einem indianisch aussehenden Mann mit langen schwarzen Haaren, einer ruhigen, reinen Ausstrahlung und einem aufrichtigen Händedruck. Er hat einen eigenen Schmuckladen unter dem Hostel, wo er täglich viele Stunden sitzt, um Ketten, Ringe und Ohrringe zu fertigen. Außerdem singt und malt er. In alles, was er tut, fließt seine Hingabe.

Eine Treppe neben dem Schmuckladen führt hinauf zu den Hostelzimmern und vorbei an Julios Bildern, die die Wände schmücken. Aus jedem einzelnen springt einem die Ayahuasca-Welt entgegen. Bunt, mystisch und geheimnisvoll. Auf einem Bild erkennt sich Lina wieder. Zu sehen ist eine nackte Frau, die in Ekstase auf einem Stein liegt – vereinigt mit dem Universum.

Lina und ich teilen uns ein Zimmer, das gemütlicher

nicht sein könnte: komplett mit Holz ausgestattet, mit Balkon und Blick in die Natur. Von meinem weichen weißen Bett aus kann ich direkt hinüber auf die andere Flussseite und die von Wellblechdächern geschützte Wirklichkeit der peruanischen Bevölkerung schauen. Einfachste Hütten ohne Fenster, dafür mit Fernseher.

Selbst hier, wo es scheinbar nur ums Überleben geht, ist der Sinn fürs Dekorative nicht ausgeschaltet. „Schöner wohnen" heißt, aus weißen Plastikeimern Blumenkübel zu machen, die ordentlich aufgereiht vor dem Häuschen stehen. Die einzigen Dinge, die bunt ins Auge stechen, sind die flimmernde Mattscheibe, die durch den offenen Türspalt zu sehen ist, und die beiden rosagelb-roten bobbycarähnlichen Spielzeugautos, die vor der Hütte geparkt sind.

Plötzlich kommt es mir sehr dekadent vor, wie ich mal eben auf einen anderen Kontinent fliege, um den Sinn zu suchen, während andere damit beschäftigt sind, Löcher im Wellblechdach zu stopfen, damit sie im Trockenen schlafen können.

Am nächsten Morgen geht es zum Machu Picchu. Lina und ich machen uns allein auf den Weg, da die anderen bereits einen Bus früher hinauf zu den weltberühmten Inkaruinen genommen haben. Wir werden uns drinnen schon finden, lautete unsere kühne Abmachung. Das war natürlich nicht der Fall. Auf dem riesigen Gelände mit vielen Abzweigungen und massenweise Touristen treffen wir dafür aber jemand anderes wieder. Abseits der Hauptpfade in den etwas abgelegenen Inka-Terrassen läuft uns ein junger Traveller entgegen, den ich zuvor schon bei uns im Hostel und am Bahnhof in Ollantaytambo gesehen hatte.

„Hola! We are in the same hostel!", begrüße ich ihn.

„Aaahh, we share a room?", fragt der langhaarige Strahlemann mit französischem Akzent.

„Ääh, no ..." Ich zeige auf Lina. „Her and I share a room."

„Ah, I thought you were the two girls that also sleep in my room, that I haven't seen yet!"

Es stellt sich heraus, dass er gar nicht in unserem Hostel wohnt, sondern nur dort war, um sich die Bilder anzuschauen. Er begleitet uns ein Stück, bis wir ein Plätzchen zum Picknicken finden. Alles, was er dabei hat, trägt er am Leib. Ein Hemd, eine Leinenstoffhose, Sandalen und ein paar Soles in der Hosentasche. Das ist sein gesamtes Gepäck für einen Zwei-Tagesausflug nach Aguas Calientes, während auf Linas und meinen Schultern für einen Tagesausflug jeweils ein fett bepackter Rucksack lastet. Wer nichts hat, muss auch nichts festhalten, hat den materiellen Ballast losgelassen. Was für ein großes Stück Freiheit!

Luca ist dreiundzwanzig Jahre jung und kann bereits auf eine sehr interessante Lebensgeschichte zurückblicken. Er kommt von einem Archipel im Pazifischen Ozean namens „Nouvelle-Calédonie", einer ehemaligen französischen Kolonie, die heute noch zu Frankreich gehört. Als er klein war, ist er mit seinen Eltern für sieben Jahre um die Welt gesegelt und hat sich seine Schulkenntnisse auf dem Boot angeeignet. Er ist schon wahnsinnig viel gereist in seinem Leben und noch immer so neugierig auf die Welt. Ob er schon einmal von Ayahuasca gehört hat, wollen wir wissen.

„Heute Nacht wird meine zehnte Zeremonie sein!"

Wir sind beeindruckt. Beim ersten Mal hätte er sich gar nicht übergeben müssen. Die Medizin habe sich sogar richtig gut in seinem Körper angefühlt.

„Es gab wohl nicht so viel aufzuräumen", sagt er

lächelnd.

Die beste und intensivste Zeremonie sei seine achte gewesen, in der er wirklich glaubte, mit Gott zu kommunizieren. Angsteinflößende Erfahrungen mit der Pflanze seien ihm bisher erspart geblieben. Auf die Frage, warum er überhaupt begonnen hat, Ayahuasca zu trinken, sagt er: „I just wanted to know".

Am Abend gehen wir gemeinsam in Aguas Calientes essen, bevor wir uns von Luca verabschieden.

I just wanted to know.

Ich will es auch endlich wissen. Lucas Erzählungen machen neugierig und steigern die Erwartung.

Die Antwort rückt näher.

Zwei Tage später sind wir auf dem Rückweg nach Pisac. Zwischen Aguas Calientes und Ollantaytambo fahren zwei Züge: ein regulärer für die peruanische Bevölkerung und ein überteuerter, äußerst komfortabler für die Touristen. Viel lieber wäre ich mit dem normalen Zug gefahren, und zwar nicht aus Kostengründen, sondern um zur Abwechslung der peruanischen Kultur etwas näher zu kommen. Wir bewegen uns hier permanent in dieser schillernden spirituellen Blase, aus der wir zwar hinausschauen können, aber immer wie durch einen regenbogenfarbigen Seifenfilm. Manchmal will ich meinen Finger ausstrecken und gegen die Blase tippen, um sie zum Platzen zu bringen, mich zwischenzeitlich wieder erden und mit neuen Perspektiven nähren. Leider haben wir in diesem konkreten Fall nicht die Wahl – wir müssen den Touri-Zug nehmen. Völlig einleuchtend aus peruanischer Sicht, soll der westliche Wohlstand doch auch hier die Kassen klingeln lassen.

Und so werden wir mit Eintritt in diesen Luxuszug mehr als deutlich auf den für uns in diesem Land reservierten Platz verfrachtet. Auf den gepolsterten Platz des nach Unterhaltung und Konsum gierenden Touristen nämlich.

Das Zugpersonal, eine junge Frau und ein junger Mann um die dreißig, sind nicht nur darauf geschult, die Tickets zu kontrollieren und das Mittagessen an die Fahrgäste zu verteilen. Vielmehr scheinen sie eine interdisziplinäre Ausbildung genossen zu haben. Denn nach der Fütterung verwandelt sich der Gang plötzlich in einen Catwalk. In die neueste Alpaca-Mode gehüllt tänzeln die beiden Zugbegleiter zu rhythmischer traditioneller Folklore-Musik zwischen den Reisenden hindurch, machen vorne angekommen eine professionell wirkende Modeldrehung, um dann wieder lächelnderweise zurückzulaufen. Nach der Vorstellung kassieren sie Applaus. Auch ich klatsche, obwohl ich innerlich den Kopf schüttele. Anschließend wollen sie die soeben präsentierte Ware natürlich an den Mann oder an die auf der Shopping-Welle reitende Frau bringen. Wir haben die Wahl zwischen Pullovern, Ponchos, Blusen, Hemden, Machu-Picchu-Fotobüchern oder DVDs. Ich verneine dankend, doch ein älteres Ehepaar zwei Reihen vor uns schlägt zu und scheint glücklich mit dem neuen roten Wollpullover.

Ich schaue durchs Fenster ins wunderschöne Uru-bamba-Tal, das so rein und natürlich erscheint gegen diese künstlich erschaffene Welt auf Schienen. Plötzlich halten wir mitten auf der Strecke. Am Wegesrand stehen eine junge Schwangere und eine bucklige alte Frau, die uns Blumensträuße zum Verkauf entgegenstrecken. Sie scheinen schon auf uns gewartet zu haben. Offenbar stoppt der Zug hier regelmäßig. Ich werfe ein paar Soles aus dem Fenster und sehe, während der Zug wieder Fahrt aufnimmt, wie sie die Münzen hastig vom Boden aufheben. Dabei ist niemand weit und breit, der sie ihnen wegnehmen könnte.

Die Liane der Seelen

In der Abenddämmerung erreichen wir Pisac. Erschöpft von der Reise fallen wir früh ins Bett. Am nächsten Morgen gehen wir gemeinsam zum Frühstück. Es wird die letzte Mahlzeit sein, die wir bis zum Folgemorgen essen dürfen, denn heute Abend steht eine Ayahuasca-Zeremonie an.

Meine Erste.

Auch wenn mir das pappige Fladenweißbrot, der Coca-Tee und das Rührei mittlerweile zum Hals heraushängen, stopfe ich mich so voll, wie es geht. Die Aussicht auf einen knurrenden Magen ab ungefähr zwölf Uhr ist Antrieb genug. Das kann man ja ein wenig hinauszögern. Ist auch für die anderen von Vorteil, die sonst noch länger meine schlechte Laune ertragen müssten.

Den ganzen Tag liegen wir auf Schlafsäcken in der Sonne vor unseren Zimmern. Wir lesen, reden, spielen Kniffel, schreiben Tagebuch, hören Musik und bereiten uns nebenbei mental auf die Zeremonie vor. Es kann schließlich alles passieren oder eben auch nichts. Ich kann mir die Seele aus dem Leib kotzen, die schönsten Visionen haben, Todesängste durchstehen, weinen, lachen, schreien, durchdrehen oder einfach überhaupt nichts spüren. Ich kann von Schlangen[22] verschlungen oder selbst zu einem Tier werden. So wie Stefan. Bei seiner ersten Ayahuasca-Zeremonie, die er ein paar Monate zuvor in Deutschland gemacht hat, schlüpfte er mit seinem Bewusstsein in einen Lurch.

„Zum ersten Mal in meinem Leben habe ich mich richtig authentisch gefühlt", sagte er dazu hinterher. Er sei vollkommen in seinem Element gewesen, wie er da als Lurch durch die Gewässer schwamm. Sogar die Kieferbewegungen eines Lurchs hat er wie selbstverständlich imitiert – nicht gespielt, sondern aus einem inneren Impuls heraus. Er war mit Leib und Seele animalisch, folgte seinen Instinkten und Trieben, wie es nur Tiere vermögen. Diesen Bewusstseinszustand beschreiben Leute, die so etwas schon erlebt haben, als sehr real. Alles fühlt sich wie unsere normale Wirklichkeit an, als wäre man auf einem Ausflug in eine andere Welt in einem anderen Körper, aber dennoch mit allen Sinnen und Emotionen verbunden. Selbst Tage nach der Zeremonie hätte er noch die Geräusche eines Lurchs von sich gegeben. „Stefan, hör auf!", ermahnte ihn seine

---

[22] Siehe Regueiro, Ayahuasca: Soul Medicine, S. 21: „Die Schlange ist ein universelles Symbol für Heilung und Medizin, und in der Kosmologie der Anden ist sie auch die Königin der Unterwelt. Zur Unterwelt zählt in meiner Vorstellung all das, was sich unter der Erdkruste befindet. Deshalb verkörpert die Schlange die immensen Heilkräfte unserer Erde, die uns nährt. Als kosmisches Symbol der göttlichen Kundalini-Energie spricht die Schlange vom grenzenlosen Potential und von Energien, die tief in unserem Wesen schlummern. Ähnlich der noch nicht aufgerollten Schlange, die laut tantrischen Beschreibungen am tiefsten Punkt der Wirbelsäule liegt, wächst die Rebe der Ayahuasca vom Erdboden hoch hinauf in die Urwaldwipfel, in denen es jede Menge Sonnenschein als Hauptnährstoff gibt." (Übersetzung von Eva-Maria Gass)

Frau dann immer.[23]

Ich versuche, so wenig Erwartungen wie möglich zu haben, als wir kurz vor achtzehn Uhr mit gepackten Sachen hinüber zu José in seinen Ayahuasca-Tempel laufen.

Oh Gott, jetzt ist es soweit.

Jetzt kommt bald der Moment, auf den ich so lange hingefiebert habe – und das sogar im wahrsten Sinne des Wortes.

In dem von innen blau gestrichenen, runden Tempel können sich etwa zehn Leute ausbreiten.

José weist uns einzeln die mit Matratzen gepolsterten Plätze zu. Ich sitze direkt am Ausgang – nah bei den Toiletten. Sicher ist sicher, dachte sich José wahrscheinlich dabei, denn wie meine Reaktion auf die Pflanze sein wird, kann er am wenigsten einschätzen. Alle anderen haben schließlich schon mindestens eine Ayahuasca-Zeremonie hinter sich.

Jeder baut sich wieder sein kleines Lager, rückt Decken und Kissen zurecht. Wie die Packung Taschentücher, die Wasserflasche und das Agua de Florida da so hinter mir auf der Ablage stehen, wirken sie wie kleine Helfer, die mir den Rücken stärken und mir zuflüstern: Du schaffst das schon! Wir unterstützen dich dabei! Annika hat sich sogar eine kleine Plüschschlange mitgebracht. Vielleicht hofft sie, die Pflanze damit milde zu stimmen.

---

[23] Der tschechische Psychotherapeut und Medizinphilosoph Stanislav Grof hat dieses Phänomen ausführlich beschrieben. Bei den amazonischen Amahuaca-Indianern soll es beispielsweise zur Ausbildung von Jägern gehört haben, Ayahuasca zu trinken. Denn unter dem Einfluss des Gebräus waren sie in der Lage, sich in die Tiere hineinzuversetzen, die sie jagten und konnten so ihr Verhalten genau studieren. Nach dieser Erfahrung sollen sie beträchtlich mehr Erfolg beim Jagen gehabt haben (siehe Stanislav Grof, Das Abenteuer der Selbstentdeckung. Heilung durch veränderte Bewusstseinszustände. Ein Leitfaden, 7. Auflage, München 2009, S. 81f).

Auf dem Boden der Tatsachen lande ich, als mir José meinen Eimer reicht. Helferchen hin oder her – durch den Prozess, wie er auch immer ausfallen mag, müssen wir uns alleine würgen.

Durch das Glasdach scheint kaum noch Licht in den Tempel. Langsam sind nur noch die Umrisse eines jeden Körpers zu erkennen. Jetzt ist es Zeit, die Zeremonie zu eröffnen. José beginnt mit ein paar allgemeinen Hinweisen. Er erklärt, wo sich die Toiletten befinden, dass wir den Tempel nicht verlassen dürfen und dass wir, wenn möglich, doch bitte versuchen sollen, den Eimer zu treffen. Falls wir uns im Moment nicht wohlfühlen, können wir uns jederzeit dafür entscheiden, heute doch nicht zu trinken. Wem es in der Zeremonie an irgendetwas fehlt, der soll ihn oder seine Assistentin Mary zu sich rufen.

Nach den üblichen Einweihungsritualen, die ich schon aus den San-Pedro-Zeremonien kenne, geht José zurück an seine Mesa, setzt sich seine Stirnlampe auf und gießt aus einer eineinhalb Liter Plastikflasche die schwarze Masse in einen kleinen runden Metallbecher. Die Medizin lässt er sich regelmäßig von seinem Meister-Schamanen aus dem Dschungel schicken.

Mein Herz schlägt schneller, denn mir graut es schon wieder vor dem Trinken. Ich bin als fünfte an der Reihe. Meine Intention lautet: „Zeige mir, was mein Herz sich wünscht". Ich gehe kurz in mich, versuche ganz im Moment und voll bewusst zu sein. Als meine Lippen den Becher berühren, höre ich auf zu atmen. Bloß nicht riechen! Mit Schwung schütte ich das Zeug in meinen Rachen und schlucke. Wie dankbar ich bin, dass sich das Trinken hier nicht so hinzieht wie beim Kaktus. Ein wesentlicher Vorteil! Stefan sagte mir nach der zweiten

San-Pedro-Session, dass das Schlimmste an der gesamten Zeremonie war, mir beim Trinken zuzuschauen. Dieses Trauerspiel erspare ich ihm diesmal. Und mir auch.

Lina ist an der Reihe. José füllt nur einen kleinen Schluck in den Becher und reicht ihn ihr. Sie hält ihn für ein paar Sekunden mit beiden Händen fest umschlossen. Und gibt ihn dann an José zurück. Sie ist noch nicht bereit, heute wieder zu trinken und setzt sich auf ihren Platz.

Zum Schluss gießt sich José einen kleinen Schluck ein.
„Salud", sagt er, setzt an und wirft seinen Kopf in den Nacken.
Die Schamanen trinken selbst auch, um sich mit der Geistwelt und den Teilnehmern zu verbinden.[24]
Es herrscht Stille. Ich sitze im Schneidersitz, meine Hände liegen locker auf den Knien. Die Handflächen zeigen Richtung Himmel, wie auf Empfang geschaltete Antennen. Ich bin bereit und warte darauf, dass sich etwas tut. Ayahuasca ist in mir, doch noch ist sie mir fremd. Etwas misstrauisch beäuge ich sie wie einen ungebetenen Gast, der neugierig durch alle Räume schleicht.
Nach ungefähr einer halben Stunde wird mein Blick langsam starrer. Der Boden beginnt leicht zu glitzern. Mein Atem vertieft sich und ich fühle mich träge. Dann

---

[24] Zum Ayahuasca-Gebrauch im traditionellen Kontext schreibt Christian Rätsch in Ayahuasca, S. 14: „Entweder nimmt der Schamane Ayahuasca, um die Krankheit im Patienten zu erkennen, oder er gibt dem Patienten auch Ayahuasca und führt ihn durch die ‚wirkliche Wirklichkeit' zu seinem eigenen Zentrum. Dadurch kann der Patient seine Probleme oder Krankheitsursachen erkennen und so verändern bzw. beheben. Manchmal geht der ganze Stamm auf Trip, um durch geteilte mystische Erfahrungen die soziale Integrität zu stärken und die Stellung und Aufgabe des Stammes im Kosmos zu erkennen".

übergibt sich der erste in seinen Eimer.

Treffer.

Andere folgen. José kommt zu mir und sagt, dass ich mich hinlegen soll, damit die Medizin besser wirken könne. Sobald ich mit meiner Matratze auf dem Boden liege, spüre ich, was er meint. Aus der Bauchgegend breitet sich die Pflanze auf einmal in alle Richtungen aus und kriecht bis hoch in meinen Kopf. Wie kleine wachsende Wurzeln, die sich ihren Weg durch meinen Körper bohren. Von Sekunde zu Sekunde entspanne ich mehr. Die Schwerkraft hat sich verdreifacht. Von der Schädeldecke bis zum kleinen Zeh drückt es mich in den Boden. Ich versinke immer tiefer, bis ich eins mit der Erde werde, ein Teil des riesigen Wurzelgeflechts. Die Schwere lässt mich unheimlich müde werden. Mit weit aufgerissenem Mund muss ich andauernd laut gähnen. Wie peinlich, denke ich, denn der Kontrollfreak in mir sagt: Das gehört sich nicht! Mach es bitte wenigstens ohne Geräuschkulisse. Doch ich kann nichts dagegen tun, es kommt einfach so aus mir heraus. Unkontrollierbar. Gleichzeitig spielen sich vor meinem inneren Auge wilde Szenen in blass leuchtenden Farben und filigranen, aber verschwommenen Mustern ab. Meine Antenne ist wohl nicht richtig eingestellt. Ich öffne die Augen. Die Sterne sind noch dort, wo sie immer waren und funkeln mich an. Nach wenigen Sekunden ziehen sich die Lider von alleine wieder wie Jalousien vor meine Augäpfel. Ich bin so wahnsinnig entspannt, dass ich einfach nur schlafen will. Doch Ayahuasca lässt mich nicht. Stattdessen brodelt es gehörig in meinem Bauch wie in einem blubbernden Hexenkessel, aus dem üble Dämpfe aufsteigen. Um mich herum werden die Geräusche immer lauter. Ich höre Röcheln, Kotzen, Weinen, Flüstern, Husten, Seufzen und Singen.

Von den Toilettenkonzerten ganz zu schweigen. Die Klänge erscheinen so nah an meinem Ohr, dass ich jedes Mal leicht erschrecke und dadurch aus meinem eigenen Prozess gewirbelt werde. Traumartige Szenen und Dialoge streifen wie Filmszenen durch meinen Kopf. Ich wälze mich von einer Seite auf die andere, stöhne und seufze dabei.

Es vergeht noch eine Weile in diesem Stadium, bis es langsam ruhiger wird im Tempel. Auch ich war schon fast eingeschlafen, als es mich mit einem Mal schlagartig überkommt. Blitzschnell richte ich mich auf, greife den Eimer und übergebe mich. Ich fühle mich hundeelend zwischen den einzelnen Würgeattacken, doch nach ein paar Minuten ist alles vorbei. Ich spüle meinen Mund mit Wasser und sinke zurück zu meinem Verbündeten, dem Boden. Jetzt bin ich wieder etwas wacher, schaue in den Sternenhimmel und kann nicht glauben, was ich gerade fühle.

Langeweile? Ist das tatsächlich Langeweile?

Lässt die Wirkung jetzt schon nach? Das kann nicht wahr sein. Ich fliege nach Peru mit dem einzigen Ziel, Ayahuasca zu trinken. Und dann das! So hatte ich mir meine erste Zeremonie mit der Zauberpflanze nun wirklich nicht vorgestellt. Enttäuschung macht sich breit.

Aber warum bin ich eigentlich enttäuscht? Ich hatte doch gar keine Erwartungen, oder?

Die Pflanze wird schon wissen, was gut für mich ist. Irgendetwas wird sie schon gemacht haben, von dem ich jetzt nur noch nichts weiß.

Ja genau. Hast du dir ja jetzt schön schöngeredet, plappert es in meinem Kopf.

Nach einer Weile werden auch die inneren Stimmen müde und ich schlafe endlich ein.

Am nächsten Morgen sind außer mir nur noch der Ire

Steven und die beiden Kanadier Sara und Richard da. Ich kenne sie bereits aus einer der San-Pedro-Zeremonien.

Steven erzählt, dass er wieder eine wundervolle Erfahrung mit Ayahuasca gemacht hat – es sei diesmal sogar noch schöner gewesen als bei seinem ersten Mal vor einer Woche. Die gesamte Liebe des Universums habe er in sich gespürt, ein unbeschreibliches Gefühl.

Richard ist mit der Frage in die Zeremonie gegangen, um was es bei dieser Reise des Lebens eigentlich wirklich geht. Nachdem er sich komplett hingeben konnte, sind ihm zwei Frauen erschienen: eine große mächtige – der Pflanzengeist Ayahuasca – und eine alte schmächtige. „Komm mit uns", sagten sie zu ihm und er war sehr aufgeregt. Er dachte, sie würden ihm die Geheimnisse des Universums zeigen. Doch stattdessen führten sie ihn zu einem Spielplatz. Die vielen Kinder dort lachten ausgelassen und Richard schaute ihnen beim Spielen zu. „Es war einfach wunderschön", sagt er. Danach brachten die Frauen ihn wieder zurück in seinen Körper. Sie hinterließen ihm die Botschaft, dass das Leben ein Spiel sei, dass man nicht alles so verbittert ernst nehmen solle. „Lass die Kinder spielen, aber greife nicht ein! Wenn sie hinfallen, hilf ihnen, aufzustehen, aber greife nicht ins Spiel ein", sagten die Frauen zu ihm.

Sara ist bei diesen Erzählungen noch enttäuschter als ich, denn sie hat trotz einer großen Portion überhaupt nichts von der Medizin gemerkt. Selbst das Nachtrinken mitten in der Zeremonie hat für sie keine merkbare Veränderung gebracht. So ist es auch schon bei ihrer letzten Ayahuasca-Session vor einer Woche gewesen. Dabei wünsche sie sich so sehr, dass sie an ihr Innerstes geführt werde, an eine tief sitzende Traurigkeit, von der sie sich gerne befreien würde.

Den ganzen Tag bin ich noch müde und schlapp. Beim Nachgespräch beklage ich mich, dass Ayahuasca nicht auf meine Intention eingegangen ist. Zumindest habe ich davon nichts gemerkt. Und von wirklichen Visionen kann ich auch nicht berichten.

„Es ist überhaupt nicht wichtig, irgendwelche Visionen zu haben", stellt José klar. „Visionen sind nur Bonus!"

Es kommt darauf an, dass die Pflanze im Körper arbeitet und dort ansetzt, wo sie gerade gebraucht wird. Da ich ein recht kopflastiger Typ sei, habe sie mich meinen Körper einfach mal intensiv spüren lassen. Das klingt plausibel, muss ich zugeben, und im selben Moment fällt mir der Handleser in Indien ein, der zu mir sagte: „Du denkst zuviel!". Er prophezeite mir damals ein gutes Leben, wenn ich Yoga praktiziere, meditiere und an Gott glaube.

José findet, dass meine Gesichtszüge schon viel weicher aussehen.

Isabell schwärmt wieder von Blumenwelten, doch die „große Meisterin" habe ihr auch gehörig den Kopf gewaschen. Eine sehr lehrreiche und reinigende Bewusstseinsreise, sagt sie.

Manu erzählt frustriert, dass sie viel geweint habe, aber dass sie der Antwort auf ihre Frage nicht näherkomme. „Die Pflanze arbeitet einfach nicht mit mir", glaubt sie.

Stefan hingegen fühlt sich wieder ein Stückchen befreiter nach dieser Zeremonie. Jedes Mal würden schwere Lasten von ihm abfallen. Er hat ein hartnäckiges und sehr schmerzhaftes Vaterthema zu bearbeiten.

Für Annika war die Zeremonie einerseits sehr schwer, andererseits aber auch sehr schön. Die intensivste Vision war die einer Frau, die ihr ein Baby in die Arme legte.

Sie fühlte sich in dem Moment sehr geehrt, dass sie die Verantwortung für dieses Kind übernehmen durfte.

„Und warum hast du dich entschieden, nicht zu trinken, Lina?", fragt José.

Lina ist sichtlich angespannt. „Weil ich das Gefühl hatte, dass mich Ayahuasca umbringen wird, wenn ich heute trinke." Ihre Stimme klingt bleiern. „Und außerdem hatte ich das Gefühl, dass du nicht wirklich bei der Sache warst." Sie habe sich nicht gut aufgehoben gefühlt und dann spontan entschieden, nicht zu trinken.

„Wenn ich nicht in der Lage bin, dann mache ich auch keine Zeremonie", verteidigt sich José.

Lina erzählt uns, wie sie die vergangene Nacht erlebt hat. Nach der Entscheidung, nicht zu trinken, setzte sie sich wieder zurück auf ihren Platz und weinte. Einerseits, weil ihr der Mut fehlte, andererseits aus Erleichterung darüber, diese Entscheidung getroffen zu haben. Dennoch hatte sie Angst, dass José enttäuscht sein könnte, dass sie das Versprechen, das sie mir gegeben hatte, nicht einhielt. Später in der Zeremonie flüsterte ihr José zu, ob sie nicht wenigstens einen Tropfen auf die Zunge bekommen wolle. Sie willigte ein und sobald sie den dunklen Tropfen von ihrem Finger ableckte, spürte sie die Wirkung. Diese Wärme, die durch den Körper strömt, dieser Geschmack, diese Übelkeit und Schwere. Sie hatte wieder das Gefühl, sich nicht bewegen zu können und schlief kurz darauf ein. Irgendwann wachte sie auf und stellte fest, dass José und seine Assistentin Mary nicht mehr da waren. Einige andere lagen aber noch in ihren Schlafsäcken auf dem Boden. War die Zeremonie etwa schon geschlossen? Völlig verwirrt irrte sie daraufhin durch den stockdunklen Garten. Sie fühlte sich mutterseelenallein. Es gab nur sie und den kalten Wind. Sie lief hinüber zum Paz y Luz und sah, dass

Annikas Tür offen stand. Mit ihrer Taschenlampe leuchtete sie in den Raum, woraufhin Annika in ihrem Bett aufschreckte.

„Ist die Zeremonie vorbei?", fragte Lina. Sie musste es von irgendjemandem hören, weil sie es nicht glauben konnte.

„Ja klar!", sagte Annika.

Lina kämpft mit den Tränen. „Ich fühlte mich letzte Nacht einfach total allein gelassen!"

„Und warum hast du Kristina nicht gefragt, ob die Zeremonie vorbei ist?", fragt Isabell.

„Ich wollte Kristina nicht stören!"

Lina fühlt sich unverstanden. Zum Schluss bietet ihr José an, noch ein bisschen länger bei ihm zu bleiben. Ihr Herz sagt zwar „Ja", doch ihr Trotz schreit in Gedanken: „Nein, du kannst mich mal!"

„Komm einfach, wenn du bereit dazu bist", sagt José beim Abschied.

Nach der Besprechung geht jeder seiner Wege. Während ich mich ins Bett lege, läuft Lina Richtung Dorf. Erst gegen Abend kommt sie zurück ins Zimmer. Sie war im Café und schrieb in ihr Tagebuch, als dort plötzlich José auftauchte. An seinen Tisch ging sie zwar nicht, besuchte ihn aber später in seinem Haus.

„Wir haben viel geredet und ich habe ihm erzählt, dass ich Angst habe, mich weiter auf die Prozesse einzulassen."

„Und was hat er gesagt?"

„Er hat viel von seinen eigenen schmerzlichen Erfahrungen erzählt ... José kennt die Prozesse, die wir durchmachen ... Ich bin wirklich froh, dass ich nochmal mit ihm gesprochen habe."

Wut

Zwei Tage später steht bereits die nächste Ayahuasca-Zeremonie an. Auch Lina trinkt wieder mit. Während ihr José nur einen kleinen Schluck in den Becher füllt, fällt meine Portion diesmal etwas größer aus. Meine Intention bleibt die gleiche wie beim ersten Mal. Mit einer klitzekleinen Ergänzung. Ayahuasca soll mir nicht nur zeigen, was mein Herz begehrt, sondern auch einen kleinen Einblick in eine andere Realität, Dimension oder Welt geben. Weil ich doch so neugierig darauf bin.

Ungefähr eine halbe Stunde nach dem Trinken überwältigt mich die Pflanze, indem sie mir jegliche Energie nimmt, meinen Körper wieder komplett herunterfährt wie einen Computer. Mir ist speiübel und ich hoffe, bald von meinem Eimer Gebrauch zu machen. Doch weit gefehlt. Eine weitere halbe Stunde vergeht in diesem Zustand, bis ich plötzlich glockenklar bin. Keine Übelkeit mehr, keine Müdigkeit, kein Gar nichts. Ich fühle mich, als hätte ich nicht einen Tropfen zu mir genommen, während um mich herum wieder die Post abgeht. Ich lege mich hin, doch auch das ändert nichts an meinem Zustand. Wut steigt in mir auf.

Ayahuasca, das ist jetzt nicht dein Ernst!

Es kann doch nicht tatsächlich noch unspektakulärer werden als beim ersten Mal. Ich bin sauer, frustriert und enttäuscht. Setze mich mit verschränkten Armen und bitterem Gesichtsausdruck wieder aufrecht hin. José kommt und fragt, wie es mir geht.

„Ich fühle nichts!", sage ich entnervt.

„Willst du nachtrinken?"

„Auf keinen Fall werde ich noch mehr von dem Zeug trinken. Mir reicht's! Danke!"

Und zwar für den Rest meiner Reise. Dies wird die

letzte Zeremonie sein, entscheide ich in diesem Moment. Raus aus dem Zirkel von Diät, Übelkeit und Erbrechen.

Da nehme ich schon die Strapazen auf mich und zwinge mich, das ekelhafteste Gesöff, das ich je geschmeckt habe, herunterzuwürgen und bekomme nicht einmal eine Belohnung dafür?

Echt zum Kotzen, doch nicht mal das kann ich. Hartnäckig bleibt Ayahuasca in mir.

Nach und nach verschwinden die negativen Gedanken und ich finde mich damit ab, dass es dann eben einfach nicht sein soll. Dass ich vielleicht noch gar nicht bereit für die Meisterin aller Pflanzen bin. Ich lege mich auf den Rücken und schaue in die Sterne. Nimm es jetzt einfach so an, wie es ist. Was anderes bleibt dir sowieso nicht übrig.

Während ich so daliege und die Akzeptanz mehr und mehr den Platz der Wut einnimmt, kommt Ayahuasca auf einmal mit voller Wucht zurück. In Sekundenschnelle ergreift sie meinen gesamten Körper, hebt mich an, als wäre ich schwerelos. Ich sehe für einen kurzen Moment kreisförmig angeordnete lila Wolken und lande ebenso schnell, aber sanft zurück auf der Matratze. Mein Körper ist natürlich nicht wirklich abgehoben, mein Bewusstsein hat es mich aber so spüren lassen. Ayahuasca ist also doch die ganze Zeit da gewesen, hat sich so lange gut versteckt, bis sie einen passenden Moment erwischte, um völlig unerwartet zuzupacken. Nun beginnt wieder eine körperlich sehr entspannte Phase mit leichten Traumbildern, die ich vor meinem inneren Auge sehe. Erst erscheinen glitzernde, hell leuchtende Farben und Formen, dann auf einmal ein erschreckendes Bild von menschlichen und tierischen Körperteilen, die in einem Rinnsal herumliegen. Ich schüttele den Kopf und schiebe das Bild aus meinem Geist. Das will ich nicht sehen! Es verschwindet. Traumdialoge folgen, von denen ich aber keine in Erinnerung behalte. Später formieren sich märchenartige, friedliche Szenen. Von Visionen kann man aber nicht wirklich sprechen. Die Geräusche der anderen reißen mich leider immer wieder aus meinem eigenen Prozess – wie schon beim letzten Mal. Ob es Annika ist, die sich viel übergibt, weint oder vor Angst schüttelt oder Stefan, dessen Atem sich für mich kaum noch menschlich anhört, Manu, die neben mir leise wimmert, José, der singt und dazu mit seinem Fächer im Takt schlägt, flüsternde Stimmen, sich füllende Kotzeimer – alles lenkt mich sehr leicht ab. Doch sobald ich meine Aufmerksamkeit für mich zurückgewinne, spüre ich, wie Ayahuasca durch meinen Körper schleicht, wie kleine Nadelstiche kribbelt es angenehm auf der Haut. Als Sara beginnt, das Gayatri Mantra zu singen, formt sich ein Lächeln auf meinem Gesicht und Frieden strömt durch den Tempel. Anschließend singt Isabell „Komm, komm, öffne dein Herz. Erheb dich über Trauer und vergangenen Schmerz ..." Ich wiege meinen Körper zum sanften Klang ihrer Stimme.

Irgendwann höre ich José die Zeremonie schließen. Es sind also bereits rund vier Stunden vergangen. Nur noch vereinzelt durchbrechen Geräusche die Stille. Das leise Rascheln der Schlafsäcke klingt nach Ferienlager. Ich schlafe ein. Und werde nach einer Weile wieder wach, weil nun auch endlich mein Eimer nicht mehr trocken bleiben soll. Nach einem kräftigen Erguss falle ich wieder in den Schlaf.

Als ich am nächsten Morgen den Tempel etwas schwummrig auf den Beinen verlasse, treffe ich Lina auf der Wiese vor unserem Zimmer an. Sie hat es sich auf einer Decke gemütlich gemacht und strahlt.

„Du siehst gut aus!", sage ich.

„Ja, mir geht es auch gut!"

Ich setze mich zu ihr.

„Wie war's?"

Lina lächelt mit glasigen Augen.

„Wundervoll! Ayahuasca war diesmal ganz sanft zu mir … Zuerst war ich ein Adler, der dem Sonnenuntergang entgegengeflogen ist. Das war wunderschön und so friedlich. Danach war ich voller Mitgefühl für meine Eltern. Ich war im Bauch meiner Mutter und habe mich so geborgen gefühlt. Gleichzeitig war ich auch meine Mutter selbst. Ich konnte mich sehr stark mit ihr verbinden und nachempfinden, dass sie mit Sicherheit immer nur das Allerbeste für mich wollte … Dann habe ich ein Stechen im Bauch wahrgenommen. Plötzlich kamen Elfen und haben mich an der Stelle, an der es wehtat, operiert. Anschließend verschwanden sie und das Stechen wurde besser."

„Wow, das klingt ja verrückt!"

„Das war es auch! Aber total heilsam …"

Ich erzähle Lina, dass bei mir wieder nicht so viel passiert ist. Dass ich frustriert und enttäuscht bin und entschieden habe, nicht weiterzumachen. Morgen früh werde ich alleine nach Cusco weiterfahren und dort drei Tage für mich sein, bevor die anderen wieder dazukommen. Lina ist zwar etwas traurig, dass ich sie zurücklasse, aber sie versteht mich auch.

Nachmittags trifft sich die ganze Gruppe in einem Café zum Essen. Isabell versucht, mich zu überzeugen, zum Abschluss doch noch die letzte San-Pedro-Zeremonie morgen mit allen mitzumachen. Aber mein Entschluss steht fest. Zum einen habe ich nicht das Gefühl, mitten in irgendeinem Prozess festzustecken, den ich unbedingt vorantreiben muss. Zum anderen dreht sich mir der Magen bereits um, sobald ich nur ansatzweise an diese widerlichen Flüssigkeiten denke.

„Ich glaube, du hast Angst vor San Pedro", sagt Isabell.

„Das ist totaler Quatsch!", entgegne ich. „Ich habe einfach keinen Bock mehr auf das Trinken und die Übelkeit!"

„Auf tieferen Schichten hast du Dinge aufzulösen, denen du scheinbar aus dem Weg gehst".

„Das kann sein. Aber vielleicht ist es ja auch noch nicht an der Zeit, diese Dinge aufzulösen."

„Und was ist mit deiner beruflichen Frage? Die hast du ja bisher auch nicht geklärt", sagt Isabell.

Die Stimmung am Tisch ist angespannt.

„Nein, das habe ich nicht", muss ich eingestehen. „Aber es gibt ja auch andere Wege, um an Lösungen zu kommen. Durch Meditation zum Beispiel. Ich glaube, das ist eher mein Weg!"

Bye, bye Pisac!

Am Abend machen wir die Nachbesprechung bei José. Da dies das letzte Mal sein wird, dass wir in dieser Konstellation zusammensitzen, gibt er uns allen schon einige Anweisungen mit auf den Weg, die wir in der nächsten Zeit zu beachten haben. Auf Alkohol und sonstige Rauschmittel sollen wir in den folgenden zwei Wochen verzichten, ebenso auf Schweinefleisch und möglichst auch auf sexuelle Aktivitäten jeglicher Art. „Es sei denn, der Sex geschieht aus Liebe und nicht aus Gier, dann ist es in Ordnung", fügt José hinzu.[25]

Das Wichtigste aber sagt er ganz zum Schluss: „Die eigentliche Arbeit beginnt erst jetzt." In nächster Zeit gehe es darum, die Erfahrungen, die wir gesammelt und die Erkenntnisse, die wir gewonnen haben, in unseren Alltag zu integrieren. Auch in den kommenden Wochen werde innerlich noch viel passieren, prophezeit er.

„Seid achtsam für die kleinen Veränderungen, die da kommen mögen."

INTERVIEW mit José

Am Morgen meiner Abreise interviewe ich José in seinem Haus.

Wie bist du Schamane geworden?
Ich sehe mich selbst nicht als Schamane. Ich werde nicht gerne so bezeichnet, denn ich finde, dieser Begriff wird zu sehr gehyped. Daher nenne ich mich lieber Ayahuas-quero, das klingt sachlicher. Ich begann 2006, nach meiner Ausbildung bei Francisco Montes in Iquitos, mit Ayahuasca-Zeremonien. Ich habe mich für diese Medizin entschieden, weil sie mir persönlich enorm geholfen hat und da es mir ein Bedürfnis war, der Medizin und den Menschen zu dienen.

[25] Vgl. Rätsch, Ayahuasca, S. 43.

In welcher Weise hat Ayahuasca dir geholfen?

Sie hat mir geholfen, ein paar sehr tiefe Wunden zu heilen. Und es hat mir auch geholfen, mich auf einer viel tieferen Ebene mit meiner wahren Essenz zu verbinden. Außerdem öffnete Ayahuasca mir den Blick für andere Dimensionen, andere Vibrationen.

Inwiefern hat Ayahuasca deine Weltsicht verändert?

Sie hat mir geholfen, meine Spiritualität und meine anderen Überzeugungen tiefer wahrzunehmen. Eckhart Tolle sagt im Buch „Jetzt! Die Kraft der Gegenwart", dass wir über verschiedene Dinge lesen und nachdenken können, doch solange wir sie nicht selbst erfahren haben, werden sie nicht wirklich bedeutsam für unser Leben. Genau das war mein Prozess mit Ayahuasca.

Glaubst du, dass Ayahuasca jedem Menschen helfen kann?

Mit Ayahuasca zu arbeiten ist eine große Herausforderung. Ich glaube nicht, dass jeder bereit dafür ist – und ich sage das ohne jegliche Bewertung der Menschen, die noch nicht so weit sind. Es kann manchmal sogar traumatisch für Menschen sein, die bewusst oder unbewusst noch nicht bereit sind, die Kontrolle aufzugeben und sich der Medizin hinzugeben.

Kann Ayahuasca depressiven Menschen helfen?

Mit Menschen zu arbeiten, die seit langer Zeit depressiv sind, ist eine große Herausforderung und Aufgabe. Es kann absolut hilfreich sein, doch es bedarf großer Geduld seitens der Menschen, die so lange depressiv waren. Ayahuasca ist sehr kraftvoll, doch keine magische Pille. Bei depressiven Menschen kann der Prozess sehr lange dauern.

Ayahuasca ist derzeit sehr in Mode. Viele Menschen sind neugierig und möchten es ausprobieren. Was würdest du diesen Menschen raten?
Wichtig ist es, der Pflanzenmedizin respektvoll zu begegnen. Und ich empfehle jedem, unabhängig von seinen Erfahrungen und vom Prozess, in dem er sich gerade befindet, dass er den Mut besitzen soll, selbst wenn es im letzten Augenblick vor dem Trinken ist, „Nein, danke" zu sagen, wenn sich die Umstände, in denen er sich gerade befindet, nicht richtig anfühlen. Und zwar jedes Mal. Wir leben in einer Welt, in der alles jederzeit verfügbar ist. Doch nur weil es zur Verfügung steht, bedeutet es nicht, dass wir es auch ausprobieren sollten.

Bitte beschreibe deine erste Erfahrung mit Ayahuasca…
(…) In den ersten Stunden nach der Einnahme erlebte ich den unerbittlichen Zerfall meines Egos. In meinen Gedanken, meinem Geist gab es nichts mehr, auf das ich mich beziehen konnte. Im Anschluss daran hatte ich eine Vision und erhielt eine machtvolle Lehrstunde (…). Nach dieser Erfahrung befand ich mich zwei Stunden in diesem einzigartigen Zustand tiefer Dankbarkeit. Es war das erste Mal, dass ich mich auf eine Zeremonie mit bewusstseinsverändernden Substanzen eingelassen hatte. Davor hatte ich bewusstseinsverändernde Substanzen ausprobiert und davon profitiert, doch nicht in einem zeremoniellen Setting. Es war eine sehr, sehr tiefe Erfahrung und danach hatte ich für ein Jahr nicht mehr das Bedürfnis oder den Wunsch nach bewusstseinsverändernden Substanzen. Vor allem war ich sehr glücklich über meine Erfahrungen und brauchte ein Jahr, um sie zu verarbeiten und zu integrieren und dieser Prozess hält weiter an.

Du leitest nicht nur Zeremonien mit Ayahuasca, sondern auch mit San Pedro. Warum hältst du diese Kombination für gut?

Manche haben begrenzte Vorstellungen und auch Vorurteile gegenüber Menschen, die mit beiden Medizinen arbeiten, da Ayahuasca eine Medizin des Urwalds ist und San Pedro an der Küste und in den Bergen wächst. Ich teile diese Meinung nicht. Ich habe die Pflanzen gefragt, ob ich mit beiden zur gleichen Zeit arbeiten darf und sie sagten: „Ja! Kein Problem." Menschen, die Ayahuasca ausprobieren möchten und sich noch nicht mit dem Prozess auseinandergesetzt haben und noch nicht mit stark bewusstseinsverändernden Zuständen vertraut sind, denen rate ich, als erstes San Pedro zu probieren, denn diese Medizin ist viel sanfter als Ayahuasca und sie verursacht weniger Desorientierung und Verwirrung. Auf diese Weise kann Vertrauen aufgebaut werden und mir hilft es, zu sehen, was diese Menschen brauchen. Und es gibt ihnen das Gefühl der Sicherheit. Für mich ist Ayahuasca die Medizin, die dafür steht, seine tiefsten Ängste zu suchen und sich damit zu verbinden. Und dies ist ein sehr kraftvoller Prozess. Ich halte es für wichtig, dass Menschen sich sicher fühlen, damit sie ihre aufgebauten Mauern einreißen können und verletzlich werden dürfen. So können sie ihren Ängsten und Traumata in einer liebevoll unterstützenden Atmosphäre begegnen.

Kannst du andere Beispiele geben, wie Ayahuasca das Leben von Menschen zum Positiven verändert hat?

Ich habe unzählige solcher Beispiele gesehen, und ich kann nur sagen, dass ich im Laufe der Jahre, seit denen ich mit dieser Medizin und anderen Pflanzen aus dem Urwald arbeite, unterstützt durch schamanische Diät, realisiert habe, dass ich bislang mehr gesehen oder erlebt habe, als ich für möglich gehalten hätte. Noch einmal möchte ich auf Eckhart Tolle verweisen, der in seinem Buch „Jetzt! Die Kraft der Gegenwart" beschreibt, dass viele Menschen Opfergaben machen und beten, um erleuchtet zu werden, z. B. in buddhistischen Tempeln, und zugleich glauben sie nicht, dass jeder Mensch Erleuchtung erlangen kann, zumindest nicht in diesem Leben. Daher stand diese Erfahrung immer sehr weit oben auf meiner Prioritätenliste und zugleich glaubte ich nicht, sie in diesem Leben zu machen. Die Arbeit mit der Pflanzenmedizin hat mich überzeugt, dass Erleuchtung erreicht werden kann, und dass ich diese Erfahrung sogar schon gemacht habe.

Du trägst große Verantwortung in den Zeremonien. Ist das anstrengend für dich?
Nein, es ist nicht anstrengend. Ich liebe meine Arbeit und ich sehe den großen Wert dieser Arbeit. Ich erlebe, wie tief und positiv sie auf die Menschen wirkt. Daher ist es ein Vergnügen, eine Ehre für mich, diese Arbeit machen zu dürfen. Und ich finde, es ist ein Privileg für jeden von uns, der Zeremonien leitet oder begleitet, mit einer so heilsamen Medizin arbeiten zu dürfen, die uns mit der schamanischen Tradition des Amazonas in Berührung bringt und die noch vor einigen Jahren völlig unbekannt war. Die Menschen, die mit mir arbeiten oder mit der Medizin, machen herausfordernde Erfahrungen, doch ich möchte sie auch daran erinnern, welch großes Privileg und welchen Segen diese Medizin birgt.

Glaubst du, dass du diese Arbeit bis an dein Lebensende machen wirst?
Ich bin offen für alles, doch wenn ein besseres Spiel

meinen Weg kreuzt, dann werde ich das spielen. Doch momentan ist es das Richtige für mich. Ich lerne weiterhin viel in dieser zeremoniellen Arbeit. Ich bin mir sehr wohl bewusst, dass die Menschen, die zu mir kommen, meine Medizin sind, sie sind meine Lehrmeister. Sie lehren mich, dass diese Wissenschaft offen und unbegrenzt ist, so dass ich noch viel lernen kann und ich glaube, es gibt immer noch viel, was ich anderen Menschen schenken kann. Für jetzt ist es das Richtige, für morgen auch noch, doch was übermorgen ist, da bin ich mir nicht sicher.

Du hast also keine Zukunftspläne?
Nein, alles ist offen.

Hello, Cusco!

Ich sitze im wunderschönen, sonnigen Innenhof des Pariwana-Hostels in Cusco, lese Patanjalis Yogasutra und habe eine Erkenntnis. Ich bemerke, wie weit entfernt ich vom Ende allen Leidens bin. In nerviger Lautstärke läuft Jon Bon Jovi in Dauerschleife, der auch schon leise eine Qual wäre. Zudem bewerte ich permanent die Menschen um mich herum. Uninteressant, prollig, tussig und kindisch lauten meine Urteile. Noch nie habe ich jemanden so talentfrei Tischtennis spielen sehen wie diesen Inder. Wow, Hut ab, so viel weiser scheine ich nach den Zeremonien nicht geworden zu sein. Alles einfach so sein zu lassen, wie es ist, damit habe ich offenbar noch meine Schwierigkeiten.

Und tadaaa, da kommen die nächsten beiden Deppen. Aber einer toppt wirklich alles: Mr. Security. Ein Kerl im Wandschrankformat mit Tarnhose und hautengem roten T-Shirt, das an den Anabolika gestählten Oberarmen aus allen Nähten zu platzen droht. Sein Haupt bedeckt ein schwarzes Wickeltuch, das im Nacken zusammengeknotet ist und ihm bis in die Kniekehlen baumelt. Den grimmigen Blick hat er gut einstudiert, doch es nützt nichts. Ich möchte ihn einfach nur in den Arm nehmen und in seine Pausbäckchen kneifen. Babyface-Rambo streift durch den Innenhof, als befände er sich im Krieg. Jeden Mülleimer beäugt er so misstrauisch, als kontrolliere er ihn auf Sprengsätze. Hinter jedem Blumenkübel könnte der Vietcong lauern. Eines muss man ihm lassen: Er nimmt seinen Job wirklich ernst. Darum könnte man ihn glatt beneiden.

Mannomann, ich bin heute scheinbar nicht mit der besten Laune beschenkt worden. Doch eine klitzekleine Entschuldigung für meine negativen Vibrationen habe ich: Meine Regelschmerzen machen mir zu schaffen – da sei mir ein wenig Rumgezicke erlaubt.

Außerdem bin ich nun das erste Mal alleine ohne die Gruppe unterwegs. Während ich hier gelangweilt vor mich hin chille, sind die anderen in diesen Stunden bei José im Garten bei ihrer vorerst letzten San-Pedro-Zeremonie. Ich bereue nicht, dass ich mich dagegen entschieden habe. Meine Erfahrungen mit den Meisterpflanzen reichen mir fürs Erste. Zwar bin ich nun wieder der Außenseiter, aber das fühlt sich okay an. Zudem kann ein dreitägiger Ausbruch aus der Gruppe nicht schaden. Neue Menschen kennenlernen, neue Eindrücke sammeln und vor allem auch mal wieder etwas Bodenhaftung gewinnen. Da erweist sich so ein Babyface-Rambo schon ganz hilfreich, um einen in weltlichere Gefilde zurückzukatapultieren.

Den gesamten Tag verbringe ich in diesem Innenhof, habe auf nichts Lust, will mit niemandem etwas zu tun haben und wünsche mir doch irgendwie Kontakt zu den anderen. Ich bemerke, wie ich nach Aufmerksamkeit giere.

Als sich der Innenhof gegen Abend mit vielen jungen Alkohol trinkenden Travellern füllt, realisiere ich endgültig, dass ich heute keine Freunde mehr dazu gewinnen werde. Ich nehme den letzten Schluck aus meiner Coke light und ziehe mich ins Zimmer zurück. Obwohl von Rückzug nicht die Rede sein kann in einem Fünf-Bett-Mädchenzimmer. Ich wäre jetzt gern allein, gerade weil ich mich im Moment einsam fühle. In der Präsenz fremder Menschen wird die Einsamkeit noch spürbarer.

Eine hübsche Frau mit braungelockten Haaren ist gerade dabei, ihre Wäsche im Koffer zu sortieren, als sich unsere Blicke treffen. Wir kommen ins Gespräch und schon nach wenigen Sätzen fragt Monica, eine in Italien lebende Slowakin, ob ich vielleicht mit ihr und zwei Holländern, die sie heute kennengelernt hat, etwas trinken gehen möchte. Ich verneine dankend und erkläre, dass ich lieber früh schlafen gehen würde.

Die einzige Gesellschaft, die ich jetzt noch suche, ist die meines vertrauten roten Tagebuchs. Was ich mir wirklich wünsche, schreibe ich, ist ein Mensch an meiner Seite, mit dem ich mir vorstellen kann, mein Leben zu teilen. Jemand, mit dem ich einfach nur SEIN kann, ohne dass es mir oder ihm an irgendetwas fehlt. Ich sehne mich nach einem Mann, dem ich mich vollkommen hingebe und mich trotzdem nicht selbst aufgebe. Ich will mich binden, aus tiefstem Herzen und dabei meine innere Freiheit nicht verlieren. Denn die „Liebe ist ein Kind der Freiheit". Das wusste schon Erich Fromm und er war bestimmt nicht der Erste, dem das auffiel.

Seit knapp einem Jahr bin ich Single, so lange wie noch nie in meinem Leben, seit ich mit fünfzehn meinen ersten festen Freund hatte. Ich bin glücklich, doch langsam merke ich, dass sich diese Zeit dem Ende zuneigt. Ich bin wieder bereit, mich auf jemanden einzulassen.

Ich klappe das Buch zu und schalte das Licht aus. Aus meinem Rucksack strömt mir der intensive süßliche Duft von Palo-Santo-Hölzern entgegen. Und sofort liege ich in Josés Garten und schaue den Kolibris zu, wie sie am Blütennektar naschen.

Beim Frühstück treffe ich Monica im Innenhof. Wir machen es uns auf einem von der Sonne aufgeheizten Sitzkissen gemütlich. Es ist selbst mit Sonnenbrille so grell, dass ich die Augen zusammenkneife. Gerade, als ich Monica frage, wie der gestrige Abend noch war, tritt ein gut aussehender blonder Typ zu uns heran.

„Kristina, das ist Rory", sagt Monica und zeigt dabei ihre strahlend weißen Zähne.

Für Rory nehme ich die Sonnenbrille gerne kurz ab.

Ich blinzle ihn schlitzäugig an und reiche ihm die Hand.

„Er ist einer der beiden Holländer, mit denen ich gestern unterwegs war", erklärt Monica.

Es stellt sich heraus, dass Rory in der kleinen Stadt in Holland geboren und aufgewachsen ist, in der auch ich sieben Jahre gelebt habe.

Rory und ich sind uns sofort sympathisch. Wir verbringen den Tag zusammen mit Monica und Rorys Kumpel Nico. Wir laufen über den Markt, bummeln durch die Straßen und gehen abends gemeinsam essen. Jedes Mal, wenn sich unsere Blicke treffen, knistert es mehr zwischen uns. Als sich Monica und kurz danach Nico irgendwann verabschieden, ist klar, dass unsere Nacht gerade erst beginnt. Josés Vorsätze hin oder her.

Um fünf Uhr dreißig holt uns sein Wecker aus dem ohnehin nicht sehr tiefen Schlaf. Time to say goodbye! Er und Nico reisen weiter. Wir tauschen Nummern aus und wollen in Kontakt bleiben.

Am nächsten Tag treffen Manu, Lina und Isabell in Cusco ein. Mit ihnen reise ich die kommenden zwei Wochen durch Peru und Bolivien. In der Ruinenstätte Tiahuanaco in der Nähe von La Paz entdecke ich im Museum Inka-Zeichnungen. Die Art und die Formen der Figuren erinnern mich an meine Halluzinationen in der San-Pedro-Zeremonie.

Während die anderen anschließend zurück nach Pisac fahren, um an weiteren Zeremonien teilzunehmen, steht meine Heimreise an.

Annika und Stefan sind bereits zwei Wochen zuvor nach Hause geflogen. Kurz bevor Stefan ins Taxi zum Flughafen stieg, bat er José noch um einen letzten Rat, was er denn nun eigentlich mit diesen ganzen Erfahrungen machen solle. Ob er ihm vielleicht einen Tipp mit auf den Weg geben könne. Natürlich wusste José, was zu tun ist.

Er sagte: „Stefan, go dancing!"

Reflexion

Ich sitze im Flieger und hole mein rotes Tagebuch aus dem Rucksack. Mehr als die Hälfte der Seiten ist beschrieben.

Was ist mein Fazit aus dieser Reise? Bin ich den Antworten auf meine Fragen näher gekommen? Welche Fragen hatte ich eigentlich? Ist das überhaupt wichtig? War es nicht naiv, zu glauben, dass die Pflanze mir die Antworten auf einem weiß gedeckten Tisch serviert – kristallklar und greifbar? So dass ich sie mir nur noch einverleiben muss? Ich kann nicht genau sagen, ob ich das erwartet habe. Wahrscheinlich nicht. Und doch irgendwie, sonst wäre ich während der Ayahuasca-Zeremonien nicht so frustriert und enttäuscht gewesen. Vielleicht war diese Reise aber auch wie ein Strohhalm, an den ich mich geklammert habe. Bis dahin, so dachte ich, kann ich einfach weitermachen wie bisher, denn Peru wird die Antworten bringen. Danach wird ohnehin alles anders sein. So lebensverändernd wie viele ihre Ayahuasca-Zeremonien beschreiben, kann ich nicht davon reden.

Interessanterweise hat die Pflanze genau das Gegenteil mit mir angestellt, als ich wollte. Ich wollte eine komplett neue Welt kennenlernen, eine Dimension außerhalb der mir bekannten, in der es fremde Wesen gibt, die einen Blick auf unseren Planeten haben. Von ganz weit oben aus der Alien-Perpektive. Denn wenn die keinen Überblick haben, wer dann? Ich habe gehofft, auf etwas zu treffen, das mir die Richtung vorgibt, mich lenkt. Mir sagt, dass ich auf dem richtigen Weg bin oder welche Abzweigung ich besser meiden sollte. Ich habe gehofft, Fragen stellen zu können und direkte Antworten zu erhalten wie bei einem Geschäft. Ich zahle einen bestimmten Preis und bekomme als Gegenzug ein Produkt. Doch so läuft es eben nicht. Es gibt kein „Geschäft des Lebens", das ich betreten kann, um mir aus den verschiedenen Regalen mit den Aufschriften „Liebe", „Berufung", „Geld" und „Sonstiges" die passenden Artikel auszuwählen, an der Kasse zu bezahlen und stolz nach Hause zu marschieren mit den Taschen voller Lebensziele.

Haken dran, Füße hoch.

Wie einfach das doch wäre.

Und wie langweilig!

Dann bräuchten wir auch gar nicht hier sein. Besteht nicht die Herausforderung gerade darin, sich seine Welt jeden Tag aufs Neue zu kreieren? Offen zu sein und einfach draufloszufliegen wie der Kolibri? Nicht zu wissen, wo der Nektar ist, doch darauf zu vertrauen, dass es auf dem Weg genügend Blüten geben wird. Auch wenn die Blüten vielleicht nicht immer die schönsten sind.

Ayahuasca hat meinen ohnehin schon luftigen Geist nicht noch weiter abheben lassen, sie hat mich geerdet und meinen aufgeregten Körper zur Ruhe gebracht. Geist und Körper näher zusammengeführt. Mir mitgeteilt, die Dinge gelassener anzugehen und ohne Hast. Darauf zu vertrauen, dass es kommt, wie es kommen soll. Dass ein Masterplan nicht nötig ist.

Vielleicht würde mir die Pflanze bei einem erneuten Wiedersehen zeigen, was es wirklich heißt, seinen Blickwinkel zu erweitern. Vielleicht würde sie sagen: „Hey, du kennst 3D? Wie wär's denn mal mit 8D?" Vielleicht, vielleicht. Jedenfalls schien es bei diesen ersten Begegnungen nicht wichtig gewesen zu sein.

So wie die meisten Dinge in meinem Leben relativ soft ablaufen, vielleicht weil ich auch relativ soft mit ihnen umzugehen weiß, so hat sich Ayahuasca mir gegenüber auch sehr sanft gezeigt. Und wahrscheinlich passieren die Veränderungen sehr subtil – ohne dass ich sie wie ein Brett vor den Kopf geknallt bekomme. Vielleicht sind diese ganzen Vermutungen aber auch totaler Quatsch und die Pflanze hat etwas mit mir angestellt, was ich nie „begreifen" werde, meinen Verstand nicht erreicht. Vielleicht sollen manche Dinge auch gar nicht meinen Verstand erreichen, weil der mir oft im Weg steht, mich blockiert, ich zuviel denke, anstatt einfach loszulegen.

Einfach loszufliegen.

Ich bin gespannt auf die Veränderungen, die da kommen mögen und merke, dass einiges im Gang ist.

Aya was?

„Und Tina, wie war deine Reise?", fragen meine Eltern am Telefon.

Vor Peru habe ich lange überlegt, ob ich Ihnen sagen soll, auf was für einen Trip ich mich wirklich begebe. Einerseits wollte ich sie nicht anlügen, andererseits aber auch nicht beunruhigen. Also wählte ich den Mittelweg: Wir würden dort viel Yoga machen und meditieren. So eine Art Workshop. Und das war auch nicht komplett gelogen. Yoga wollte ich tatsächlich machen. Allerdings erwies sich dieses Vorhaben auf dreitausend Höhenmetern als nicht sehr praktikabel. Ich verspürte wenig Ambitionen, meinen Körper mehr als unbedingt nötig zu bewegen.

„Die Reise war sehr interessant", antworte ich.

„Aha ... Habt ihr viel meditiert?"

„Ja ... Sowas in der Art".

Und auch mit der Meditation hatte ich nicht unbedingt geschwindelt. Denn mit Hilfe der Dschungelpflanzen kann ein Zustand erreicht werden, der dem der Meditation in einem sehr fortgeschrittenen Stadium ähneln soll, habe ich gelesen.

Doch jetzt ist der Moment der Wahrheit gekommen.

„Ich habe schamanische Zeremonien mitgemacht, in denen Ayahuasca getrunken wird, eine Medizin aus dem Dschungel".

Schweigen in der Leitung.

„Aya was?", fragt mein Vater.

„Aya-huas-ca!"

„Aha ... Ah ja ..."

„Mensch Tina, du hast ja immer was vor", sagt meine Mutter.

Was das Thema Reisen anbelangt, ist sie so ziemlich das Gegenteil von mir. Ihr reicht es, die Welt vom Wohnzimmer aus zu entdecken. Per Fernbedienung ab in die Ferne. Und ansonsten braucht sie nichts weiter als ihren Garten, um glücklich zu sein.

Ich erkläre meinen Eltern, um was es sich bei Ayahuasca und San Pedro handelt und welche Erfahrungen ich mit diesen Pflanzen gemacht habe. Dazu muss man wissen, dass meine Eltern, beide in einem Achthundert-Seelen-Dorf aufgewachsen, auf dem Gebiet der bewusstseinserweiternden Substanzen noch recht jungfräulich sind. Auch wenn sie der Achtundsechziger Generation angehören. Mein Vater hat mit vierzehn Jahren einmal an einer Zigarette gezogen. Danach gab es keine weiteren Experimente in dieser Richtung. Meine Mutter war da schon etwas verrückter, wenn sie hin und wieder auf Partys hüstelnd eine Kippe paffte und sogar auch einmal an einem Joint zog. Allein der Alkohol hat die beiden regel-, aber nicht übermäßig in einen Rauschzustand versetzt.

Bis auf einmal.

Nur ein einziges Mal hat meine Mutter die Neugierde gepackt. Ein Viertel einer Meskalin-Tablette hat gereicht, um sie zwei Tage fliegen zu lassen. Es sei ein so wunderschönes Gefühl gewesen, dass es etwas ganz Besonderes bleiben sollte und sie es deshalb nie wiederholt hat. Mein Vater verdreht heute noch die Augen, wenn sie leicht schwärmerisch davon erzählt. Ihm sind Drogen – oder das, was in unserer Gesellschaft damit assoziiert wird – immer ein rotes Tuch gewesen. Sie sind mit seinen Werten wie Sicherheit und Kontrolle einfach nicht vereinbar.

Umso erstaunter bin ich von seiner Reaktion, als ich ihm erzähle, was mir während einer San Pedro-Zeremonie durch den Kopf ging. Ich dachte nämlich, wie schön es wäre, wenn auch er einmal diesen Zustand erleben dürfte. Wenn auch er einmal voll und ganz den Moment genießen und die oft sein Bewusstsein durchdringenden Sorgen hinter sich lassen könnte. Wenn er mit all seinen Sinnen das pure Sein erfahren würde.

„Aha, das klingt ja wirklich hochspannend", sagt mein Vater. „Was kostet denn so ein Flug nach Peru?"

Geschichten erzählen

Eines Abends im Bett greife ich nach meinem roten Reisetagebuch, das neben mir auf dem Nachttisch liegt. Über das leuchtende Rot des Ledereinbands hat sich eine dünne Staubschicht gelegt. Ich wische den Grauschleier mit den Fingern weg, überfliege einige Stellen und schwelge in Erinnerungen. Drei Wochen sind vergangen, seit ich aus Peru zurückgekehrt bin. Einige der Kanadier, die wir kennengelernt hatten, sind noch immer in Pisac bei José. Darunter auch Sara. Sie war diejenige, die große Probleme hatte, während der Zeremonien überhaupt irgendetwas zu spüren. Zu groß war der innere Widerstand. Doch scheinbar konnte sie daran arbeiten, denn heute habe ich bei Facebook einen Post von ihr entdeckt, in dem sie schreibt, dass sie mit Hilfe der Pflanzenmedizin einen Durchbruch erfahren hat und einen Teil der tiefen Traurigkeit, die sie seit ihrer Kindheit mit sich herumtrug, endlich loslassen konnte. Wie es wohl dazu kam? Als ich mich von ihr verabschiedete, schien sie noch sehr verzweifelt.

Ich lege das Buch zur Seite und schalte das Licht aus.

Kurz vorm Einschlafen fällt mir ein, wie gerne ich als Kind meinen Freundinnen lustige Geschichten von meinem kleinen Bruder erzählt habe. Es verging keine Woche, in der er nicht irgendeinen Blödsinn angestellt hatte, der meine Mutter regelmäßig auf die Palme brachte. Seinem Einfallsreichtum waren keine Grenzen gesetzt.

Und wie ich so an diese Zeit zurückdenke, bemerke ich plötzlich, dass ich das, wonach ich die ganze Zeit suche, bereits tue. Dass das, was mir wirklich Freude bereitet, das Geschichten erzählen ist.

Ich schalte das Licht wieder an und starre an die Decke.

Geschichten erzählen. Kann es tatsächlich so einfach sein?

Das ganze Leben besteht aus Geschichten. Und die ganze Welt verlangt nach Geschichten – überall hört oder liest man sie, ob im Roman, im Kino, auf der Damentoilette, in der (Seifen)Oper, in Raptexten, in Kneipen, Parks oder in der U-Bahn. Die Menschen lieben Geschichten und sie werden der Geschichten nicht müde, egal, in wie vielen Varianten sie sie schon gehört oder gesehen haben.

Geschichten unterhalten, schenken Abwechslung und Spannung, bieten Einblicke in das Leben anderer und damit auch in das eigene, lenken ab von Problemen oder bieten Trost und Hoffnung. Sie können verstören, traurig stimmen, mit Freude erfüllen oder inspirieren. Geschichten haben eine ungeheure Kraft.

Geschichten verändern.

Durch meinen Beruf habe ich schon viele Geschichten anderer Menschen erzählt. Ist es an der Zeit, meine eigene Geschichte zu erzählen?

Vor meinem inneren Auge löst sich ein weiterer Stein von der Mauer.

Der türkische Knochenbrecher

Vor einem halben Jahr saß ich im Zug auf dem Weg zu meinen Eltern, als die Reisegruppe in meinem Abteil begann, sich über übersinnliche Dinge zu unterhalten. Irgendwann landeten sie bei diesem Türken, der eine Mischung aus Osteopath und Orthopäde zu sein schien. Der Mann, der mir gegenüber saß, ein etwa mittdreißiger Iraner, erzählte, dass er bei ihm gewesen sei, nachdem ihm Schulmediziner gesagt hatten, auf seinem Röntgenbild wäre ein Schatten auf dem Magen zu erkennen. Dies könne auf einen Tumor deuten, der die Magenschmerzen bereitete. Der Türke hätte ihn nur einmal von oben bis unten angeschaut, um festzustellen, dass seine Rippen schief liegen und deshalb auf den Magen drückten. Der Schatten auf dem Magen sei also kein Tumor, sondern der Abdruck seiner Rippen. Er empfahl ihm, sich eine Woche lang eine Mischung aus Feigen und Datteln um den Bauch zu binden und dann wiederzukommen. Beim nächsten Termin hätte er ihn „zurechtgerückt", woraufhin seine Schmerzen verschwanden. Das lag zu diesem Zeitpunkt ein Jahr zurück. Er erzählte, wie vielen Menschen dieser Mann schon geholfen hatte, dass sein Wartezimmer immer voll sei, obwohl er keinerlei Werbung mache.

„Feigen und Datteln?", fragte ich verdutzt und schaltete mich so ins Gespräch ein.

„Ja, ein altes Familienrezept", meinte der Iraner.

Irgendwie hatte ich das Bedürfnis, diesen Türken kennenzulernen. Der Iraner gab mir seinen Namen.

Jetzt, ein halbes Jahr später, als mich meine Nackenschmerzen nicht in Ruhe lassen, muss ich wieder an ihn denken. Ich suche im Internet nach ihm und finde seine spartanisch aufgemachte Facebook-Seite. Er nennt sich Körpertherapeut. Der unvorteilhafte, leicht verschwommene Schnappschuss zeigt einen beleibten älteren Herren beim Grillen. Grimmig blickt er in die Linse, während neben ihm das Fleisch brutzelt. Seine vermeintlichen Fähigkeiten traue ich ihm kaum zu. Den Beruf des Metzgers würde ich ihm hingegen sofort abkaufen.

Doch vielleicht ist seine wohl eher „grobstoffliche" Arbeit genau das Richtige für mich nach der subtil wirkenden Pflanzenmedizin. Also vereinbare ich telefonisch einen Termin. Und eine Woche später suche ich seine Praxis in einem Berliner Hinterhof auf. In dem unscheinbaren, renovierungsbedürftigen Bungalow soll sich der türkische Therapeut befinden. Ich drücke die Türklinke herunter. Abgeschlossen. Komisch. Aber richtig bin ich. Sein Name steht unter der Klingel. Als ich diese betätige, dauert es eine halbe Minute, bis mir eine Frau die Tür öffnet.

„Ja?"

„Ich habe einen Termin um zwölf Uhr."

„Wie ist der Name?"

„Kristina Jessen."

Ich darf eintreten. Ein brauner Teppich und biederes Mobiliar lassen den Schluss zu, dass hier designtechnisch seit den Achtzigern nicht mehr viel passiert ist. Fürs Marketing wird hier kein Geld verpulvert. Wozu auch? Der Laden läuft. Rechts hinter einer halb geöffneten Glasscheibe sitzt die Frau nun, die mir die Tür öffnete.

Sie ist die Tochter des Therapeuten, wie sie mir am Telefon verriet, als ich den Termin ausmachte. Etwas mürrisch kassiert sie zwanzig Euro „Anmeldegebühr". Ich laufe durch den recht dunklen Flur Richtung Wartezimmer. Hier herrscht ein reges Treiben. Nur zwei der rund fünfzehn Stühle sind nicht besetzt. Als ich eintrete, begrüßen mich die Wartenden mit einem freundlichen „Guten Tag", um sich dann lauthals weiter auf Türkisch zu unterhalten. Was für eine heitere Wartezimmer-Atmosphäre. Von anderen Arztpraxen kenne ich meist nur betretenes Schweigen, wo man sich kaum traut, „Guten Tag" in die Stille zu hauchen. Ich bin scheinbar die einzige Deutsche in dieser Runde. Familien mit kleinen Kindern, Frauen mit und ohne Kopftuch, ältere Herren und einige Männer mittleren Alters geben ein durchmischtes Bild ab. An der Wand hängt eine Preisliste: Zwischen vierzig und einhundertzwanzig Euro kosten die verschiedenen Behandlungen.

„Und? Sind Sie auch wegen Bandscheibenvorfall hier?", fragt mich die junge Frau neben mir.

„Nein, nein, nicht so schlimm, ich habe nur Schmerzen im Nacken", sage ich.

„Wie sind Sie auf Herrn Cevik gekommen?", fragt mich ein Mann. Ich erzähle ihm die Zuggeschichte. Er sagt, dass die Menschen aus der ganzen Welt angereist kämen. Hauptsächlich seien hier Leute mit Bandscheibenvorfällen.

Ein dumpfer Schrei ertönt aus dem Behandlungszimmer.

„Das ist normal", lacht der Mann. „Es kann ein bisschen weh tun, aber danach sind die meisten Leute beschwerdefrei!"

Die Tür des Behandlungszimmers öffnet sich. Kurz darauf läuft ein älterer Mann heraus, winkt zum

Abschied ins Wartezimmer und verlässt dann den Container.

„Ich habe letztens jemanden auf der Straße getroffen, der lief mit einem total krummen Rücken herum", fängt ein Mann an zu erzählen. „Er sagte mir, dass er schon einen OP-Termin habe wegen eines Bandscheibenvorfalls. Eine Woche später traf ich ihn wieder – kerzengerade lief der auf einmal herum! Ich fragte ihn, ob er seine OP schon hatte. Nein, die hätte er abgesagt. Nur ein einziges Mal war er bei Cevik und jetzt geht es ihm wieder gut."

Bei ihm selbst hingegen sei noch keine Verbesserung eingetreten, er will es nun ein zweites Mal versuchen.

Nach ungefähr einer Stunde werde ich aufgerufen.

„Wie kann ich helfen?", fragt Herr Cevik in gebrochenem Deutsch. Ich schildere ihm mein Problem. Während wir uns gegenüberstehen, mustert er mich.

„Beckenschiefstand", lautet seine schnelle Diagnose. Er bittet mich, auf der Behandlungsliege, eine mit Teppich überzogene Holzrampe, Platz zu nehmen. Ich lege mich auf den Bauch und Herr Cevik tastet mit den Fingerspitzen meine Wirbelsäule und mein Becken ab. Anschließend zieht er an meinen Füßen und stellt fest, dass durch den Beckenschiefstand ein Bein funktional kürzer ist als das andere. Dieser Schiefstand würde meine Beschwerden im Nacken und im rechten Arm verursachen. Er sagt, dass er mich sofort wieder gerade biegen könnte, doch das würde sehr schmerzhaft sein. Deshalb empfiehlt er auch mir sein alt bewährtes Rezept. Ich solle mir drei Kilo Datteln und zwei Kilo Feigen besorgen, sie klein schneiden, wie einen Kuchenteig kneten, bis eine pampige Masse entsteht. Davon soll ich ein bis zwei Hände voll auf einem umfunktionierten

Küchenhandtuch gut verteilen und auf den Rücken binden. Jeden Tag aufs Neue. Dies habe den Zweck, meine Knochen weich zu machen, wodurch sie sich leichter biegen ließen. Am siebten Tag solle ich wieder zu ihm in die Praxis kommen, nachdem ich mir zwei Stunden zuvor die Packung vom Rücken genommen habe.

„Wie oft muss ich insgesamt herkommen?", frage ich.

„Einmal reicht".

Zurück zu Hause, besorge ich mir in einem türkischen Supermarkt die Zutaten für den Knochenweichmacher. Als ich die Berge von Feigen und Datteln aufs Laufband lege, kassiere ich schräge Blicke vom Kassierer.

„Könnte ich den ganzen Tag essen", schwindle ich.

Er nickt mit einem skeptischen Grinsen. Wahrscheinlich denkt er, dass ich unter Verstopfung leide.

Den gesamten Abend verbringe ich damit, mühselig Dattel für Dattel und Feige für Feige zu zerkleinern. Ebenso muss das Küchenhandtuch präpariert werden. Ich suche mir alte Stoffgürtel aus der Rumpelschublade, zerschneide sie und nähe jeweils oben, unten und in der Mitte auf beiden Seiten des Handtuchs ein Stoffband an. Anschließend verteile ich die Knetmasse großzügig auf dem Handtuch. Jetzt kommt die eigentliche Herausforderung. Wie bekomme ich das ganze nun auf meinen Rücken, ohne dass mir die klebrige Mischung dabei auf den Boden klatscht? Nach einigen kläglichen Versuchen lege ich das Handtuch auf den Fußboden und mich selbst obendrauf. Ich binde die drei Schnüre auf der Vorderseite meines Körpers zu Schleifen zusammen und stehe auf. So ein Weichpanzer fühlt sich gar nicht schlecht an. Etwas schmierig, aber schön warm. Ein altes

T-Shirt drüber und fertig. Ich muss nur aufpassen, dass mir meine Konstruktion nicht verrutscht und mir plötzlich beim Laufen braune Kötel aus der Wäsche fallen.

Jeden Morgen erwartet mich das gleiche Spiel, bevor ich mich dann am siebten Tag wieder in der Praxis von Herrn Cevik befinde. Zunächst muss ich einen Zettel unterschreiben, dass die Behandlung auf eigene Verantwortung stattfindet und keinerlei Haftung bei eventuellen Schädigungen übernommen wird. Mir wird etwas mulmig.

„Keine Angst", schmunzelt er augenzwinkernd und bittet mich auf die Liege. Diesmal soll ich mich auf den Rücken legen und meine Füße gegen den Holzbalken am Ende der Rampe drücken. Herr Cevik greift in eine Plastikbox und holt zwei dünne Seile hervor. Er bindet mir die Seile um die Füße und befestigt sie an dem Holzbalken.

„Was soll das denn werden?", frage ich nervös.

Herr Cevik grinst nur stumm.

Er kommt zu mir ans Kopfende, greift mir unter die Arme und sagt: „Haben Sie den Film ‚Soulkitchen' gesehen?"

„Nein."

„Gut." Ruckartig zieht er mit voller Kraft meinen Körper in die Länge.

„Aaahhhh", entfährt es mir vor Schreck. „Wieso fragen Sie mich nach dem Film?"

„Ein Freund von mir spielt da mit. Er hat den gleichen Beruf wie ich. In dem Film sieht man, wie er einen Bandscheibenvorfall behandelt. Seien Sie froh, dass Sie den Film nicht gesehen haben", sagt Herr Cevik, der jetzt meinen Kopf zwischen seinen Händen hält und behutsam hin und her dreht.

„So, und jetzt entspannen Sie sich", sagt er.

Ich ahne Böses, doch ich versuche, seinem Rat so gut es geht zu folgen und schließe die Augen. Noch ein paar Mal wiegt er den Kopf sanft hin und her, um ihn dann ruckartig nach rechts zu drehen. Es knackt in der Halswirbelsäule.

„Aua", rufe ich reflexartig. Dabei tut es gar nicht weh. Er wiederholt das Gleiche auf der linken Seite. Wieder knackt es und ich fühle schon in diesem Moment, dass sich etwas gelöst hat. Ich muss lachen. Herr Cevik grinst und bindet mir die Füße los. Gerade will ich mich aufrichten, da erhebt er seinen Zeigefinger.

„Noch nicht vorbei!", sagt er und holt weitere Gegenstände aus seinem Werkzeugkasten. So oft wie er meinen Körper heute zum Knacken bringt, könnte man meinen, er erfreue sich an dem dumpfen Klang von Knochen. Als wäre die Wirbelsäule sein liebstes Instrument.

Am Ende der Behandlung fragt er, wie ich mich fühle. Ich drehe meinen Kopf hin und her und die Schmerzen, die ich vorher bei dieser Bewegung hatte, sind verschwunden. Gleichzeitig fühlt sich die rechte Schulter entspannt an, die Energie kann wieder frei fließen. In den nächsten zwei Wochen könne es schon noch weh tun, aber danach sei alles gut.

Zum Abschied frage ich, woher er sein Wissen hat. „Familientradition", sagt er. Er hat bei seinem Vater gelernt, der bei seinem und so weiter und so fort.

„Und Sie bilden nun ihren Sohn aus?"

„Nein, leider nicht. Mein Sohn will Ingenieur werden."

Nachdem ich achtzig Euro für die Behandlung bezahlt habe, verlasse ich den Container und laufe zur Bahn. Nacken und Kopf fühlen sich angenehm befreit an, fast ein wenig berauschend. Woher mein Beckenschiefstand kommt, konnte mir Herr Cevik auch nicht sagen. Angeboren sei er zwar nicht, aber ich hätte ihn schon viele Jahre.

„Falsche Haltung vielleicht", sagte er.

Falsche Haltung. Das kann vieles bedeuten. Habe ich mich jahrelang einfach nur falsch bewegt und falsch am Schreibtisch gesessen oder kommt die falsche äußere Haltung vielleicht von einer falschen inneren Haltung?

Welche Haltung habe ich mir selbst gegenüber? Was halte ich von mir? Stehe ich zu all meinen Seiten oder habe ich mich zu sehr in eine Richtung verbogen?

Eine Freundin schenkte mir vor ein paar Jahren einen Sticker mit dem Spruch: „Man muss nicht allen gefallen." Das klingt so simpel, doch es gehört eine Menge Mut dazu, nach diesem Prinzip zu leben. Denn es heißt, sich nicht anzupassen und gegen den Strom zu schwimmen, wenn es nötig ist. Es heißt, seinen Harmoniezwang aufzugeben und Konflikte nicht zu scheuen. Es bedeutet, den Mund aufzumachen, während andere schweigen. Es bedeutet zu schweigen, wenn andere schreien. Es bedeutet Grenzen aufzuzeigen und Haltung zu bewahren. Es bedeutet, sicheres Terrain zu verlassen und möglicherweise auf Glatteis auszurutschen.

Was wirklich zählt, ist, dass ICH mir gefalle und nicht nur anderen einen Gefallen tue. Wenn ich voll und ganz zu mir stehe, sowohl zu meinen Vorzügen als auch zu meinen Macken und Unperfektheiten, zu meinen Träumen und meinen weniger noblen Gedanken, wenn ich nichts verstecke aus Angst abgelehnt zu werden, dann bin ich verletzbar, aber auch in meiner Mitte. Scheitern ist eine Option, doch wenn ich falle, stehe ich erhobenen Hauptes wieder auf.

112

Das innere Kind

Bei meiner Freundin Maria entdecke ich das Buch „Der Weg des Künstlers" von Julia Cameron. Maria glaubt, es könne mir bei meinem Reisebericht helfen und gibt es mir mit.

Vor ein paar Wochen habe ich begonnen, über meine Peru-Erfahrungen zu schreiben. Wenn die Reportage fertig ist, würde ich sie gerne einem Magazin anbieten.

Gleich am nächsten Morgen beginne ich, das Buch zu lesen. Es handelt viel vom inneren Kind, das jeder von uns in sich trägt. Dass dieses innere Kind spielen und sich ausleben will. Doch die meisten von uns es verlernt hätten, zu spielen.

Nur im Spielen irgendwelcher Rollen, darin sind wir gut, denke ich. Gepresst in Normen und Regeln haben viele vergessen, dass es dieses innere Kind einmal gab und auch noch irgendwo gibt. Unbeachtet sitzt es ausgedörrt in einer dunklen Ecke und wartet darauf, endlich gefüttert zu werden.

Während ich lese, wird mir etwas bewusst. Mit einem Mal begreife ich, worum es in meiner ersten San-Pedro-Erfahrung wirklich ging! Es war nicht einfach nur unbeschreiblich schön, nicht einfach nur ein netter Trip, der keine weitere Bedeutung hatte.

Es war mein inneres Kind, das da zum Vorschein kam!

Ich habe mich leicht und frei wie eine unbeschwerte Fünfjährige gefühlt, die gerade erst die Welt entdeckt. Ich habe sie spielen lassen. Endlich habe ich MICH spielen lassen, ohne ständig darüber nachzudenken, wie man sich richtig verhält, um ein guter Mensch zu sein.

„Du musst nicht immer nur gut sein", sagte Isabell nach meiner ersten schamanischen Sitzung zu mir. Dieser Satz wirkte damals unheimlich befreiend auf mich.

Durch San Pedro habe ich wieder ein Gespür dafür bekommen, wie es sich anfühlt, einfach nur zu sein.

Wache Träume

Kürzlich habe ich auf Youtube „Alice im Wachtraumland" entdeckt, als ich begann, mich mit dem luziden Träumen zu beschäftigen. Das luzide Träumen oder auch Klarträumen ist ein Zustand, in dem man während des Schlafens im Traum bemerkt, dass man träumt und dann Einfluss auf das Traumgeschehen nehmen kann. Das dabei Erlebte fühlt sich Eins zu Eins wie die Wachrealität an. Bisher hatte ich dreimal in meinem Leben das Glück eines spontanen luziden Traums. Es war jedes Mal ein abgefahrenes Erlebnis und so wollte ich dem Phänomen nun endlich, nachdem ich erst vor ein paar Wochen den letzten Traum dieser Art hatte, auf den Grund gehen. Durch Alice, die wohl bekannteste Wachträumerin Deutschlands, lernte ich, dass es Techniken gibt, um bewusst luzide Träume herbeizuführen. Es ist ein mächtiges Werkzeug, das in vielerlei Hinsicht eingesetzt werden kann. Einige Sportler nutzen es beispielsweise, um im Traum bestimmte Techniken zu lernen oder zu üben. Es gibt Studien, die Hinweise darüber liefern, dass das Training im luziden Traum zu motorischen Lerneffekten führt. Andere berichten, dass sie mithilfe des luziden Träumens alte Traumata heilen und Ängste überwinden konnten. Man kann an seinem Selbstvertrauen arbeiten, Vorträge vorbereiten, die Kreativität anregen, andere Welten bereisen, durch Wände gehen, fliegen, Sexfantasien ausleben und vieles mehr. [26] In Malaysia gibt es sogar einen Ureinwohnerstamm, der eine ausgeprägte Traumkultur pflegt. Die Senoi bringen bereits kleinen Kindern das Klarträumen bei. Und im Buddhismus gibt es die uralte Praxis des Traumyogas, die darauf abzielt, im Traum das wache Bewusstsein zu bewahren.

Ich entscheide mich für einen Online-Workshop mit Alice, um das luzide Träumen zu erlernen, denn ähnlich wie bei Ayahuasca-Zeremonien – wenn sie gut laufen – handelt es sich hier auch um eine spannende Bewusstseinsreise. Und obendrein ist diese Reise kostenlos und jederzeit verfügbar.

In unserer ersten Skype-Sitzung fragt Alice mich nach meiner Motivation und meinen Zielen. Zum einen möchte ich mich selbst noch besser kennenlernen, zum anderen auch meine Kreativität für den Schreibprozess anregen. Ich erzähle ihr, dass ich gerade dabei bin, einen Bericht über meine Peru-Reise zu schreiben und dass der Text immer länger und länger wird.

„Dann stell' dir doch einfach als Ziel vor, dass du ein Buch schreiben willst!", sagt Alice salopp.

„Ein ganzes Buch?" Das Verfassen meiner achtzigseitigen Magisterarbeit war schon der Horror für mich. Wieso sollte ich da ein komplettes Buch schreiben wollen?

Das könne ich doch gar nicht vergleichen, sagt sie. Bei diesem Thema sei ich ja schließlich mit voller Leidenschaft dabei.

---

[26] Siehe z. B. Daniel Erlacher, Motorisches Lernen im luziden Traum: Phänomenologische Betrachtungen im experimentellen Raum, Mannheim/Neckarau 2005, http://archiv.ub.uni-heidelberg.de/volltextserver/5896/ (Stand: 16.7.2016).

Da hat sie allerdings Recht. Ich muss die Vorstellung einen Moment sacken lassen.

„Je konkreter man sich ein Ziel vorstellen kann, desto wahrscheinlicher ist es, dass es zur Realität wird", sagt Alice.

Zu diesem Workshop gehört auch, Traumtagebuch zu führen und sich in jeder Sitzung einen Traum der vergangenen Woche vorzulesen, der anschließend vom anderen interpretiert wird. Ich lese Alice folgenden Traum vor:

Plötzlich füllt sich mein Mund mit einer weißen lavaartigen Masse, die ich, weil mir übel wird, auf den Boden spucke. Auf einmal befinde ich mich in einem Souvenirgeschäft und immer mehr von diesem Zeug läuft mir aus dem Mund und verteilt sich über den Fußboden. Peinlich berührt wische ich den Boden wieder sauber, während mir die Verkäuferin dabei zusieht. Ich schäme mich.

„Wenn es mein Traum wäre, würde ich denken, dass ich wahnsinnig viel zu erzählen habe, aber noch nicht weiß, wie. Deshalb läuft mir alles, was ich mitteilen will, unkontrolliert aus dem Mund", sagt Alice. Das Übergeben an sich sei nichts Schlechtes – es stehe für Reinigung. Die Farbe Weiß symbolisiere Reinheit und Unschuld.

Sie rät mir, dass ich mir als Übung vor dem Einschlafen oder beim Meditieren mein Buch vorstellen solle. Wie viele Seiten hat es? Wie sieht das Cover aus? Wie riecht es? Wie fühlt es sich an, es in der Hand zu halten?

Feuerprobe

„Und? Gibst du uns jetzt noch eine Leseprobe?", fragt Milena.

„Ja, bitte!", stimmen Louisa und Rebecca ein.

Ich zögere. Soll ich wirklich? Irgendwie will ich ja schon. Schließlich bin ich auch stolz auf das, was ich da geschaffen habe. Doch bisher war dieser kleine Schatz nur mir zugänglich und wer weiß denn schon, ob meine Freundinnen ihn auch wie einen Schatz behandeln werden. Werden Sie seinen Wert erkennen? Oder hat er vielleicht nur für mich einen Wert? Dann würde ich lieber weiter in der Illusion leben und ihn hegen und pflegen wie einen Garten, der von der restlichen Welt bisher unentdeckt geblieben ist. Den nur ich mir zugänglich gemacht habe. Nur ich kenne das Loch im Stacheldrahtzaun und habe Zutritt zu dem verwilderten Paradies. Ich erkenne seine Schönheit. Hier ist der Platz der Welt, an dem ich mich am wohlsten fühle. Hier wächst alles genau so, wie es die Natur vorgesehen hat. Hier gibt es keine Maschinen, die das Gras stutzen, keine Scheren, die die Bäume und Büsche auf ein bestimmtes Maß zuschneiden. Hier darf alles so gedeihen, wie es will, wildern und wuchern, in die Höhe und in die Breite, in den Himmel und in die Erde.

Hier an diesem Platz, da darf auch ich einfach nur sein. Hier gibt es nichts, an das ich mich künstlich anpassen muss. Eine Rolle spielen muss. Hier kann ich mich fallen lassen. Versinken in meine Welt.

Ich habe diesen unglaublich wertvollen Ort für mich entdeckt. Gewähre ich auch anderen Zutritt? Lasse ich sie durch das Loch im Zaun hineinschlüpfen? Auf die Gefahr hin, dass sie mein kleines Paradies nicht zu schätzen wissen? Dass sie das Gras mähen, das Unkraut rupfen und die Bäume fällen wollen?

Es ist ein Risiko. Kann ich mit ihrer möglichen Kritik leben oder wird ihr Urteil meinen Garten verwüsten?

Ich will es wissen.

Mit klopfendem Herzen hole ich meinen Rechner hinüber ins Wohnzimmer. Die Mädels sitzen mit prall gefüllten Bäuchen im Kerzenschein um den Tisch. Nach dem Himbeertiramisu sind sie nun bereit für das zweite Dessert. Ein bisschen Platz ist noch. Der süße Appetit schaut ihnen aus den Augen. Die Musik von Nouvelle Vague, die den ganzen Abend läuft, stelle ich auf Pause.

Jetzt kommt mein Auftritt.

Ich setze mich auf das Sitzkissen schräg vor meine Freundin Rebecca. Mit ihrem ermutigenden Lächeln stärkt sie mir den Rücken. Nervosität steigt von meiner Brust in die Hände und in meinen Hals, legt sich auf meinen Atem.

Nach einem Moment der Stille beginne ich zu lesen.

„Wo soll die Reise denn hingehen? Nach Peru, sage ich müde zum Taxifahrer." Meine Worte galoppieren mir aus dem Mund, ich hechte von Satz zu Satz. Ich will sie nicht langweilen, alles andere als das. Damit bloß nicht ein Gefühl der Länge auftaucht, lese ich so schnell wie möglich. Langeweile oder gar Gähnen könnte meinen kleinen Garten verwelken lassen.

Während ich lese, bemerke ich Marias vertieften rauschigen Atem. Ein kleines Zeichen, mit dem sie mir zu verstehen gibt, dass ich nicht zu hasten brauche. Dass mir alle folgen, mir gerne ihr Gehör schenken, und zwar um so mehr, wenn ich mich entspanne. Also hole ich tief Luft und lasse meine Worte von nun an direkt aus meiner Brust und nicht mehr aus meinem Kopf fließen. Ein Gefühl von tiefer, ungeahnter Freude bäumt sich in mir auf, nimmt meinen gesamten Körper ein und lässt mich schweben.

Ich strahle. Rein und klar. Mit jeder kleinen Reaktion aus dem Publikum wird das Gefühl noch befeuert. Ich bin wie berauscht, wie auf Droge, nur ohne Fremdzufuhr, körpereigen. Mein Innerstes verleiht mir Flügel, ich brauche kein Red Bull dazu.

Alles, was ich tun muss, ist, mein Herz öffnen und es anderen zeigen. Mich verletzlich machen. „Verletzlichkeit ist der einzige Weg zu Stärke", heißt es in dem Buch „Free Play" von Stephen Nachmanovitch.

Der Garten, in den ich meine Freundinnen geführt habe, er ist nicht verwüstet. Er blüht mehr denn je.

Urlaub im Weltall

Ich laufe durchs Café und sehe ihn schon von weitem am Tisch sitzen. Vor ihm steht eine Tasse Tee, die zur Hälfte ausgetrunken ist. Er wartet wohl schon eine Weile dort, war mehr als pünktlich am verabredeten Treffpunkt.

Sein Hemd ist so strahlend weiß wie die Tischdecke. Und auch genauso glatt gebügelt. Er steht auf, um mich zu begrüßen, reicht mir seine warme, weiche Hand und gibt mir rechts und links ein Küsschen auf die Wange. Dabei strömt mir der Duft seines Parfüms in die Nase. Es riecht nach Flirtstimmung.

„Gut siehst du aus, Maria!", sagt Ali, als wir uns setzen. Also doch, denke ich. Meine Freundin Michaela hatte Recht. Taxifahrer Ali Adlerauge hat wohl noch etwas anderes im Visier als meine Peru-Erfahrungen. Ich schaue auf seine Hände, die im Vergleich zu seinem Gesicht und seinem ergrauten Haar noch sehr jung und

119

glatt aussehen. Einen Ehering trägt er nicht. Vielleicht hat er ihn extra vor diesem Treffen abgenommen. Ich verkrampfe ein wenig, rutsche auf dem Stuhl hin und her, versuche eine Position zu finden, die mich entspannt und locker aussehen lässt. Was offensichtlich genau das Gegenteil bewirkt.

„Geht's dir nicht gut?", fragt Ali besorgt und berührt dabei meinen Handrücken.

Reflexartig ergreift meine Hand die Flucht und rückt erneut den Stuhl zurecht. „Mir geht es heute nicht so gut, nein", sage ich. Ich stehe tatsächlich noch etwas neben mir dank des Fuselweins vom gestrigen Abend.

„Ich dachte schon, du würdest mich nicht mehr anrufen. Aber ich freue mich, dass du es doch noch getan hast", lächelt er.

„Ja, klar, das habe ich dir doch versprochen."

„Wie war denn nun deine Perureise und deine Erfahrung mit Ayahuasca?"

Ich beginne zu erzählen. Als mir die Worte Übelkeit und Erbrechen über die Lippen kommen, verzieht er angewidert das Gesicht. Nach ungefähr zwei Minuten reichen ihm meine Ausführungen.

„Ayahuasca klingt nicht so nach meinem Geschmack", gibt er zu. „Da rauche ich lieber ab und zu einen Joint."

Das rät er auch mir, ich bräuchte so was Abgedrehtes wie Ayahuasca doch gar nicht.

Von nun an redet *er* für die restliche Zeit. Ist mir ganz recht, denn ich bin schließlich auch hier, weil ich hoffe, durch dieses Gespräch einen guten Abschluss für meinen Bericht oder mein Buch – was auch immer es wird – zu finden. Ich habe mir Block und Stift schon zurechtgelegt, warte nur noch gespannt auf eine prägnante Aussage von ihm.

Ich hänge an seinen Lippen, setze voller Erwartung mehrmals den Stift zum Schreiben an. Ja, jetzt kommt gleich, wonach ich gesucht habe. Komm' schon, sag's endlich, Ali!

„Man kann ja bald Urlaub im Weltall machen ...", sagt er.

„Aha", sage ich interessiert und bin gespannt, was jetzt kommt.

„Also, wenn mich einer in die Atmosphäre schießen würde", so Ali, dann würde ich von oben auf die Erde kacken!"

Desillusioniert lasse ich den Stift fallen. Das war jetzt nicht gerade der Weisheit letzter Schluss.

Ich realisiere langsam, dass dieses Blatt Papier wohl heute Abend auch nicht mehr weise wird, sondern weiß bleibt.

Doch ein paar nützliche Tipps gibt er mir noch mit auf den Weg. Er rät mir beispielsweise, negative Gedanken in fließendes Wasser zu sprechen. So würden sie abtransportiert werden. Zufällig bin ich genau in diesem Moment von negativen Gedanken befallen. Ich könnte also gleich hier auf der Café-Toilette von seinem Tipp Gebrauch machen, denke ich.

Nach eineinhalb Stunden des Monologisierens reicht es mir. Ich muss los. Ali begleitet mich noch zur S-Bahn.

Auf dem Weg sagt er, dass ich heute irgendwie nicht so locker war, wie er mich in Erinnerung hatte. Er fragt mich, wovor ich Angst habe. Ich überlege für ein paar Schritte. Dann kommt die Antwort.

„Ich glaube, ich habe Angst davor, zu naiv zu sein!", sage ich.

„Das macht doch nichts", sagt Ali. Er selbst sei auch naiv.

Ja, offensichtlich. Während ich davon ausging, dass

mir unser Treffen einen guten Abschluss für meinen Text liefern könnte, dachte er wohl, dass sein Parfüm unseren Altersunterschied von rund dreißig Jahren schon übertünchen würde.

Naiv sind wir wohl beide und so hat uns diese Eigenschaft wieder zusammengeführt. Doch was ist eigentlich schlecht daran?

Das Wort „naiv" geht auf das lateinische „nativus" zurück, was „durch Geburt entstanden, angeboren, natürlich" bedeutet. Während es in unserem Sprachgebrauch eher negativ besetzt ist, ist die eigentliche Bedeutung „natürlich, unbefangen, kindlich" wertneutral. Ohne meine Naivität hätte ich so manche Geschichte in meinem Leben nicht erlebt. Und ohne meine Naivität wäre ich auch Ayahuasca und San Pedro nicht begegnet.

„Ich hoffe, dass du unser Treffen heute nicht falsch verstanden hast, Ali. Für mich hat es auf rein freundschaftlicher Ebene stattgefunden."

„Von Seele zu Seele", sagt er.

„Ja, genau!"

Er nickt.

Als wir an der S-Bahn ankommen, hält Ali einen Moment inne, bevor er mir einen ernsten Rat gibt, den ich für mich behalten soll. Ich danke ihm, weil ich in diesem Moment spüre, dass seine Absicht rein ist.

„Vielleicht sehen wir uns irgendwann einmal wieder!", sagt Ali.

„Ja, vielleicht."

„Pass gut auf dich auf, Maria!"

„Und du auf dich, Ali!"

Ich schaue in seine Adleraugen.

Annäherungsversuch hin oder her – es spricht noch

immer die Güte aus ihnen, die ich von Anfang an gesehen habe. Wir lächeln uns an, bevor sich unsere Wege wieder trennen.

Durststrecke

Von Tag zu Tag wandelt sich mein Hadern immer mehr in Gewissheit. Ich werde nicht nur einen Bericht für ein Magazin schreiben, ich werde ein Buch aus meinen Erfahrungen machen. Aus dem anfänglichen Zögern, ob ICH überhaupt in der Lage und berechtigt bin, ein Buch zu schreiben, wird die simple Frage: Warum eigentlich nicht ICH?

Das Einzige, was mich davon abhält, bin ich selbst.

Und darin bin ich leider seit einigen Wochen ziemlich erfolgreich.

Ich fühle mich gefangen in einer Spirale aus Selbstzweifeln und allgemeiner Unzufriedenheit. Der Fakt, dass sich die Sonne vor gefühlt drei Monaten das letzte Mal am Himmel zeigte, verpasst meinem Gemüt einen langsamen Todesstoß. Und zu allem Überfluss plagt mich nun auch noch die dritte heftige Erkältung in diesem ewigen Winter.

Ich muss fliehen. In die Berge.

Eigentlich war der Plan, mit Rory – dem Holländer, den ich in Cusco kennengelernt hatte – in den Skiurlaub zu fahren. Nach unserer Rückkehr aus Südamerika hatten wir einige Wochen intensiven Kontakt. Es hat nicht sollen sein und so zerplatzte kurzfristig der gemeinsame Traum vom Schnee.

Aber ich kann auch alleine im Schnee träumen. Ein

Tipp von einer Arbeitskollegin reicht und noch am selben Tag buche ich eine Skireise nach Österreich.

Dort begegne ich IHM.

Und dem Teil in mir, der sich auf einer weißen Feder fliegend schwerelos dem Himmel nähert.

Was als Urlaubsflirt beginnt, stellt sich schon bald als das heraus, was ich mir in Cusco bereits wünschte. Ein Mann, mit dem ich mir vorstellen kann, mein Leben zu teilen.

Wahrscheinlich liegt es auch an dieser Begegnung, dass die Durststrecke plötzlich ein Ende hat.

Von der Eule zur Lerche

Es ist sieben Uhr morgens und ich bin hellwach. Ein Griff an die Stirn. Fieber habe ich nicht. Noch ein paar Mal wälze ich mich im Bett hin und her. Normalerweise bin ich nach sechs Schlummerstunden nicht ausgeschlafen, würde eigentlich viel länger im Traumland verweilen. Ich bin eben eher Eule als Lerche. Doch heute ist alles anders. Ich spüre einen inneren Drang, aufzustehen. Was ist los mit mir? Ich weiß es nicht, aber ich weiß auf einmal, was ich zu tun habe. Ich gehe hinüber in mein Arbeitszimmer, greife den schönen weißen, gepolsterten Stuhl und stelle ihn vor mein geöffnetes Fenster im Wohnzimmer. Ich atme die frische Luft ein paar Mal tief ein und betrachte dabei die ruhigen noch immer recht kahlen Bäume vor meinem Fenster. Nachdem ich mir einen Kaffee gekocht habe, schnappe ich meinen Laptop und platziere ihn auf meinem Schoß. Ich öffne das Word-Dokument „Peru", das ich seit zweieinhalb Monaten nicht mehr angerührt habe, und beginne zu schreiben. Fünf Stunden lang.

Nächster Morgen. Sechs Uhr zwanzig. Wieder bin ich hellwach. Das kann nicht wahr sein, denke ich, war ich doch erst um ein Uhr nachts im Bett. Lass mich weiterschlafen! Doch mein Gehirn gehorcht nicht. Stattdessen befiehlt es mir, aufzustehen und die gleiche Prozedur wie gestern zu wiederholen. Ich gebe nach und sitze wieder fünf Stunden vor meinem Laptop und schreibe.

Als ich am dritten Tag in der Küche stehe und mein Frühstück vorbereite, laufen mir plötzlich die Tränen vor Freude. Ein tiefes Glücksgefühl durchfährt meinen Körper und ich spüre große Dankbarkeit. Das erste Mal in meinem Leben habe ich das Gefühl, genau das zu erschaffen, was mein Herz begehrt. Die Suche wandelt sich gerade in ein Finden.

Ich kann kaum glauben, wie mir geschieht.

Für die kommenden drei Wochen pendelt sich mein Rhythmus auf sieben Uhr ein, ohne dass ich einen Wecker stelle, ohne dass ich mich träge aus dem Bett kämpfen muss. Ohne eine Verpflichtung außerhalb meiner selbst. Einzig und allein die innere Gewissheit, dass es an der Zeit ist, die Dinge, die in mir sind, aus mir herausfließen zu lassen, weckt mich jeden Morgen, lässt meine Motivation von Tag zu Tag steigen.

Wenn das so weitergeht, muss ich wohl oder übel die Postkarte von meiner Badezimmertür entfernen. Dem Spruch „Der frühe Vogel kann mich mal" werde ich gerade nicht mehr gerecht.

Dann müssen Sie wohl nochmal ran!

Seit vielen Monaten steht das Buch „Ayahuasca" von Arno Adelaars, Christian Rätsch und Claudia Müller-Ebeling in meinem Regal. Ich hatte es mir lange vor der Peru-Reise bestellt, es dann aber doch nicht gelesen, weil ich dachte: Je weniger ich weiß, desto unbefangener kann ich in die Erfahrung gehen.

Ich beginne zu lesen. „Nach fast drei Jahrzehnten ethnobotanischer Forschung in der ganzen Welt und vielen schamanischen Erfahrungen ist mein Resümee eindeutig: Für mich ist Ayahuasca das beste schamanische Heilmittel, das die Menschheit bisher entdeckt hat", schreibt Rätsch.[27]

Er liefert mir auch eine mögliche Erklärung, warum meine Erfahrungen mit Ayahuasca so unspektakulär verliefen: „Wenn man sich nur mit dem Mangel beschäftigt, sich nur fragt, warum man keine versprochenen Visionen von Schlangen und Jaguaren empfängt, hat man den Zug verpasst. Wer nur Visionen will, wird meist nur mit körperlichen Symptomen zu tun bekommen – eine wirksame Medizin bei hartnäckiger Verkopftheit."[28]

Ich verschlinge das Buch und bin völlig fasziniert von dem Gelesenen. Ich muss ihn unbedingt interviewen.

Wenige Wochen später ist es soweit.

[27] Rätsch, Ayahuasca, S.22.
[28] Ebd. S. 42.

INTERVIEW mit Christian Rätsch, Ethnopharmakologe aus Hamburg

Seit rund drei Jahrzehnten erforscht Dr. Phil. Christian Rätsch in aller Welt schamanische Kulturen und deren ethnopharmakologischen, ethnomedizinischen und rituellen Gebrauch von Pflanzen. Er ist Autor vieler Bücher, darunter "Indianische Heilkräuter", "Heilkräuter der Antike", "Pflanzen der Liebe" sowie des Standardwerks "Enzyklopädie der psychoaktiven Pflanzen". Er lebt als freischaffender Ethnopharmakologe, Referent und Autor in Hamburg.[29]

Welchen Stellenwert hat Ayahuasca im Vergleich zu anderen bewusstseinsverändernden Substanzen?
Ayahuasca wirkt auf zwei Ebenen: auf der Bewusstseinsebene und auf der Körperebene. Durch visionäre Einsichten macht Ayahuasca dem Kranken oder Leidenden deutlich, wo seine körperlichen Mängel sind.

Sie schreiben, dass es umso besser sei, je öfter man Ayahuasca zu sich nehme. Warum?
Ayahuasca hat eine unglaubliche Vielzahl an Facetten, die zur Wirkung kommen können. Schamanen, die ich kenne, sagen, dass man es mindestens fünfunddreißig Mal nehmen sollte, damit man wirklich alle Facetten kennenlernt.

Haben Sie Ayahuasca schon so oft zu sich genommen?
Ja, mindestens.

---

[29] http://www.christian-raetsch.de/portrait/dr-phil-christian-raetsch.html (Stand: 23.10.2015).

Wie war Ihre erste Ayahuasca-Erfahrung?
Meine erste Erfahrung war im Dschungel in Amazonien mit einem Shipibo-Schamanen. Ich habe bereits fünf oder zehn Minuten nach Einnahme, was ungewöhnlich ist, die volle Wirkung gespürt. Ich saß während einer Vollmondnacht am Fluss Ukayali auf dem Boden und schaute ins Gras, als auf einmal die Gräser anfingen zu kristallisieren und daraus Kristallpaläste[30] von unglaublicher Schönheit und nie zuvor gesehenem Ausmaße wuchsen. Dann bin ich zu einem fremden Planeten geflogen, den ich umkreist und mir genau angesehen habe, was natürlich sehr abgefahren und eindrucksvoll war. Als ich wieder auf dem Boden ankam, fingen die ganzen Pflanzen- und Baumgeister an, aus den Bäumen und den Sträuchern hervorzutreten, und dann stellte ich fest, dass ich selbst ein Ayahuasca-Lied im Shipibo-Stil gesungen hatte. Ich wusste gar nicht, dass ich das kann. Das wurde dann mein Lied, mit dem ich Kontakt zu den Ayahuasca-Geistern aufbauen, halten und vertiefen konnte.

Dieses Lied kam einfach so aus Ihnen heraus?
Ja, ich dachte zuerst: Oh, wer singt denn da? Und dann stellte ich fest, dass ich das war.

---

[30] Siehe Huxley, Die Pforten der Wahrnehmung, S. 79f: „Die meisten Menschen haben ungeheuer viel Zeit, Energie und Geld auf das Auffinden, Ausgraben und Schleifen farbiger Kiesel verwendet. Warum? Der Utilitarier hat keine Erklärung für ein derartig ausgefallenes Verhalten. Sobald wir aber die Tatsachen visionärer Erfahrung in Betracht ziehen, wird alles klar. In Visionen gewahren die Menschen eine Überfülle dessen, was Esechiel ‚feurige Steine‘ nannte, was Weir Mitchell als ‚durchsichtige Früchte‘ beschrieb. Diese Dinge leuchten von selbst, zeigen übernatürlichen Farbenglanz und besitzen eine übernatürliche Bedeutsamkeit. Die materiellen Objekte, die diesen visionären Lichtquellen am meisten ähneln, sind die Edelsteine. Einen solchen Stein zu erwerben, heißt etwas erwerben, dessen Kostbarkeit durch die Tatsache gewährleistet ist, daß es in der Jenseitswelt existiert".

Kann man die Visionen mit denen vergleichen, die man unter dem Einfluss von bestimmten Pilzen sieht?
Zum Teil sind sie ähnlich. Sie sind auf jeden Fall verwandt. Man sieht viele Muster und Farben und wird darin eingesponnen und durch sie durchgestrudelt. Auf den Menschen erscheinen Muster und auf den Linien dieser Muster so brennende Lichter wie Zündschnüre. Bei Personen, wo diese Muster gestört waren, hat der Schamane die Muster besungen, so lange, bis sie sich wieder harmonisch in das Ganze einfügten. Das war eine der eindrucksvollsten Heilbehandlungen, die ich bisher gesehen habe.[31]

Welche Krankheiten kann Ayahuasca heilen?
Im Prinzip kann Ayahuasca fast alles heilen, nur es funktioniert natürlich nicht immer. Es gibt Heilberichte über fast jede Form von Krankheit von Leuten, die das eingenommen haben. Aber es ist kein Wundermittel. Wenn es das wäre, dann bräuchten wir keine Medizin mehr.

Kann es eine unvorteilhafte Wechselwirkung mit Ayahuasca geben, wenn jemand Antidepressiva nimmt?
Das hängt von vielen Faktoren ab: Was das für ein Anti-

---

[31] Claudia Müller-Ebeling beschreibt, wie überrascht sie war, als ihr ein Shipibo-Schamane erzählt, welche Bedeutung die Muster in ihrer Kunst haben (Ayahuasca, S. 109f.): „Denn es wäre mir wohl kaum von selbst in den Sinn gekommen, dass sich hinter den geschwungenen Linien ein Notensystem verbirgt, das Kundige tatsächlich noch immer nachsingen können. Im Zustand des ‚Denkens' – worunter die Shipibo und andere indigenen schamanischen Gesellschaften des Amazonasgebietes den durch Ayahuasca berauschten Bewusstseinszustand verstehen – erkennen die Schamanen Muster, die bei Gesunden harmonisch, bei Kranken aber disharmonisch gestört sind. Der schamanische Heilvorgang besteht darin, die harmonische Struktur des individuellen Musters mit Hilfe von Gesängen (den sogenannten *icaros*) wiederherzustellen. Diese *icaros* werden den Schamanen in Ayahuasca-Visionen von Geistwesen vermittelt."

depressivum ist, was es für eine Person ist, was diese für eine Körperchemie hat und so weiter. Das kann man überhaupt nicht pauschal sagen.

Was ist mit Menschen, die eine Psychose haben?
Manche Schamanen trauen sich an Psychosen heran, also Psychosen mit Ayahuasca zu behandeln, und andere vermeiden das.

Ehemalige Drogensüchtige berichten, dass sie durch Ayahuasca von ihrer Sucht befreit wurden ...
Das liegt daran, dass diese Suchtkrankheiten meistens in Zusammenhang mit Depressionen stehen und Ayahuasca wirkt sehr stark antidepressiv, auch nachhaltig. Menschen, die schwere Depressionen haben, haben monatelang nach Einnahme von Ayahuasca nichts dergleichen.

Manche Suchtkranke wiederum sagen, dass Ayahuasca ihnen nicht geholfen hat. Wovon hängt es ab, ob Ayahuasca bei jemandem anschlägt oder nicht?
Dann muss man es so lange nehmen, bis es hilft.

Ab einem gewissen Punkt kann Ayahuasca also jedem helfen?
KANN jedem helfen. Jeder lässt sich ja nicht helfen. Es gibt ja auch Leute, die wollen ihre Sucht gar nicht loswerden, weil das ihre Lebensidentität ist. Das ist alles nicht ganz so einfach. Es läuft nicht nach dem Motto: Schnabel auf, Ayahuasca rein, Krankheit weg. Es erfordert vom Patienten, dass er wirklich geheilt werden will und es vor der Sitzung dem Schamanen erlaubt, in ihn einzugreifen. Wenn er das nicht macht, dann passiert auch nichts. Dann gibt es natürlich Verstörungen und Verwirrtheit, was Heilung behindert. Wie gesagt, es ist

nicht mit einem Mal trinken getan. Außerdem sind Menschen sehr unterschiedlich, was ihre Körperchemie angeht, was ihren Bewusstseinshintergrund angeht, was ihren Erfahrungshintergrund angeht, was ihre Wünsche und Hoffnungen sind. All das spielt dabei eine Rolle. Wie bei anderen psychedelischen Substanzen ist es bei Ayahuasca auch so, dass man die Wirkung anhand von drei Faktoren erklären kann. Dazu gehören folgende Punkte: Wie viel Ayahuasca wurde genommen, welche Erwartungshaltung hat der Mensch, welchen Hintergrund hat er, was hat er für eine Weltsicht, welchen Bildungsstand besitzt er und an welchem Ort und zu welcher Uhrzeit findet die Sitzung statt. Das Beste ist immer, es mit echten schamanischen Indianern zu machen, weil sie die Meister im Gebrauch der Substanz sind.

Aber jemand, der zum Beispiel über Jahre bei den Shipibos im Dschungel gelernt hat, der kann es doch dann genauso gut, oder?
Ja, wenn er als Schamane von den Shipibos anerkannt wurde, dann ja. Man wird nicht Ayahuasquero oder Ayahuasca-Schamane, wenn man es dreimal getrunken hat. Das muss man hunderte bis tausend Mal nehmen und dabei von amtierenden Schamanen ausgebildet werden. Das ist ein langer Weg.

In Europa gibt es ja immer mehr Ayahuasca-Treffen. Würden Sie sagen, dass Ayahuasca nicht hierher gehört, sondern im Dschungel bleiben sollte?
Da wir ja alle Menschen sind und wir globalisiert sind, gehört Ayahuasca zur Menschheit, also kann es überall zur Anwendung kommen. Das hängt natürlich auch von dem Können des Schamanen ab, wie so eine Sitzung

wird und da gibt es sehr große Unterschiede. Es gibt wie in allen Bereichen Scharlatane. Die geben einem möglichst wenig, damit möglichst nichts passiert und sie keine Arbeit haben, aber dafür viel Geld kassieren.

Ayahuasca sagt man eine reinigende Wirkung auf Körper und Geist nach. Würde das ein Schulmediziner auch so sehen?
Manche wohl schon, manche wohl nicht. Es gibt ja Schulmediziner, die glauben nicht an Visionen und halten das alles für Halluzinationen. Die haben natürlich überhaupt keine Möglichkeit, Ayahuasca zu verstehen. Ayahuasca versteht man nur, wenn man akzeptiert, dass es außer unserer sichtbaren Welt andere Wirklichkeiten gibt, die mit unserer Sicht der Welt zu tun haben.

Aber dennoch müsste ein Schulmediziner ja anerkennen, wenn jemand Krebs hatte und dieser nach mehreren Ayahuasca-Zeremonien verschwunden ist ...
Ja, dann muss er das wohl anerkennen. Das will er zwar nicht gerne, denn das ist natürlich Konkurrenz zu seinem eigenen Medizinsystem-Dasein, aber das kommt vor. Aber nicht jeder, der Krebs hat, wird davon geheilt. Die Chance ist vielleicht ein bisschen höher als mit anderen Mitteln.

Man könnte ja auch annehmen, dass Erbrechen und Durchfall während einer Ayahuasca-Zeremonie nur anzeigt, dass eine Vergiftung des Körpers stattgefunden hat. Ist Ayahuasca toxisch?
Nein, Ayahuasca ist nicht giftig. Es vergiftet den Körper ja nicht, sondern es löst bestimmte Reaktionen aus, wodurch sich der Körper selbst reinigt.

Sind Ihnen da auch schon Dinge begegnet, die schulmedizinisch gesehen nicht möglich sind?
Ich habe zum Beispiel von Leuten gehört, die ihren Tinnitus verloren haben, was sehr schwer zu erklären ist.

Aber ein Tinnitus hat ja auch eine psychische Ebene ...
Ja, aber man hört ja auch die physischen Klänge in den Gehörgängen ... Brustkrebsheilungen habe ich erlebt. Aber das wichtigste sind eigentlich die Heilungen von Traumata. Da ist Ayahuasca sicherlich mit das Beste, was man machen kann. Zum Beispiel habe ich eine Frau erlebt, die hat vier Stunden lang nur geschrien wie wahnsinnig, weil sie in ihre christliche Hölle, die sie in der Klosterschule erlebt hat, gestoßen wurde und dabei erkannt hat, welche Verletzungen was bei ihr ausgelöst haben. Die war seitdem schmerzfrei und traumafrei. Also es gibt schon dramatische, erstaunliche Dinge, aber es gibt genauso Leute, die gar nichts merken, dreimal kotzen und gar nicht wissen, was das sollte.

Mir hat ein Schamane gesagt, dass die Pflanze trotzdem, egal ob man etwas merkt oder nicht, genau das macht, was wichtig für einen ist. Wie sehen Sie das?
Ja, das sagen viele. Ob das wirklich stimmt, sei dahingestellt. Es ist gut möglich, dass es so ist.

Ayahuasca gilt für viele Sinnsuchende als Erkenntnismittel. Sind Sie denn dem Sinn des Lebens durch Ayahuasca näher gekommen?
Ach, ich hatte schon so viele andere Erlebnisse vorher ...

Da war Ayahuasca nichts Besonderes mehr für Sie?
Es bestätigt nur, dass die psychedelische Erfahrung zum Sinn des Lebens dazugehört.

Welche Bedeutung haben denn die Visionen, die sie dort sehen? Ist das für Sie eine andere Dimension?
Ja, da reise ich schon in ziemlich abgedrehte andere Welten. Oftmals bleibe ich aber auch in dieser Welt und es kommen unglaubliche Dinge hinzu wie das Wahrnehmen von Energielinien oder den Auren von Pflanzen, die sich vermischen. Das ist schon sehr stark!

Wie wirkt sich Ayahuasca auf den Alltag aus?
Die wichtigste Erkenntnis für den Alltag ist, dass es auf alles verschiedene Perspektiven gibt und dass man nicht auf einer Perspektive, die einen krank macht, hängen bleiben muss.

Was halten Sie vom Ayahuasca-Tourismus?
Ich kann es gut verstehen, dass die Leute nach Heilung und Erkenntnis und Sinnsuche unterwegs sind. Und dabei ist es wie in allen Bereichen: Es gibt alle möglichen Scharlatane, die versuchen, die Touristen abzuzocken und dies geschieht auf Kosten der echten Schamanen. Das ist sehr schade. Allerdings habe ich von den meisten Ayahuasca-Touristen nur Positives gehört, dass sie begeistert waren und es ihnen gutgetan hat und dass sie wichtige Erkenntnisse hatten. Aber es herrscht große Gefahr, an Scharlatane zu geraten. Deshalb würde ich raten, niemals zu Ayahuasqueros zu gehen, die keine Indianer sind, denn nur die schamanische Anwendung entspricht dem Wirkstoff.

Wären Sie denn dafür, dass Ayahuasca hier erlaubt wird?
Ja, aber nur in einer schamanischen Anwendung.

Aber auch von deutschen Schamanen, die eine schama-
nische Ausbildung gemacht haben ...
Wenn die von dem Volk, bei dem sie gelernt haben,
akzeptiert sind, ja klar, natürlich. Also, es geht immer
darum, dass es jemand ist, der von der Pflanze gerufen
wird und sich dann ausbilden lässt. Die Ausbildung
kann bis zu zehn Jahre dauern. Das kann man nicht
eben mal in ein paar Wochenenden lernen. Das ist alles
Quatsch.

Je öfter man es nimmt, desto „tiefere Schichten" soll man
angeblich erreichen? Was heißt das?
Ich denke, wenn man statt von „tief" von „anders"
spricht, kann man da wieder was mit anfangen. Man
kann immer wieder andere Bereiche kennenlernen.

Zum Beispiel?
Man kann totales Kino erleben, wo man dreidimen-
sionale Filme sieht, wo irgendwelche Mythen ablaufen,
man kann sich als krankes Häufchen von Traumata
gepeinigt sehen, man kann sich in ein Tier verwandeln
und dergestalt durch den Wald und durch die Lüfte
reisen, man kann bestimmten Wesenheiten begegnen,
die sonst nicht da sind.

Die Kommunikation mit Tieren soll auch möglich sein ...
Mitunter. Tiere spielen sowieso eine wichtige Rolle. Im
Dschungel ist zum Beispiel der Chor der quakenden
Frösche sehr wichtig. Die erzeugen auch besondere
Wahrnehmungen und sind Teil der Dschungelsynfonie,
deren gesamte Klanggewalt einer Wirkung des Ortes mit
ausmacht.
Man kann auch unglaublich erotische Visionen haben.
Orgien, Vereinigungen mit irgendwelchen leuchtenden

Gestalten. Es gibt sicherlich noch viel, viel mehr.

Viele Leute berichten von erstaunlich ähnlichen Visionen.
Zum Beispiel erscheint vielen der „Geist der Pflanze" in
Form einer Schlange oder einer Frau ...
Von kognitiven Psychologen ist dies klar als etwas
Kollektives gesehen. Es treten bestimmte Themen
immer wieder auf. Da gibt es auf jeden Fall Strukturen
und Gesetzmäßigkeiten in den Visionen, die transperso-
nal sind und damit sind es keine Halluzinationen, sondern Visionen.[32]

Wieso werden diese Dinge dann von vielen einfach als
Hirngespinste abgetan? Weil man die andere Welt nicht
sehen will?
Ja, genau ...

...weil das auch das alte Weltbild zerstören würde?
Ja, klar, natürlich. Die ganze Psychiatrie müsste
umdenken. Für den Indianer ist die Ayahuasca-Welt die
wahre Wirklichkeit und die alltägliche Welt ist eine
Scheinwelt, also genau andersherum als bei uns. Darin
liegt also die größte Herausforderung, wenn man sich

---

[32] Zu den historischen Hintergründen der skeptischen Haltung des Westens
gegenüber Visionen siehe Ebeling in Ayahuasca, S. 87f.: „Die skeptische und
negative Bewertung von Visionen hat im Westen eine lange Tradition. Sie
wurzelt im Christentum, das zu Beginn des 4. Jahrhunderts im Einflussgebiet
des vormals römischen Imperiums zur Staatsreligion erklärt wurde. Die
Bekehrung der unterworfenen heidnischen Völker vom Polytheismus (der
viele Göttinnen und Götter verehrt) zum Monotheismus, zum Glauben an
einen einzigen Gott, der keine fremden Götter neben sich duldet, veränderte
die Haltung zur Natur grundlegend. Sie verbot jede kultische oder rituelle
Verehrung der Natur – ihrer Pflanzen, Tiere und Naturgewalten – und forderte stattdessen die ausschließliche Verehrung Gottes, ‚der alles geschaffen
hat' (...) Das Misstrauen gegenüber Naturritualen und visionären Welten
wurde in der Aufklärung bestätigt und von maßgeblichen Instanzen der
modernen Wissenschaft übernommen."

damit beschäftigt.

Die größte Herausforderung ist was?
Zu begreifen, dass die Ayahuasca-Welt die wahrere Wirklichkeit ist als unsere Alltagswelt.

Glauben Sie an eine Seele?
Das ist schwer zu sagen, ob es zwischen Seele und Bewusstsein einen Unterschied gibt, ob die Seele nichts weiter ist als die Mechanik unseres Körpers oder eine Absonderung unseres Geistes, das ist unglaublich schwierig zu sagen. Lesen Sie mal Aristoteles „Über die Seele", dann sollte klar sein, dass die meisten Vorstellungen darüber äußerst primitiv sind.

Es gibt ja immer wieder das Argument, dass Leute, die sich mit solchen „mystischen" Dingen beschäftigen, weltfremd wären. Wie sehen Sie das?
Nein, man lernt ja die Welt überhaupt erst kennen. Die Welt besteht eben aus mehr als unserem alltäglichen Tun.

Außerdem gibt es das Argument, dass Ayahuasca bestimmt auch wie eine süchtig machende Droge wirke, weil man diese wunderschönen Welten, die man während einer Zeremonie sehen kann, dann ja bestimmt immer wieder erleben wolle ...
Nee, nee, so funktioniert das nicht. Es erzeugt weder Abhängigkeiten noch Sucht – nichts dergleichen.

Wie ist der aktuelle Stand bezüglich Ayahuasca und der Pharmaindustrie?
Vor Jahren hatte mal ein amerikanischer Chemiekonzern das Ayahuasca-Prinzip, also das pharmazeutische Aya-

huasca-Prinzip Betacarboline plus DMT patentiert. Das hat dazu geführt, dass sich die ganzen Amazonas-Indianer zusammengeschlossen und protestiert haben und dann musste das Patent wieder aufgehoben werden, denn das Patent kann bei keiner amerikanischen Firma liegen, wenn das Tradition bei fünfzig verschiedenen Völkern in Südamerika ist.

Wie sehen Sie die Zukunft von Ayahuasca in der Welt?
Das ist eine sehr schwierige Frage. Ich kann mir eigentlich nicht recht vorstellen, was werden wird. Es kann sein, dass immer mehr Leute Zugang finden, aber inwiefern das zu gesellschaftlichen Veränderungen führen wird, keine Ahnung. Ich würde das toll finden, wenn das als schamanische Heilmethode möglich wäre für möglichst viele Menschen. Aber auch da glaube ich wiederum, dass es Menschen gibt, für die das überhaupt nichts ist.

Für wen ist es denn überhaupt nichts?
Wenn man sich dazu nicht wirklich hingezogen fühlt und das nicht wirklich will, dann ist es nichts für einen.

Meine eigene Erfahrung mit Ayahuasca war ziemlich unspektakulär. Ich war einfach nur komplett entspannt, aber von Visionen kann ich nicht berichten ...
Tja, dann müssen Sie wohl noch mal ran!

Wiedersehen macht Freude

Nach dem Gespräch mit Christian Rätsch denke ich eine Weile über seine Worte nach. Ich komme zu dem Schluss, dass ich der Meisterpflanze noch eine Chance geben sollte. Vielleicht bin ich nun bereit, intensivere Erlebnisse zuzulassen. Die mir so bekannte Neugier packt mich wieder.

Als ich ein paar Tage später mit meiner Mutter telefoniere, fragt sie mich, ob ich eine bestimmte Sendung im Fernsehen gesehen habe.

„Neeein, Mama. Du weißt doch, dass ich so gut wie kein Fernsehen mehr schaue!"

„Ja, das weiß ich ..." Seufzen in der Leitung. „Aber dann solltest du dir vielleicht auch mal überlegen, dass du die ein oder andere interessante Sendung verpasst!"

„Ja, das mag sein." Augenrollen.

„Da wurde nämlich über Ayahuasca geredet", sagt meine Mutter jetzt trotzig. „Da war ein Künstler zu Gast, der erzählt hat, wie positiv sich sein Leben verändert hat, seit er an ein paar Ayahuasca-Zeremonien teilgenommen hat. Gesundheitlich geht es ihm jetzt zum Beispiel viel besser."

„Aha, interessant!", sage ich.

„Jaaa! Aber es kommt deiner Ansicht nach ja nur Schrott im Fernsehen ..."

Ich erwidere nichts, kann mir aber ein weiteres Augenrollen nicht verkneifen.

„Eines ist mir aber noch nicht klar", sagt meine Mutter. „Das mit diesem THC. Nee, wie heißt das? TNT?"

„DMT, Mama, du meinst DMT!"[33]

„Ja, genau, das versteh' ich noch nicht ganz. Ist das jetzt eine Droge oder nicht?!"

„Das ist eine gute Frage, Mama. Wie man's nimmt. Je nachdem, was man unter dem Begriff ‚Droge' versteht. Aber das ist wieder ein eigenes Thema ..."

Direkt nach dem Auflegen schaue ich mir in der Mediathek die Sendung an, von der meine Mutter sprach. Und drei Tage später besuche ich mit meiner Freundin Rebecca ein Konzert in der Philharmonie. Am Einlass überreicht sie mir das Ticket und dazu eine Karte mit dem Text: „Ich freue mich sehr für dich und dein Buchprojekt! Auf dass die Musik dich weiter inspiriert!". Ich bin gerührt.

Während des Konzerts erzählt die Sängerin auf einmal von einem Projekt in Brasilien, bei dem drogensüchtige Jugendliche mit Ayahuasca behandelt werden. Diese Pflanze verfolgt mich einfach.

In der Pause wollen meine Freundin und ich uns ein Getränk an der Bar holen. Wir stehen im Vorraum in der Schlange vor dem Getränkestand. Als ich einen Blick durch den menschengefüllten Raum werfe, bleiben meine Augen an jemandem hängen. Den kenn' ich doch! Und eine Sekunde später wird mir klar, wer das ist: Es ist der prominente Künstler aus der Fernsehsendung, der von seinen Ayahuasca-Erfahrungen berichtete. Ich bin baff.

„Eigentlich muss ich da jetzt hingehen!", sage ich zu meiner Freundin. „Oder ist das doof?!"

„Du kannst ihn bestimmt auch über seine Homepage kontaktieren!", meint Rebecca.

Für einen kleinen Moment überlege ich, doch inner-

---

[33] DMT, eine der Komponenten im Ayahuasca-Trunk, fällt in Deutschland unter das Betäubungsmittelgesetz.

lich drängt es mich, ihn anzusprechen.

„Ich habe mir vorgenommen, noch mutiger und offener zu sein, also gehe ich jetzt hin!"

Mit Herzklopfen, aber Entschlossenheit steuere ich durch die Menge auf ihn zu. Er ist gerade im Gespräch. Als er mich bemerkt, fragt er: „Kann ich helfen?"

„Ja, vielleicht", sage ich schüchtern. Ich reiche ihm die Hand. „Ich bin Kristina."

„Hey, ich bin Markus", lächelt er.

„Ich habe dich in einer TV-Show gesehen, in der du über Ayahuasca geredet hast. Ich schreibe ein Buch, in dem die Dschungelmedizin eine große Rolle spielt. Kann ich dich vielleicht dazu interviewen?"

Seine Antwort fällt weit großzügiger aus, als ich dachte.

„Ja, klar, sehr gern. Es liegt ja auch in meinem Interesse, dieses Thema bekannter zu machen! Und wenn du willst, kannst du auch gerne in drei Tagen eine Zeremonie in Österreich mitmachen."

Ich traue meinen Ohren kaum.

„Dort könntest du dann auch mit jemandem sprechen, der noch viel mehr dazu erzählen kann als ich."

Ich freue mir innerlich einen Ast ab und danke dem Universum für diese Begegnung! Ausgerechnet jetzt, nachdem mir ein paar Tage zuvor der Gedanke kam, dass ich so langsam wieder bereit wäre für die Meisterpflanze, passiert mir sowas!

Zu Hause angekommen, buche ich sofort ein Ticket nach Wien.

Pyjama-Party

Als ich die lichtdurchflutete Dachgeschoss-Wohnung betrete, haben sich die meisten der rund fünfundzwanzig Teilnehmer schon eingefunden und einen Großteil des Bodens mit Yoga- und Isomatten besetzt. Alle sind weiß oder hell gekleidet, es duftet nach dem heiligen Palo-Santo-Rauch. Ein Gesicht unter den Teilnehmern erkenne ich. Es gehört einem Schauspieler aus einer deutschen Serie. Dann kommt das zweite vertraute Gesicht auf mich zu.

„Bist du bereit für den Ego-Tod?", begrüßt mich Markus.

Seine großen blauen Augen sehen mich eindringlich an. Dem kann ich nicht standhalten.

„Wir werden sehen", sage ich unsicher, schaue weg und suche mir ein freies Plätzchen. Neben mir sitzen zwei miteinander befreundete Yogalehrerinnen. Natascha und Caro. Beide haben bereits mehrere Ayahuasca-Zeremonien mitgemacht. Ihre ohnehin schon wunderschönen Gesichter schmückt ein perfekt sitzendes Make-up. Auch ihre Kleidung haben sie mit Bedacht ausgewählt. Ich hingegen sitze im Schlabberlook und beinahe ungeschminkt neben den Beautyqueens. Wenn es ums Kotzen geht, bin ich relativ uneitel. Ich frage mich, wie die beiden wohl am Ende des Abends aussehen werden. Mein blauer Zwanzig-Liter-Eimer, den ich in letzter Zeit verkehrt herum als Blumenständer umfunktioniert hatte, steht nun wie ein Riese neben ihren beiden niedlichen Blumentöpfen, die bis eben wahrscheinlich noch ein Basilikumpflänzchen beheimateten.

„Was hast du denn vor?", fragt mich Natascha.

„Na ja, sicher ist sicher", sage ich.

„Ist vielleicht keine schlechte Idee", sagt sie. „In einer

Session habe ich mich mal sieben Stunden am Stück nur übergeben. Am Ende hatte ich sogar Nasenbluten vom vielen Kotzen!"

Es herrscht eine ziemlich entspannte Stimmung. Alle unterhalten sich locker, während die beiden Assistentinnen des Zeremonienleiters beginnen, den Raum nochmals mit Palo Santo auszuräuchern. Im Hintergrund läuft eine CD mit indischen Mantren. Irgendwie entsteht bei mir der Eindruck einer riesengroßen Pyjamaparty und dennoch ist mir mulmig.

Genau ein halbes Jahr ist seit meiner letzten Ayahuasca-Erfahrung vergangen. Was wird mir die Pflanze diesmal zeigen? Vielleicht etwas, an das ich mich konkreter erinnern kann? Wird sie mir Angst einflößen oder mir die Angst nehmen? Oder beides? Ich habe das Gefühl, dass Ayahuasca mich bereits kennt, sie sich mir allerdings noch nicht vorgestellt hat, ihr Gesicht mir bisher verborgen blieb. Vielleicht aus Rücksicht, um mich nicht zu verschrecken.

Jetzt kommt also der nächste Annäherungsversuch.

Doch erst einmal sollen wir uns durch gemeinsames Singen auf die Zeremonie vorbereiten. Die beiden Assistentinnen füllen den Raum mit ihrem Mantra-Gesang und ihrer engelsgleichen Ausstrahlung. Begleitet werden sie von einem Gitarrenspieler. Irgendwann lassen alle ihre Stimmen erklingen und bewegen ihre Körper sanft zur Melodie.

Langsam verfliegt meine Angst.

Nach dem letzten Lied kommt Marius zur Tür herein: unser Zeremonienmeister. Der schlanke Anfang Vierzigjährige mit grauem Rauschelbart und einfachem T-Shirt ist mir sofort sympathisch. Sein offenes Lächeln und seine fröhliche Art machen ihn sehr nahbar. Er begrüßt jeden einzelnen Teilnehmer mit vor dem

Herzen gefalteten Händen und gesenktem Kopf. Manche bekommen auch eine Umarmung. Bei mir angelangt, sage ich, dass ich diejenige bin, die gerade ein Buch schreibt, in dem Ayahuasca eine wichtige Rolle spielen wird.

„Ich kann dir gerne in den nächsten Tagen in Berlin ein Interview geben", strahlt er.

Als es zu dämmern beginnt, machen es sich langsam alle bequem für die Zeremonie. Am komfortabelsten hat es ein französisches Pärchen um die fünfzig, das auf richtigen Matratzen liegt. Die Frau sieht in sich gekehrt aus. Ihre Miene wirkt versteinert. Die weiche Matratze ist bei ihr wohl am rechten Platz.

Marius hält einen fünfundvierzigminütigen Vortrag zum Thema Krankheit und Heilung und welche Rolle Ayahuasca dabei spielen kann. Die Art und Weise, wie er sich ausdrückt, offenbart seine naturwissenschaftliche Herkunft. Mühelos kann er Zusammenhänge vom kleinsten Teilchen zum großen Ganzen herstellen. Auch wenn dabei viele Fachbegriffe fallen, schafft er es, seine Botschaft auf so simple Weise zu vermitteln, dass selbst Physik- und Chemienieten dem Gesagten folgen können. Dass er voll in dem aufgeht, was er tut, ist deutlich zu spüren.

Und dass er gerne redet ebenso.

Er erklärt, dass er bei der Verteilung des Getränks insgesamt zwei Runden machen wird. Der Trunk in der ersten Flasche enthält den Monoaminooxidase-Hemmer Harmalin aus der Ayahuasca-Liane. Eine Viertelstunde später gießt er jedem ein weiteres Schnapsgläschen aus der zweiten Flasche voll. Dieses enthält den Wirkstoff DMT, der unter anderem aus den Blättern des Chacruna-Strauchs gewonnen wird. Zusammen können beide Getränke ihre Wirkung im Körper entfalten. Ayahuasca in zwei Getränke aufzuteilen, ist Marius' besondere Vorgehensweise. Seine Erfahrung habe ihm gezeigt, dass diese Art am effektivsten sei. Danach setze die Wirkung innerhalb von fünf bis fünfundvierzig Minuten ein.

Was mich stutzig macht, ist der Fakt, dass er und seine Assistenten nicht selbst trinken. Hatte ich doch gehört, dass man Schamanen oder Zeremonienleiter meiden soll, die nicht mittrinken, da diese nicht seriös seien. Ich frage nach.

„Wir haben schon so viele Male Ayahuasca getrunken, dass wir durchdrungen sind vom Geist der Pflanze. Deshalb ist es nicht nötig, dass wir mittrinken", sagt Marius. Er müsse die Flasche nur berühren, damit die Visionen beginnen. Ich kann nicht abstreiten, dass ich etwas skeptisch bleibe. Doch mit der Zeit sage ich mir, dass ich nicht so an Konzepten hängen sollte. Jeder arbeitet nach seiner eigenen bewährten Methode.

Nach dem Vortrag beginnt Marius, den ersten Trunk auszuschenken. Währenddessen unterhalten sich alle munter weiter. Die Stimmung hier ist nicht ansatzweise zu vergleichen mit der intimen, andächtigen Tempel-Atmosphäre in Peru. Einerseits wirkt diese lockere Art auf mich beruhigend, andererseits fehlt mir auf den ersten Blick ein wenig Ernsthaftigkeit.

Natascha bietet mir eine Weintraube gegen den fiesen Ayahuasca-Geschmack an. „Aber man darf doch nichts essen", sage ich.

„Nein, aber du kannst die Traube aussaugen und dann in den Eimer spucken".

Sehr gute Idee. Dankend nehme ich an.

Ich beobachte die anderen beim Trinken und bemerke, dass die meisten einfach ansetzen und schlucken, ohne vorher innezuhalten.

Als Marius vor mir sitzt und mir das Schnapsgläschen

reicht, gebe ich, wie ich es gelernt habe, meine Intention oder vielmehr Frage hinein: Wie komme ich mir selbst noch ein Stückchen näher?

In Nullkommanichts ist das Gläschen leer und die Flüssigkeit läuft mir die Speiseröhre herunter. Ich beiße in die süße, saftige Weintraube, verteile den Geschmack sorgfältig in allen Winkeln meines Mundes und spucke dann aus. Das war einfach! Der nächste Trunk ist zwar noch etwas bitterer als der erste, aber auch schnell bewältigt. Dieser Part der Zeremonie gefällt mir eindeutig besser als in Peru.

Natascha und Caro wünschen mir eine gute Reise.

„Die wünsche ich euch auch!", sage ich und lege mich hin. Jetzt wird es für ein paar Minuten still im ganzen Raum, der mittlerweile von nächtlicher Dunkelheit durchdrungen ist.

Eine CD mit Dschungelgeräuschen beginnt leise zu spielen. Auch hier hatte ich eine andere Erwartungshaltung. Ich dachte, dass Marius ähnlich wie José singen und dazu mit dem Chacapa-Fächer Musik machen würde. Andererseits muss ich mir eingestehen, dass Marius einfach nicht diese Art von Schamane ist. Das würde gar nicht zu ihm passen. Er selbst bezeichnet sich als Vegetalista, als einen, der mit Pflanzen arbeitet.

Nach einer Dreiviertelstunde geht er erneut mit der Flasche herum für diejenigen, die nachtrinken wollen. Auch ich gehöre zu ihnen, denn noch hat sich mein Bewusstseinszustand kaum verändert. Was mich ehrlich gesagt auch nicht sonderlich überrascht. In Peru ging es mir ja ähnlich. Scheinbar brauche ich von manchen Stoffen einfach die volle Dröhnung, um mich komplett fallen lassen zu können, um die Kontrolle abzugeben. So liebe ich es zum Beispiel auch beim Aufguss in der Sauna, in der obersten Reihe zu sitzen, wo die beißende

Hitze meinen Körper am besten erreicht. Wenn der Saunameister dann noch zusätzlich sein Handtuch durch den engen Raum peitscht, sitze ich mit geschlossenen Augen ruhig da, fast meditativ, während einige Männer um mich herum laut stöhnen und sich winden, weil sie den feurigen Schmerz auf der Haut kaum ertragen. Manche verlassen dann auch schon vor Ende des Aufgusses die Sauna. Ich hingegen bleibe noch länger sitzen. So lange, bis sich leichter Schwindel einstellt. Dies ist ein sicheres Indiz für mich, dass die anschließende Entspannungsphase besonders wohltuend sein und mein Geist ein paar Minuten in schwummriger Umnebelung Pause machen wird.

Nach der zweiten Ladung dauert es tatsächlich nicht lange, bis ich endlich ein wenig abdrifte. Zuerst bemerke ich meinen ständig plappernden Denkapparat, der wie ein nebenbei laufender Fernseher pausenlos und ungefiltert seine Kommentare einwirft. „Bla,bla,bla … Jetzt halt' doch endlich mal die Klappe da oben! Du nervst", schimpfe ich innerlich. Ein paar Gedanken streifen weiterhin durch mein Hirn, bis plötzlich wie von einer anderen, höheren Instanz ein prägnanter Satz aufblitzt: *„Liebe bedingungsloser!"* Und weiter: *„Deine Einstellung: Ich liebe dich, ABER NUR WENN … hat nichts mit lieben zu tun. Wenn man liebt, dann liebt man alles!"*

Kurz darauf erscheint in einer vollkommen klaren Vision vor meinem inneren Auge das lächelnde Gesicht eines meiner Exfreunde. Doch es ist nicht irgendein beliebiges Bild, sondern das seines wahren Wesenskerns, das, was übrig bleibt, wenn die Egoschale abfällt. Ein Gefühl von tiefer Verbundenheit durchströmt mich und eine große Dankbarkeit für diese Perspektive. Konnte ich ihn jemals zuvor so sehen? Ich glaube nicht. Freud und Leid waren mit ihm unberechenbar nah beieinander, nicht aushaltbar. Er hat mir den Spiegel vorgehalten wie sonst keiner, mir meine Unsicherheiten und Verletzungen gezeigt. Das war schmerzhaft, aber äußerst lehrreich. Schon lange, wenn nicht gar schon immer, gehen wir getrennte Wege, und dennoch spukt er mir noch oft in meinem Kopf herum. Besonders nachts. In meinen Träumen nimmt er immer dieselbe Rolle ein.

Er ist der Zensor.

Mit verschränkten Armen sitzt er meist in einer Ecke und schaut mich an, schüttelt dabei den Kopf oder rollt abfällig mit den Augen. Oft habe ich ihn innerlich dafür verurteilt, dass es mir schlecht in der Beziehung ging. In dieser Session wird mir mit einem Mal klar, dass nicht *er* der Zensor ist, sondern *ich*! Er zeigt mir nur, wie ich mich selbst verurteile.

In der nächsten Vision sehe ich ihn auf dem Sofa herumhüpfen wie ein Kind. Ich will mithüpfen, kann aber nicht. In vielen Bereichen hat er mir vorgelebt, was ich mich nicht getraut habe, wo mir der Mut fehlte. Oder ich dachte: Das gehört sich doch nicht!

Ich kann von oben auf mein Leben schauen, sehe und verstehe Zusammenhänge, die sich mir im Alltagsbewusstsein bisher nicht erschlossen haben. Wie heilsam sich das anfühlt.

Viele Aha-Erlebnisse und Erkenntnisse folgen, die immer nur einen Schluss zulassen.

Liebe dich selbst!

Mit der Zeit hat sich die Geräuschkulisse verändert und es laufen wieder indische Mantren. Es erscheinen wunderschöne rosablaue filigrane Gebilde und Muster, die sich vor meinem inneren Auge formieren und wachsen, sich wandeln, verschwinden und neu entstehen. Dann fliege ich auf einmal ganz langsam durch den lilafarbenen Kosmos, fühle die Musik und spüre, wie mir

Tränen übers Gesicht laufen.

Es ist unmöglich, das göttliche Gefühl zu beschreiben, das mir in diesen Momenten widerfährt. Um dies zu erleben, ist es scheinbar egal, ob ich in den peruanischen Anden oder in einer Wiener Dachgeschosswohnung liege.

Einige Stunden vergehen in diesem einerseits rauschartigen Zustand, der andererseits nicht purer, reiner und klarer sein könnte.

Zwischendurch höre ich, wie der Mann, der zwei Plätze neben mir liegt, sich übergibt. Manche finden das lustig und kichern vor sich hin.

„Wie fühlst du dich?" fragt Markus, der auf einmal neben mir sitzt.

„Sehr gut!", flüstere ich.

Dann schließt er die Augen und nimmt ein paar tiefe Atemzüge. Ich mache es ihm nach und genieße die Fülle in meinem Körper.

Es müssen inzwischen vier bis fünf Stunden vergangen sein und so langsam kommen die meisten wieder in ihren Normalzustand zurück. Sie beginnen sich auszutauschen, während ich noch zwischen den Welten schwebe. Manche klingen ruhig, manche aufgeregt und fröhlich. Ich bin hin- und hergerissen zwischen mitreden wollen und weiterfliegen.

Ich bleibe liegen.

Der Mann, der sich die meiste Zeit übergeben hat, erzählt voller Euphorie von seiner Nacht.

„Waaaahnsinn! Es war einfach unglaublich! Selbst das Kotzen war fantastisch! Danach hatte ich immer die schönsten Visionen! Also ich bin heute Abend auf jeden Fall wieder dabei!"

Natascha und Caro räumen ihre Sachen einschließlich der leeren Blumentöpfe zusammen, verabschieden sich von mir und gehen nach Hause. Sie lagen die gesamte Zeit still da, ihr Make-up müsste also noch perfekt sitzen.

Nach und nach leert sich die Wohnung und nachdem die Tür das letzte Mal ins Schloss gefallen ist, nimmt die leise Musik wieder sanft den Raum ein. Ich konserviere den glückseligen Zustand noch für eine Weile, bevor ich einschlafe.

Als ich morgens um acht Uhr wach werde, liegt nur noch ein Teilnehmer in der hintersten Ecke der Wohnung. Die Frau des französischen Pärchens, die in der Nacht in eines der Zimmer umgezogen sein muss, sitzt im Nachthemdchen frühstückend am Tisch.

„Wie war es für Sie?", frage ich.

Sie macht ein ziemlich enttäuschtes Gesicht und erklärt mir in gebrochenem Englisch, dass eigentlich fast nichts passiert sei. Sie habe leichte Visionen gehabt von Totenköpfen und Skeletten. „C'est tout!" Das ist alles.

Ansonsten habe sie die ganze Zeit die Geräusche um sich herum wahrgenommen, was sie als sehr ablenkend empfunden habe. Es sei ihre erste Zeremonie gewesen. Ihre Erzählung erinnert mich sehr an meine eigenen beiden ersten Begegnungen mit Ayahuasca. Sie überlege, ob sie die nächste Session am Abend überhaupt mitmachen werde.

Draußen auf der Straße schwebe ich über den Asphalt. Ich bin resistent gegen die Hektik und die Geräuschkulisse um mich herum, bewege mich wie in einer Blase, abgeschirmt von meiner Umwelt, langsamen Schrittes und Atems zielsicher in Richtung Hotelbett.

Was für eine wunderschöne Zeremonie! Ich staune noch immer. Und bin mir sicher: Genau dieses Staunen gehört zum Heilungsprozess.

Erstmalig habe ich einen kleinen Eindruck davon bekommen, zu was Ayahuasca fähig ist.

Demut

Im Hotelzimmer schaue ich in den Spiegel und suche. Nach einem Schatten. Nach etwas Dunklem. Was sind meine dunklen Seiten? Was heißt das überhaupt genau? Ich muss an Isabells Satz denken, den sie mir nach meiner ersten Zeremonie in Peru sagte: „Ich finde es schade, dass du dir nicht auch einmal eine Schattenseite von dir anschaust!" Vielleicht war ich in Peru noch nicht bereit dazu. Bin ich es jetzt?

Ich habe eine leise Vorahnung, dass die heutige Zeremonie komplett anders verlaufen wird als letzte Nacht. Manchmal, so habe ich gehört, ködert einen Ayahuasca nämlich mit einem besonders schönen Erlebnis, damit man gewillt ist, es wieder zu tun. Ganz schön ausgefuchst, die strenge Mutter. Ich spüre ihren erhobenen Zeigefinger im Genick.

Am Abend finde ich mich zur gleichen Zeit am gleichen Ort ein. Natascha hat sich spontan entschieden, heute doch mitzumachen, obwohl sie am nächsten Morgen Yoga-Unterricht geben muss. Der Mann, der unbedingt wiederkommen wollte, ist hingegen nicht anwesend.

Die Stimmung ist etwas anders als gestern. Ruhiger, nachdenklicher. Viele haben bereits wie ich eine Ayahuasca-Nacht hinter sich und dementsprechend wohl auch nicht viel geschlafen. Was übrigens von Vorteil sei, wie Marius meint. Denn je müder man sei, desto leichter lasse man das Ego los und bekomme einen direkteren Zugang zum Unterbewusstsein.

Der Boden ist wieder übersät mit Isomatten und Schlafsäcken. Ein Teilnehmer hat es sich sogar unter dem Küchentisch bequem gemacht. Während links von mir Natascha liegt, gehört die Matte rechts von mir einem spanischen Musiker namens Francisco. Da es am Kopfende nicht genügend Platz für unsere beiden Eimer gibt, stelle ich meinen ans Fußende, in der Hoffnung, dass nachts niemand über ihn stolpert. Schon gar nicht, falls er zu diesem Zeitpunkt bereits in Gebrauch gewesen sein sollte.

Nach dem Singen gibt Marius seine Einführung. Inhaltlich sagt er ungefähr das gleiche wie gestern, doch er schmückt sein Wissen anders aus. Bedenkt man, wie viele Hunderte von Zeremonien er inzwischen geleitet haben muss, scheint er dennoch nicht müde zu werden, über dieses Thema zu referieren. Im Gegenteil. Jede Frage, mag er sie auch schon hunderte Male gehört haben, beantwortet er mit demselben Eifer, als würde sie ihm zum ersten Mal gestellt. Ob das nicht langweilig ist? Wohl nicht, wenn es seine Berufung ist.

Nach dem Trinken lege ich mich hin und werde ziemlich schnell sehr müde, ähnlich wie in den ersten beiden Aya-Sessions in Peru. Ich gähne laut und wälze mich von einer Seite auf die andere. Diesmal begleiten uns keine lieblichen indischen Mantra-Gesänge. Stattdessen sind wir umgeben von einer urschamanischen Trommelmusik, die nicht besonders freundlich klingt. Marius will uns heute scheinbar auf eine ganz andere Reise schicken.

Abgesehen von der Müdigkeit spüre ich zumindest bewusst nicht viel von der Medizin. Irgendwie ist mir das in diesem Zustand sogar egal. Ich finde mich damit ab, dass es dann wohl heute wieder nicht sein soll. Schlafen empfinde ich in diesem Moment als recht angenehme Alternative zu einem erneuten Ausflug in die Ayahuasca-Welt. Nachtrinken möchte ich diesmal auch nicht.

Als ich für eine Weile auf der Seite liege und mich in einem Dämmerzustand befinde – es müssen inzwischen rund zwei Stunden vergangen sein – schüttelt plötzlich etwas meinen Kopf ganz leicht hin und her. Nicht einschlafen, scheint es mir sagen zu wollen. Und mit einem Mal ist daran auch nicht mehr zu denken. Ich bin hellwach und Ayahuasca ist mit mir. Ich drehe mich auf den Rücken und winkle meine Beine an. Mit voller Intensität spüre ich die Medizin nun von einer Sekunde zur nächsten meinen Körper erobern. Sie ist so stark, dass ich das Gefühl habe, zu vibrieren, gleich zu explodieren. Kalte Angst überkommt mich und die Musik, wie ich sie mir finsterer nicht vorstellen könnte, bohrt sich in meinen Bauch. Schicht für Schicht dringt sie in meine Eingeweide, übernimmt die komplette Kontrolle. Ich will diese Energie loswerden, versuche sie mit aller Kraft aus meinen Armen zu schütteln, doch sie wird stattdessen nur noch mächtiger. Vor meinem inneren Auge taucht dazu ein Bild auf. Ich sehe einen Erdtunnel mit lauter abgetrennten Körperteilen, fleischig und blutig aufeinandergestapelt, an Widerwärtigkeit nicht zu übertreffen. Wehrlos bin ich dieser Szene und diesem angstschweißigen Gefühl ausgeliefert, bewege mich panisch hin und her, rufe innerlich um Hilfe, bis das Dunkle mit einem Mal brutal aus mir herausgepresst wird. Ohne dass es mir noch möglich ist, meinen Eimer zu greifen, kotze ich in der Horizontalen einfach los. Nicht nur auf mich und meinen Schlafsack, sondern auch auf den armen Francisco neben mir. Ich richte mich auf, entschuldige mich bei ihm, der es scheinbar gar nicht mitbekommen hat, greife nach meinem Eimer und übergebe mich nun ordnungsgemäß in ihn. Ich weine vor Angst, entleere mich gleichzeitig immer weiter und frage mich: Was mache ich hier eigentlich? Wieso tue ich mir das an, zum Teufel? Was war das? Will ich in diese Gefilde vordringen?

Ich glaube nicht. Mir reicht's.

Wie einen treuen Gefährten umarme ich meinen Eimer, während ich mit meinem Gesicht über ihm hänge und ihn nicht mehr loslassen will. Im gesamten Raum ist diese schwere Energie zu spüren, viele wälzen sich, stöhnen und erbrechen. Francisco hat sich mittlerweile an das Ende seiner Matte gesetzt und weint jämmerlich. Eine Assistentin nimmt ihn in den Arm und streichelt ihn behutsam. Sein Weinen hört jedoch nicht auf. Noch lange sitzen die beiden eng umschlungen hinter mir.

Es vergehen ein paar innige Minuten mit meinem Eimer, als ich plötzlich eine Hand in meinem Nacken spüre.

„Darf ich?", fragt eine Männerstimme.

„Ja", antworte ich und bin dankbar für die leichte Nackenmassage, die mich wieder erdet und beruhigt.

Der Sturm ist vorbei, das Drama hat ihren Höhepunkt überschritten. Ich fühle mich, als hätte ich einen harten Kampf überlebt und sinke erschlagen in meine Matte. Jetzt folgt ein seichter Abklang. Ich sehe meine Mutter in einer Vision, woraufhin bei mir ein tiefes Mitgefühl für sie entsteht. Sie erscheint mir als ein schützenswertes, zartes Wesen. Und vor allem auch als ein eigenständiger Mensch, herausgehoben aus ihrer Mutterrolle. Herausgehoben aus der Selbstverständlichkeit meiner Bedürfnisse ihr gegenüber. Ich sehe sie nicht aus der Perspektive des Kindes, sondern von Mensch zu

Mensch.

Auch Natascha taucht in meinen Visionen auf. Als lächelnde Fee mit wunderschönen Flügeln. Wäre auch ich ein Fabelwesen, würde ich mich sofort in sie verlieben.

Die restliche Zeit der Zeremonie ist geprägt von Demutsgefühlen. „Der Demütige erkennt und akzeptiert aus freien Stücken, dass es etwas für ihn Unerreichbares und Höheres gibt", habe ich irgendwo gelesen.

Genau so und nicht anders.

Die Stimmung im Raum wird ruhiger und ruhiger, je näher sich das Schiff dem sicheren Hafen nähert.

Nach zwei Stunden Schlaf steht der nächste Drink bereit. Er ist grün und heißt San Pedro. Viele Stunden der Übelkeit muss ich überstehen, bevor mir der Kaktus etwas Frieden schenkt. Doch mit den Peru-Erfahrungen kann der heutige Tag nicht einmal ansatzweise mithalten. Ich schließe meine Augen vor den weißen Wänden des Raumes, damit sich wenigstens vor meinem inneren Auge die unendliche Weite der peruanischen Anden entfalten kann.

Die Brücke am Fluss

Zwei Tage nach den Zeremonien sitze ich im Park und lausche dem Rauschen des Windes in den Bäumen. Vögel zwitschern munter vor sich hin. Als hätten sie heute schon viel erlebt und müssten sich über alles austauschen. Sie fallen sich gegenseitig ins Wort, können ihre Schnäbel nicht halten, wenn ein anderer gerade erzählt. So temperamentvoll wie eine italienische Großfamilie.

Mir ist heute mehr nach Schreiben als nach Reden. Ich muss die Gedanken, die sich in mir anstauen, auf diese Weise aus mir hinausfließen lassen. Etwas schriftlich festzuhalten, scheint mir Ordnung zu bringen. Und diese ist im Moment sehr nötig, denn es gibt einiges neu zu sortieren.

Ich spüre die eindringliche Kraft der Sonne auf meiner Haut.

Ich spüre mich, meine verletzliche Seele.

Ich bin am vergangenen Zeremonie-Wochenende in eine tiefere Schicht meines Selbst vorgedrungen, ohne zu wissen, was das überhaupt bedeutet. Ohne zu wissen, was ich da gesehen und gefühlt habe, geschweige denn, von was ich mich da befreit habe. „Ayahuasca gibt dir nichts, sondern nimmt dir nur etwas, was du nicht mehr brauchst, damit du deinem wahren Kern wieder näher kommst", sagt Marius. Aber von was habe ich mich da befreit? Und was hatten diese grässlichen Bilder von abgetrennten Körperteilen zu bedeuten? Für mich, die ich doch immer alles verstehen will, ist es schwer, mit der Ahnungslosigkeit umzugehen.

Wahrscheinlich kommen die Antworten von allein, ohne dass ich meinen Kopf bemühen muss. Schließlich war das auch eine Botschaft der Pflanze: dass ich zu viel denke.

Ich werde müde und gebe mich der Schwerkraft hin. Sanft döse ich weg und habe einen Traum.

Ich stehe mit jemandem auf einer Brücke über einem reißenden Fluss. Der neben mir wirft Steine treffsicher ins Wasser. Ich werfe auch, aber meine Steine landen daneben am Flussufer.

„Du musst den Fluss schon treffen!", sagt der neben mir.
Ich wache auf.

Verletzlichkeit

Das Zeremonie-Wochenende liegt bereits vier Tage zurück und noch immer fühle ich mich hochsensibel. Als wäre ein Schutzpanzer aufgebrochen, der alle Wunden offen legt. Ich laufe mit einer Dartscheibe auf dem Bauch herum, in die sich die Pfeile aus allen Richtungen hineinbohren. Ich habe Tore aufgestoßen, ohne zu wissen, was sich hinter ihnen verbirgt. Ich bin eingetreten in einen Teil meiner Seele, den ich lange nicht besucht habe. Das Gefühl in diesem Raum ist mir vertraut, ich kenne es aus ferner Vergangenheit wie einen alten Bekannten, den ich allerdings nicht vermisst habe. Jetzt ist er wieder da, ich spüre ihn deutlich, aber erkennen kann ich ihn nicht. Seine Umrisse sind verschwommen. Ich versuche, ihn zu ertasten, doch ich tappe weiter im Dunkeln, greife nach ihm, will ihn, wenn ich ihn gefunden habe, am Kragen packen und fragen, was er hier zu suchen hat, was er von mir will. Ich habe eine Ahnung, was er antworten wird.

„Beruhige dich", wird er sagen. Ich hätte ihn schließlich gerufen, ihm sogar eine Einladung geschickt. Auf der stand nicht: „Komm vorbei und bring' gute Laune mit!", sondern: „Komm vorbei und lass es schmerzen!" Und jetzt ist er da mit Sack und Pack und wird so unfreundlich empfangen. So hatte er sich ein Wiedersehen nicht vorgestellt. Und dann wird die Wut langsam schwinden, meine Faust an seinem Kragen sich lösen. Ich werde ihm das Hemd zurechtrücken und mir eingestehen, dass er Recht hat.

Ich habe ihn gerufen, weil ich insgeheim Sehnsucht nach ihm hatte. Nach Schmerz, nach Tiefe, nach Bedeutung, nach Intensität. Nach mir.

Es ist so leicht, an der Oberfläche zu schwimmen, die

Haut zu berühren und nicht das Herz. Zwei Körper begegnen sich, aber nicht ihre Seelen. Doch wenn die Seele zu schreien beginnt, nach Aufmerksamkeit ruft, dann wird die Haut auf einmal dünn. So dünnhäutig, dass ein Finger, der gerade noch zärtlich über den Hals fuhr, weiter absinkt und sich seinen Weg mitten ins Herz bohrt. Dieses erschrickt und schlägt sogleich dreimal so schnell, schimpft und pocht auf sein Recht, weist auf Gesetzesverstoß.

Herzfriedensbruch.

Doch auch wenn der Hausherr den Störenfried davontreibt, so wird die Wunde noch lange bluten.

Mein Herz ist wieder offen und verwundbar, denn meine Seele hat begonnen, sich zu entblättern. Ich versuche sie zu stoppen. Nein! Halt! Es ist zu früh für den Herbst, wir haben doch erst Mai! Außerdem steht mir mein Blattkorsett recht gut. Es ist etwas eng zuweilen, aber wenigstens tut es nicht weh.

Es fühlt sich an, als würde ich etwas betrauern, was gar nicht vorbei ist. Das nennt man Vortrauer. Kommt gleich nach Vorsorge.

Waldorfpapa

Als ich die Kreuzberger Wohnung betrete, begrüßt er mich mit einer herzlichen Umarmung. „Willst du einen Kräutertee?"

Ich nehme dankend an, ziehe meine Schuhe aus und stelle sie zu den anderen Paaren. Marius kommt mit zwei dampfenden Tassen aus der Küche und zeigt auf sein T-Shirt.

„Geht das so fürs Interview?", fragt er mich. Das braune Shirt trägt die Aufschrift „Waldorfpapa".

Ich überlege kurz. „Hmm, ja, warum nicht!?"

Wir gehen in den hohen, hellen Raum, in dem ich ihn interviewen soll und wählen eine Stelle aus, an der ich ihn platziere. Kamera und Ton sind eingerichtet. Als wir soweit sind, den Record-Knopf zu drücken, öffnet jemand die Tür. Marius' Kumpel und Berater Olli schaut hinter dem Türrahmen hervor und zieht die Augenbrauen hoch.

„Auf gar keinen Fall ziehst du dieses T-Shirt an!", sagt er streng. Er habe sich doch extra das weiße Hemd geliehen. Das solle er jetzt gefälligst auch anziehen.

Marius, ertappt wie ein kleiner Junge beim Äpfelklauen, gehorcht ohne Diskussion und verlässt den Raum.

Bereits als Jugendlicher beschäftigte sich Marius mit Themen wie Psychologie, Bewusstsein, Heilpflanzen und Schamanismus. Ein einschneidendes Erlebnis war der Krebstod seiner Mutter während seines Chemie- und Physikstudiums. Damals sei ihm klar geworden, wie machtlos die klassische Medizin gegenüber den großen Problemen ist, vor denen wir stehen. Schon in den frühen neunziger Jahren las er die Ayahuasca-Literatur von William S. Burroughs und Allen Ginsberg. Als er 2008 an einem dreitägigen Workshop mit einem Shipibo-Schamanen teilnahm, sei ihm sofort klar gewesen, dass er eine Ausbildung zum Ayahuasquero machen will. Einen Tag darauf kündigte er seinen gut bezahlten Job und schon sechs Wochen später saß er im Flieger Richtung Peru. Er ließ sich von dem Schamanen zum Ayahuasquero ausbilden und machte verschiedene sogenannte „Dietas", Pflanzendiäten, „um sich mit den Energien der Pflanze vertraut zu machen und sie in sich aufzunehmen", wie er sagt. Seit 2010 bietet er eigene Zeremonien an.

Als Marius in den Raum zurückkommt, schließt er im Gehen die letzten Knöpfe am Kragen und setzt sich in den beigen Ohrensessel. Aus dem Waldorfpapa ist ein seriöser Guru geworden.

Record.

Auszug aus einem INTERVIEW mit Marius

Marius, was macht ein Schamane?
Der Schamane ist im Prinzip der Doktor der indigenen Völker. Er arbeitet mit Energien, die entweder nicht anerkannt oder nicht messbar für die klassische Wissenschaft und Medizin sind und deshalb abgetan werden. Es gibt aber zum Beispiel immer wieder Geschichten von Menschen, die sich spontan geheilt haben oder durch solche nicht wissenschaftlichen Methoden geheilt werden und insofern kann man diese nicht ganz abtun. Wenn wir unsere Realität auf das beschränken, was wir sehen und hören können, dann schneiden wir ja neunundneunzig Prozent der Realität von uns ab. Sehr einfaches Beispiel: Alle Eindrücke, die wir empfangen, sind elektromagnetische Wellen. Licht, Schall, alles sind ja nur Frequenzen oder Schwingungen von elektromagnetischen Wellen und nur weil wir Infrarot und Ultraviolett nicht sehen können, heißt das nicht, dass es da nichts gibt. Die Hundepfeife hören wir zum Beispiel nicht, aber Hunde können sie hören. Wir können also davon ausgehen, dass es außerhalb des Spektrums, das wir sehen und hören können, Energieschwingungen

existieren, die wir nicht wahrnehmen können. (...)

Der Schamane versucht, Heilung auf einer bestimmten Ebene zu erzeugen, wo auch immer das nötig ist. Er arbeitet ja nicht ausschließlich auf der energetischen Ebene, sondern nutzt die Mittel und Methoden, die ihm zur Verfügung stehen, um das Ungleichgewicht, das entstanden ist, auszugleichen. Eine Krankheit ist immer ein Ungleichgewicht in einem der Körper[34] und der Schamane versucht, Balance herzustellen. Wenn es ein Knochenbruch ist oder eine Infektion, dann hat es zum Beispiel noch eher eine physische Grundlage, aber andere Dinge sind eher psychosomatisch oder haben tieferliegende Energiegründe. Wenn man da zur Wurzel des Problems vordringt und diese Energie ausgleicht, hat das zur Folge, dass sich der physische Körper von alleine heilt. Denn der mentale Körper sowie der physische Körper und die Energiekörper streben nach Homöostase, nach Gleichgewicht, nach Heilheit sozusagen. Krankheiten sind bloß die äußere Manifestation der Ungleichheit, die nicht aus dem Weg geräumt ist. Solange das Ungleichgewicht besteht, kann der Körper nicht in die Balance zurückkreisen.

Also ist Heilung immer Selbstheilung?
Richtig. Die Dinge, die zur Unterstützung der Heilung angewandt werden wie zum Beispiel Gebet, Meditation, gerichtete Energie, gerichtetes Bewusstsein, aber auch Pflanzen und physische Mittel, all die dienen ja bloß dazu, dem Körper zu helfen, ins Gleichgewicht zurück-

---

[34] Diverse Lehren gehen davon aus, dass wir Menschen verschiedene „Energiekörper" besitzen, so z.B. einen physischen, einen mentalen oder einen emotionalen. Entsprechende Beschreibungen der Aura oder des Körperenergiefeldes treten – in erstaunlicher Übereinstimmung – im Yoga (vor allem Tantra) sowie verschiedensten indigenen Kulturen auf, außerdem in ähnlicher Form im Daoismus oder Lehren des Qi Gong und Tai Chi.

zukommen, aber letzten Endes will man ja nur die Blockaden beseitigen, die ihn daran hindern, ins Gleichgewicht zu kommen.

Was macht Ayahuasca für dich im Vergleich zu anderen bewusstseinserweiternden Substanzen besonders?

Die meisten mir bekannten Pflanzen, die visionär oder entheogen[35] oder halluzinogen oder psychedelisch sind, enthalten normalerweise eine einzige Komponente oder eine Hauptkomponente oder jede der einzelnen Komponenten ist entheogen oder visionär. (...) Bei Ayahuasca besteht eine Besonderheit darin, dass hier zwei Substanzen zusammenwirken: das Harmalin, was von der Liane kommt, und das DMT von den Blättern. Diese beiden Substanzen werden in unserem Melatoninstoffwechsel in unserem Gehirn hergestellt und sind deshalb natürlich von unserem Körper relativ gut zu verarbeiten, weil wir die Enzyme besitzen, die diese abbauen können.

(...) Der eigentliche Wirkstoff, der Ayahuasca besonders macht – denn DMT ist in zahlreichen Lebewesen enthalten – ist das Harmalin, ein sogenannter reversibler Monoaminooxidase-Hemmer. Dieser verhindert den Abbau des DMT im Körper und ermöglicht dadurch, dass auch oral aufgenommenes DMT das Gehirn erreicht. Je nachdem, wie viel man von dem Hemmer aufgenommen hat, kann die Wirkung fünf Stunden oder länger anhalten. Die Qualität der Erfahrung ist aber noch mal ganz unterschiedlich, dadurch dass das Harmalin zusätzlich zum DMT noch eine andere Energie mit in die Gleichung bringt. (...)

[35] Der Begriff „entheogen" bedeutet „das Göttliche erweckend". Als entheogen wird eine sprituelle Erfahrung bezeichnet, die als All-Einheit empfunden wird.

Bei Ayahuasca ist das Interessante, dass es in der gesamten medizinischen Geschichte, wo Ayahuasca benutzt wird, keinen einzigen Fall gibt, in dem ein Tod oder eine Schädigung auf Ayahuasca zurückgeführt werden konnte. Es gibt Leute, die gestorben sind und auch Ayahuasca innerhalb von achtundvierzig Stunden vor ihrem Tod eingenommen haben, aber die Obduktion dieser Leute hat ergeben, dass es nicht das Ayahuasca war, das sie umgebracht hat.[36] Aber soweit ich weiß, gibt es auch keinen Fall von substanzinduzierter Psychose, was zum Beispiel sehr häufig bei Gras- oder Haschkonsum vorkommt (...).[37] Es ist sogar so, dass eine kalifornische pharmazeutische Firma 1986 Ayahuasca hat patentieren lassen als Heilmittel gegen Krebs, Diabetes und verschiedene andere Krankheiten.[38] Und um ein Patent zu bekommen, muss die Food and Drug Administration in den USA diesen Wirkstoff testen und hat festgestellt, dass Ayahuasca nicht nur nicht schädlich ist, sondern auch noch medizinischen Nutzen hat (...).

Außerdem gibt es an der Universität von Kalifornien Prof. Charles Grob, der zu Nerven und Nervenschädi-

[36] Siehe Dennis McKenna in „The Ayahuasca Dialogues report", 2014, S. 3: „Es gab Missbrauchsfälle und sogar ein paar Tragödien, bei denen junge, naive Menschen mit guten Absichten ihr Leben lassen mussten – nicht aufgrund der Gefährlichkeit der Medizin, sondern eher durch ungünstige Umstände und das Pech, zur falschen Zeit am falschen Ort zu sein."
http://www.ethnobotanicalcouncil.org/wp-content/uploads/2014/11/ESC_A yaDialogues-Report_Nov2014_engl.pdf (Stand: 15.5.2016)
[37] Hier werden Einzelfälle von substanzinduzierter Psychose bzw. psychotischen Reaktionen nach Ayahuasca-Gebrauch beschrieben: https://www.iceers.org/docs/science/ayahuasca/Rafael_Guimares_The%20Eth nopharmacology_of_Ayahuasca/EthnopharmAyahuasca_Chapter3.pdf (Stand: 14.2.2015).
[38] Das Patent wurde 1999 aufgehoben, trat aber 2001 wieder in Kraft, was viele Proteste auslöste und als Beispiel für die Ausbeutung eingeborener Kulturen gilt. Völkerrechtlich ist das Patent unwirksam. http://www.singingtotheplants.com/2008/01/ayahuasca-patent-case/ (Stand: 16.4.2016).

gung durch Antidepressiva forscht. (...) Ayahuasca ist bisher die einzige Substanz, die ihm bekannt ist, die diese Rezeptoren wieder nachwachsen lässt und sozusagen die Schädigungen durch die pharmazeutischen Antidepressiva heilen kann.

Die amerikanische Society for Addiction hat Studien gemacht über das Suchtpotenzial. Außerdem gibt es Studien über das Gesundheitspotenzial, auch über fünfzehn Jahre. Da wurden Leute begleitet, die etwa fünfzig Zeremonien im Jahr machen. Man fand heraus, dass diese Leute nicht nur nicht kränker sind, sondern auch noch gesünder als die Durchschnittsleute in der Vergleichsquote, physisch wie auch psychisch.[39] Es ist körpereigen, ungiftig, besteht aus zwei Komponenten und ist für mich einzigartig.

Was macht denn das DMT?
Das ist relativ wenig erforscht. Es ist so, dass es einem Neurotransmitter ähnelt: dem Serotonin. Es gibt eine ganze Reihe an visionären Chemikalien, die dem Serotonin ähneln wie zum Beispiel das Psilocybin, das in Magic Mushrooms[40] enthalten ist. Und nun ist es ja so in der Physiologie, je ähnlicher ein bestimmter Schlüssel dem Schloss ist, desto besser öffnet der Schlüssel das Schloss. Und offensichtlich ist DMT genau der Schlüssel zum Schloss, denn die anderen Substanzen wirken nicht so intensiv oder nicht so effektiv wie DMT. Aldous Huxley hat das sehr gut beschrieben in „Die

---

[39] Trotzdem ist Vorsicht geboten, was diese Studien angeht. Um allgemeingültige Aussagen zu treffen, bedarf es weiterer Studien. Vgl: https://www.iceers.org/docs/science/ayahuasca/Rafael_Guimares_The%20Eth nopharmacology_of_Ayahuasca/EthnopharmAyahuasca_Chapter3.pdf (Stand: 16.1.2015).
[40] Als Magic Mushrooms oder Zauberpilze werden psychoaktive Pilze bezeichnet.

Pforten der Wahrnehmung", wo es allerdings um Meskalin und nicht um DMT geht. Er hat unser waches Bewusstsein, das auf einen kleinen Ausschnitt der Realität beschränkt ist, als Schießscharte beschrieben, durch die man schaut. Man ist zwar sicherer hinter der Schießscharte, aber man sieht eben nur einen ganz kleinen Ausschnitt der Realität. Die visionären Substanzen ermöglichen es, seinen Kopf durch die Schießscharte durchzustecken und die Einhundertachtzig-Grad-Sicht zu bekommen. Ähnlich ist es mit DMT auch. Es ermöglicht uns, Phänomene und Energien zu sehen, die wir im wachen und normalen Zustand nicht sehen können. Es ist so, dass man bestimmte Zustände auch per Meditation erreichen kann. Man hat festgestellt, dass Yogis, die seit Jahrzehnten meditieren und das nicht nur fünfzehn Minuten am Tag, sondern hauptberuflich, eine bis zu sechsfach höhere DMT-Konzentration in ihrem Gehirn haben als wir Normalsterbliche. Wir sind sozusagen auf externes DMT angewiesen, während die sich einfach hinsetzen, die Augen zumachen und dann auch dort sind.

... aber dann nur im Meditationszustand ...

Ja, nur im Meditationszustand. Wenn man immer so drauf wäre, dann könnte man keine Bücher schreiben, keine Schriften lesen und auch nicht die Straße überqueren, ohne vom Auto überfahren zu werden.

Diese Substanz öffnet bestimmte Pforten in unserem Bewusstsein. Unser Bewusstsein ist ja nichts anderes als ein Filter. Unser Unterbewusstsein kann ja bis zu einhunderttausend Mal mehr Informationen pro Sekunde verarbeiten als unser Bewusstsein. Unser Bewusstsein ist relativ langsam, weil es sozusagen alles, was um uns herum passiert, auf ein Minimum zusammenfiltert.

Jeder kennt das: Wenn man zum Beispiel eintausend Emails am Tag bekommt, dann kann man die gar nicht alle lesen. Wenn es allerdings einen Filter gibt, der intelligent genug ist, um Wichtiges von Unwichtigem zu unterscheiden, dann kann man diese Emails auch lesen. Genau das macht unser Bewusstsein. (...)

Verändert Ayahuasca das Gehirn?
Definitiv. Es gibt eine sehr gute Dokumentation von der kanadischen Broadcasting Corporation von David Suzuki.[41] Da gibt es einen relativ langen Ausschnitt, in dem erklärt wird, wie Ayahuasca die neuronalen Verbindungen neu arrangiert. Wenn wir zum Beispiel frühkindlich die Erfahrung gemacht haben, dass uns ein Hund überrannt hat, verbinden wir mit einem Bellen dann immer wieder ein Furchtgefühl. D.h. da bildet sich dann über die Jahre hinweg eine relativ harte Verbindung an den Synapsen, die wir auch nicht überkommen können. Selbst wenn seitdem nie wieder etwas Schlimmes mit einem Hund passiert ist, können wir über dieses Erlebnis nicht hinwegkommen und dieses Hundebellen lässt uns immer wieder zusammenzucken, auch wenn es rational keinen Grund gibt.
Bis vor kurzem wurde noch gesagt, Nervengewebegehirn wächst nach der Geburt gar nicht mehr nach. Das ist inzwischen revidiert, aber trotzdem ist es schwer, als Erwachsener neue neuronale Verbindungen zu legen. Ayahuasca ermöglicht es nun, diese neuen Verbindungen wachsen zu lassen.

Werden so Traumata geheilt?
Richtig, weil eben die Möglichkeit besteht, dass unser

---

[41] Zu finden unter: https://www.youtube.com/watch?v=4DTEGrB5_ZE (Stand: 5.6.2015).

Bewusstsein in Betracht zieht, dass es eine Alternativverbindung gibt. Wenn diese dann probeweise gelegt wird und sich im täglichen Leben bewährt, dann wird die alte Verbindung nicht mehr benutzt.

Bei welchen Krankheiten kann Ayahuasca die Heilung unterstützen?

Prinzipiell bei allen. Aber das klingt dann natürlich immer nach Scharlatanerie: Was kann denn schon alles heilen? Aber wenn man sich vor Augen führt, dass alle Krankheiten energetisch gesehen eine einzige Ursache haben, dann ist es klar, dass man auch an allen arbeiten kann. Wo ist sie speziell effektiv, kann man fragen und da muss ich sagen, dass wir vor allem mit Diabetes sehr gute Erfolge erzielt haben, mit Depressionen, degenerativen Erkrankungen, bei all diesen Dingen wirkt es exzellent, weil da eben auch alle Qualitäten zusammen kommen: Die körperliche Reinigung, die Stärkung des Immunsystems und die mentale Einstellung. (...)

Ich habe gehört, dass Ayahuasca einem die Krankheit in einer Vision zeigt. Mir ging es in der zweiten Nacht allerdings so, dass ich mit den Bildern gar nichts anfangen konnte.

Das ist wie bei der Traumdeutung. Das ist dann schwer. Dann ist die Frage: Ist das eine Metapher? Als Außenstehender ist es schwer, die Deutung dieser Sachen vorzunehmen. Es gibt natürlich Bilder, die relativ universal sind oder aus der schamanischen Welt kommen und da kann ich mit Deutung helfen, aber es gibt auch persönliche Schichten an solchen Visionen, wo ich Schwierigkeiten habe zu interpretieren.

Was ist denn der Unterschied zwischen einer Vision und einer Halluzination?

Die Frage ist natürlich erstmal, was eine Halluzination ist. Es ist wahrscheinlich eine Projektion unseres Geistes von irgendetwas, was nicht existiert. Es kann auch sein, dass es nur ein neuronaler Kurzschluss ist.

All das, was wir sehen, ist eine Konstruktion unseres Gehirns. Wir haben gar nicht die Kapazität, bewusst all das aufzunehmen und zu verarbeiten, um das in Echtzeit zu konstruieren. Das, was wir als Realität wahrnehmen, ist eine Konstruktion unseres Gehirns und somit eine Halluzination – sowieso. Die Frage, was der Unterschied zwischen einer Halluzination und einer Vision ist, ist die Frage danach: Kann man durch Dritte verifizieren, dass das existiert, was ich sehe – sozusagen „shared hallucinations" – geteilte Visionen. Es gibt sehr oft Leute, die dieselbe Vision haben von demselben Objekt mit geschlossenen Augen, die an derselben Stelle dasselbe sehen. Nur weil die ihre Augen geschlossen haben, macht es das nicht weniger real. Manchmal sieht aber auch nur einer etwas. Zum Beispiel kommt in einer australischen Dokumentation[42] einer vor, bei dem der Schamane einen Infekt und einen Haarriss an der Wirbelsäule festgestellt hat. Das konnte in Australien im Krankenhaus niemand sehen. Nachdem er aber nach der Ayahuasca-Zeremonie noch einmal genau nachgefragt hat und gesagt hat: Schaut bitte noch mal genau dort, haben sie es dann auch mit den modernen medizinischen Methoden sehen können. Und dies hat der Schamane als Vision gesehen. Das würde niemand als Halluzination bezeichnen, weil es ja wirklich da ist und man es hinterher feststellen konnte. Die Qualität der Vision ist etwas, das durch andere verifiziert werden kann. Aber zum Bei-

---

[42] Dean Jefferys: Shamans of the Amazon, 52 Min., Australien 2001.

spiel kann ja auch etwas in einer Vision erscheinen, was aus der Kindheit kommt, dann ist es ja real in dem Sinne.

Ich hatte das Gefühl, Ayahuasca war relativ sanft zu mir. Sie wollte mir mal kurz eine dunkle Seite zeigen und dann hat sie mich relativ schnell auch wieder in Ruhe gelassen.
Ja, damit man weiß, da ist was. Ich denke auch, dass das die Strategie ist. (...) Die Pflanze ist so ein bisschen Zuckerbrot und Peitsche. Sie gibt uns zwar auch die angenehmen Abende, aber sie gibt uns auch die Abende, wo wir was zu tun haben, weil das die Zeremonien sind, in denen wir auch was lernen. (...)

Wie sinnvoll ist es, für Ayahuasca zu werben? Kann es die Amazonas-Völker in Gefahr bringen?
Das ist ein sehr guter Punkt und das ist auch schon passiert. Der Ayahuasca-Tourismus bringt ähnlich wie der Ski-Tourismus Zerstörung mit sich. Das Geld, das die Aya-Touristen bringen, hat die Kriminalität in Peru, Kolumbien und Brasilien noch verstärkt. Normalerweise kostet eine Ayahuasca-Zeremonie bei einem Schamanen im Dorf nichts, sondern das machen die dort als Teil der Gemeinschaft. Und jetzt kommen plötzlich Touristen, die ein- bis zweihundert US-Dollar für eine Zeremonie zahlen, was man natürlich als Ureinwohner nicht einmal in einem Jahr verdient und so bringt das Geld seine vergiftende Wirkung jetzt auch in die indigenen Völker Südamerikas. (...)
Ich denke, dass es wichtig ist, dass die Leute wissen, dass es das gibt, denn viele Leute wissen gar nicht, dass es die Möglichkeit einer Behandlung mit und durch Ayahuasca gibt. (...) Ich würde es jetzt aber nicht so bewerben im Sinne von: Ayahuasca muss jeder jede Woche

machen, denn dann wird es ja auch wieder nur zum Konsum.

Gibt es die Möglichkeit, die indigenen Völker zu unterstützen?
Es gibt verschiedenste Initiativen (...), wo es darum geht, die indigenen Völker zu bewahren, denn die werden ja korrumpiert und verwestlicht, indem sie aus ihrer Umgebung rausgezogen werden und auf Schulen geschickt werden, wo sie Accounting statt Schamanismus lernen. Es ist schwer, Nachfolger für die Schamanen in den Dörfern zu finden. Da wird mit verschiedenen Programmen wie Hilfe zur Selbsthilfe, Permakultur etc. gearbeitet. Am besten sind natürlich die, die spezialisiert sind auf die indigenen Völker.

Wie siehst du die Bedeutung von Ayahuasca in der Zukunft für die Menschheit?
Ich denke, dass Ayahuasca einer der letzten Rettungsversuche der Erde ist, der Natur Gehör zu verschaffen. (...) Viele sagen, dass es dazu führt, dass man nicht mehr so gewissenlos die Natur zerstören kann. Wenn man merkt, was man da tut, fällt es einem zumindest schwerer. Seit den letzten Jahren gibt es einen regelrechten Boom auf Ayahuasca. Die Leute rasen in Scharen dorthin, wo sie es legal machen können. Ich denke auch, dass es mehr und mehr Staaten hinnehmen müssen, dass ein geordneter Gebrauch von Ayahuasca nicht gesetzeswidrig sein kann und ich hoffe, dass sich die Gesetze dahingehend ändern werden in den Staaten, die noch nicht so weit sind.

Bedingungslose Liebe

Wie beflügelt trete ich nach dem dreistündigen Interview zurück auf die Straße und radle zu einem Café, wo ich mit meiner Freundin Maria verabredet bin. Wir setzen uns nach draußen in die wärmende Sonne. Als ich gerade dabei bin, ihr von den Zeremonien zu erzählen, sehe ich ein paar Meter weiter doch tatsächlich den Mann am Tisch sitzen, der mir in der zweiten Session den Nacken massierte. Lustig.

Kaum beginne ich wieder zu erzählen, entdecke ich plötzlich noch ein bekanntes Gesicht vom Wochenende.

„Francisco!", rufe ich, als der Musiker an uns vorbeiläuft, auf dessen Schlafsack ich mich verewigt habe.

Er braucht einen Moment, um mich zu erkennen. Dann setzt er sich zu uns.

„Entschuldige bitte nochmal das kleine Malheur", sage ich. Malheur. Das klingt, als hätte ich ihm aus Versehen ein Glas klares Wasser über die Hose gekippt.

„Kein Problem, ich habe es gar nicht richtig mitbekommen. Ich war tief in meinem Prozess versunken."

Er erzählt uns, was er in der Nacht erlebt hat. Er hat sich als kleines Kind gesehen, wie er weinend nach seiner Mama rief. Immer und immer wieder. Doch sie kam nicht, um ihn zu trösten. Diese Situation, die in seiner Kindheit ein Dauerzustand war, hat er nochmal ganz real durchlebt, wie er sagt, und brach daraufhin in der Session in Tränen aus. Als die Assistentin dies mitbekam und ihn in den Arm nahm, musste er plötzlich noch mehr weinen. Vor Glück. Denn er konnte nicht glauben, dass diesmal jemand da war, der ihn tatsächlich tröstet. Sich um ihn kümmert. Stundenlang. Er hat in dieser Nacht realisiert, dass er die Liebe seiner Mutter nicht mehr braucht, denn er wird bereits bedingungslos geliebt.

Bedingungslose Liebe.

Darum ging es auch in meiner Zeremonie.

Früher habe ich das missverstanden. Ich habe geglaubt, ich müsse alles ertragen, wenn ich jemanden bedingungslos liebe. Dass ich, egal wie sich der andere verhält, schon irgendwie damit klarkomme. Dass ich nur an mir zu arbeiten brauche, damit es läuft. Heute weiß ich, dass das nicht stimmt. Heute weiß ich, dass bedingungslose Liebe bei sich selbst beginnt. Dass ich auf mich achten muss und als erwachsener Mensch für mein Wohl selbst verantwortlich bin. Ich muss wissen, wo meine Grenzen verlaufen und diese Grenzen wahren. Sich selbst zu lieben heißt für sich selbst zu sorgen. Sich selbst bedingungslos zu lieben, heißt sich selbst anzunehmen mit allen Sonnen- und allen Schattenseiten. Dann kann ich auch mein Gegenüber so annehmen, wie es ist.

Und in Liebe gehen um meiner Selbstliebe willen.

No risk, no life

Ich träume, dass ich ein Tablett mit Porzellangeschirr in meinen Händen halte und ans Fenster trete. Die Holzgriffe des Tabletts fest umklammert, werfe ich einen Blick nach unten. Der Abgrund ist tief, sein Ende hart.

Als ich meinen Kopf nach links drehe, sehe ich IHN am Fenster nebenan stehen. Ich reiche ihm das Tablett hinüber, obwohl die Sorge aus seinen Augen spricht. Das Porzellan beginnt zu zittern zwischen meinen wackligen Armen. Zögerlich nimmt er das Tablett entgegen und führt es ohne Verluste zurück in Sicherheit.

Jederzeit könnte etwas Wertvolles in den Abgrund fallen.
Dennoch wähle ich den direkten, riskanten Weg, anstatt
den Umweg auf festem Boden zu nehmen. Du bist bereit,
dich auf das Risiko einzulassen, auch wenn dir mulmig
dabei ist und du dich fragst, warum ich nicht einfach auf
Nummer sicher gehe. Doch glaub mir, auch in dir schlum-
mert ein ähnliches Bedürfnis.

Zu viel Sicherheit lässt die Menschen vertrocknen wie
eine in der letzten Ecke vergessene und verstaubte
Zimmerpflanze. Zu viel Sicherheit – oder besser ver-
meintliche Sicherheit – kann träge, unselbstständig und
mutlos machen. Wenn für alles gesorgt ist, muss man
sich um nichts mehr kümmern. Und sorgt sich trotzdem
kummervoll. Man kommt über die Runden. Mal besser,
mal schlechter.

Ich möchte nicht nur über die Runden kommen. Nicht
nur ÜBERleben, sondern leben. Leben heißt für mich
auch, aus den gewohnten Bahnen auszutreten, um
seinen Geist herauszufordern, auf Entdeckungsreise zu
gehen, ohne dafür ans andere Ende der Welt zu fliegen,
seine Aufmerksamkeit auf das zu richten, was Freude
bereitet, aber auch das genau anzuschauen, was Leid
erzeugt.
     Leben heißt für mich, Risiken einzugehen. Keine
sinnlosen, keine lebensmüden, sondern lebenswache.

Wenn man etwas leben möchte, das einen von innen
heraus erfreut, dann hat das nichts mit Egoismus zu tun,
sondern mit Selbstliebe. Egoistisch ist, wer ohne Rücksicht, ohne Verantwortungsgefühl und Respekt anderen
gegenüber handelt. Ein Egoist denkt, dass sich die ganze
Welt um ihn zu drehen hat aus einem Mangel an Liebe

zu sich selbst. Was er im Innen nicht hat, muss er im Außen kompensieren. Das kann nie zu wahrer Freude führen.

Ich muss mir selbst nahe sein, um dir Nähe zu geben. Wenn ich mir selbst treu bin, kann ich auch dich nicht betrügen. Wenn ich mir selbst treu bin, bin ich frei. Und gebe auch dir die Chance, frei zu sein.

Ich möchte dich nicht lieben, weil ich dich brauche. Möchte nicht in diese Falle tappen, möchte etwas Wahrhaftiges, Echtes spüren, mich nicht von meinen Ängsten beherrschen lassen.
Ich möchte dich brauchen, weil ich dich liebe.

Jederzeit könnte etwas Wertvolles in den Abgrund fallen. Das Porzellan könnte am Boden zerschellen.

Doch vielleicht stimmt es. Vielleicht bringen Scherben ja wirklich Glück.

Peru-Reflexionen

Vor ein paar Monaten hätte ich nicht geglaubt, dass sich das Blatt so wendet und ich mich auf eine erneute Begegnung mit Ayahuasca einlasse. Doch jetzt nach dem Wiedersehen weiß ich, dass dies nicht meine letzten Zeremonien gewesen sind. Ich habe einen Schritt durch die geöffnete Tür gewagt und jetzt gibt es kein Zurück mehr. Ich spüre, dass ich diesen Weg weitergehen muss.
Seit meiner Reise nach Peru ist mittlerweile etwas mehr als ein halbes Jahr vergangen. Ich frage mich, wie

es den anderen mittlerweile geht. Wie schauen Lina, Manu, Annika und Stefan auf die Reise zurück? Und was hat sich seitdem verändert?

Als Erstes telefoniere ich mit Manu.

„Ehrlich gesagt geht es mir nicht so gut", sagt sie. Direkt nach Peru sei sie emotional in ein tiefes Loch gefallen. So tief, dass sie sogar dachte: Warum soll ich hier noch länger auf dieser Welt sein?

Sie hatte viel Hoffnung in diese Reise gesteckt, da ihre ersten Ayahuasca-Erfahrungen in Österreich so positiv nachgewirkt hatten. Während der ersten Zeremonie habe sie sich zwar gefragt, was sie hier eigentlich mache und sich dabei eine Zigarette nach der nächsten angezündet. Bis die Packung leer war. In der darauf folgenden Nacht zeigte ihr Ayahuasca dann in einer Vision, was passiert, wenn sie weiterhin raucht.

„Ich konnte sehen, wie in meinem Hals der Krebs wuchert", sagt sie. Doch bei diesem Bild blieb es nicht. Plötzlich konnte sie spüren, wie es sich anfühlt, mit dieser Krankheit zu leben. Sie konnte nur noch schwer atmen und schnappte nach Luft. „Ich habe wahnsinnige Schmerzen bekommen, das war so intensiv, dass ich direkt am nächsten Tag aufgehört habe zu rauchen. Dabei war das nie ein Thema für mich gewesen! Ich dachte, dass ich auch noch mit hundert rauchen werde" sagt sie. Sie hätte zwar versucht, mit der Pflanze zu verhandeln, erstmal weniger zu rauchen, aber Ayahuasca ließ sich auf keinen Kompromiss ein.

Als es ihr ein halbes Jahr später – nach der Südamerika-Reise – so schlecht ging und das Verhältnis zu ihrer Familie noch zerrütteter wurde, begann sie wieder mit dem Rauchen. Um die Gefühle herunterzudrücken, wie sie sagt.

In Peru seien viele alte Probleme aufgewühlt worden,

doch Lösungen habe sie keine gefunden. Es fiel ihr schwer, sich während der Zeremonien richtig fallen zu lassen.

„Vielleicht war José einfach nicht der richtige Schamane für mich", sagt sie. „Ich muss zugeben, dass ich gnadenlos über meine Gefühle hinweggegangen bin, weil ich dachte, ich bin ja jetzt hier, um was zu lösen! Ich glaube, man muss darauf hören, was einem sein Gefühl sagt. Wenn das Gefühl sagt: Ja! Dann kann die Arbeit auch fruchtbar sein."

Die Erfahrungen aus Peru möchte sie dennoch nicht missen, denn sie hätte auch sehr schöne Dinge während der Zeremonien erlebt. „Und ich habe viel über mich gelernt. Ich sollte mich zum Beispiel nicht so verurteilen und anerkennen, dass Scheiße passiert ist in meiner Kindheit und das nicht abtun!"

Auf die Frage, ob sie die Arbeit mit Ayahuasca und San Pedro wieder machen würde, sagt sie: „Ja, ich denke schon. Aber dadurch, was so passiert ist in den letzten Monaten, frage ich mich eben, ob es der richtige Weg für mich ist."

Stefan ist gerade auf Mauritius, als ich mit ihm skype. Er macht dort unter anderem einen Englischkurs und arbeitet aus der Ferne an seinen Projekten als Architekt. Von seiner Terrasse, die mitten im Grünen liegt, strahlt er mich aus seinem sonnengebräunten Gesicht über den Bildschirm an. Ihm geht es sichtlich gut! Die Nachwirkungen von Ayahuasca und San Pedro spüre er noch heute. Er spricht von einer „Vernetzung zum Leben", die ihn ganz anders fühlen lasse. Die Arbeit mit den Pflanzen, so glaubt er, habe dafür die Verbindungen gelegt.

Auch die Verbindung zu seinen Eltern habe sich durch die Pflanzenmedizin gewandelt. Als Kind musste er die Alkohol- und Gewaltexzesse seines Vaters ertragen. Im Alter von fünf Jahren, so weiß er durch eine Zeremonie, ist etwas so Schlimmes passiert, dass er davon traumatisiert wurde. Ayahuasca hat ihn dieses Trauma noch einmal durchleben lassen, wodurch er es „gehen lassen konnte". Das habe einen Verzeihensprozess für seine Eltern ausgelöst.

„Ich habe erkannt, dass genauso wie ich meine Rolle spielen muss in diesem Hiersein, sie auch ihre Rolle gespielt haben, und zwar genau das, was sie spielen mussten und auch für mich spielen mussten mit allen schlechten Erfahrungen, die dabei waren. Es hat mich aber soweit gebracht, jetzt hier zu sein. Das ist wirklich kein Schönreden. Es sind viele schlechte Dinge passiert, ja. Aber viele von diesen Erfahrungen helfen mir heutzutage weiter. Auch die Dinge, die mir meine Eltern beigebracht haben. Ayahuasca hat mir die Chance gegeben, mich von diesen alten Belastungen zu befreien und den nächsten Schritt zu gehen. Und dafür bin ich unheimlich dankbar."

Stefan schluckt und ist den Tränen nahe.

„Heute kann ich sagen: Ich liebe meine Eltern!"

Annika ist nach Peru geflogen, in der Hoffnung, sich Dinge anschauen zu können, die in Ihrem Unterbewusstsein schlummern, Dinge aus ihrer Vergangenheit, die sie in der Gegenwart blockieren. Sie wollte etwas loslassen, zurücklassen, was sie nicht mehr braucht. Sie wollte Fragen beantwortet bekommen, die man sich eben so stellt im Leben. Sie wollte über sich hinauswachsen.

„Doch dem war leider nicht so. Ich hab mich nicht sonderlich toll gefühlt nach der Reise und es ist immer noch ziemlich viel Schwere da", sagt sie mir am Telefon.

177

Vielleicht sei sie auch mit einem völlig falschen Ansatz nach Peru gereist, mit falschen Erwartungen. Sie fragt sich, ob vielleicht zuviel Ego im Spiel war. Ob sich ein Teil von ihr auf die Reise mit Ayahuasca eingelassen hat, um hinterher etwas Tolles, Abenteuerliches erzählen zu können.

Auch wenn sie die Arbeit mit Ayahuasca überwiegend als sehr dunkel und schwer empfunden hat, bereut sie nicht, dass sie mit nach Peru geflogen ist. „Es war eben einfach eine Erfahrung und es gab auch viele schöne Momente."

Auf der Reise seien für sie wichtige Entscheidungen gefallen. Und sie hatte eines Nachts einen wunderschönen Traum, den sie wohl nie wieder vergisst. Schmerzen, die sie vorher häufig im Unterbauch hatte, seien weniger geworden.

„Vielleicht hat Ayahuasca einen Kanal geöffnet und etwas gepflanzt", sagt sie. Doch insgesamt sei sie mit dem Thema Schamanismus sehr ins Schwanken gekommen. „Ich will einfach nicht mehr so tief in der Scheiße wühlen! Ich habe für mich erkannt, dass das nichts für mich ist und dass ich dafür auch nicht kämpfen muss. Erkenne dich selbst: Es passt einfach nicht zu dir! Das hat für mich etwas mit Selbstverantwortung zu tun. Vielleicht ist das für mich die Lehre: Noch mehr Selbstverantwortung zu übernehmen."

Annika ist ein Mensch, der immer nach der Wahrheit, nach der einen großen Wahrheit, sucht. „Man kann tausende Bücher lesen und wird sie trotzdem nicht finden. Es gibt tausend Wahrheiten", sagt sie. „Und ganz ehrlich, jetzt am Ende, nachdem ich mir das alles haufenweise reingezogen habe, muss ich sagen: Ich bin so ein bisschen spirituell enttäuscht. Ich raffe gar nix mehr! Und ich weiß, dass ich nix weiß!"

Zu Lina habe ich ein inniges Verhältnis, auch wenn wir uns nicht oft sehen oder hören. Wir treffen uns an einem sonnigen Tag zum Picknick auf einer lange nicht gemähten Wiese mitten in Berlin. Lina ist etwas verschnupft, aber das kann ihrem Gemüt nichts anhaben.

„Im Nachhinein muss ich sagen, dass die allererste Ayahuasca-Zeremonie die Lehrreichste von allen war," sagt sie.

Die Session, in der sie Todesangst hatte, die, nach der sie gebrochen und im wahrsten Sinne des Wortes desillusioniert in diese physische Welt zurückkam, die Session, nach der sie nie wieder irgendein Zeug trinken wollte, genau die Session sieht sie jetzt als das größte Geschenk an.

„Ich wusste in dem Moment schon, dass dieser Zustand mein Leben verändern wird, dass ich diesen Zustand nicht mehr vergesse."

Am nächsten Tag während der San Pedro-Zeremonie fragte José sie, ob sie mit ihm durch seinen Garten laufen wolle. Strahlend und leicht verwirrt kroch Lina daraufhin aus dem blauen Schlafsack und griff nach ihren Schuhen. José erhob seinen Zeigefinger.

„Sans chausures!", sagte er. Lina liebte es, wenn er französisch mit ihr sprach. Er wusste, dass diese Sprache ihrem Herzen am nächsten ist. Sie stellte die Schuhe daraufhin wieder ab und lief barfuß und Hand in Hand mit José über den Rasen. Er führte sie zu einer Pflanze mit sternförmigen weißen Blüten und kleinen Ästchen.

„Streichle doch mal sanft mit deinen Füßen über die Pflanze", sagte José. Mit ihren in diesem Zustand hochsensiblen Sinnen tat sie dies.

„Und? Ist das nicht schön?", fragte José väterlich.

„Mmmmhhh. Ja." Lina fühlte sich wie ein kleines Mädchen, das diese Welt, in der sie schon lange zuhause

179

war, gerade neu entdeckte. Danach führte sie José zu seinem Kräuterbeet, in dem Minze, Thymian und Salbei wuchsen. Er zerrieb die Kräuter nacheinander zwischen seinen Fingern und hielt sie Lina unter die Nase. Genüsslich zog sie die Düfte in ihre Lungen.

„Ich möchte dich gerne wieder mit der Erde verbinden", sagte José. „Auch wenn du gestern in den Bewusstseinszustand gekommen bist, dass das hier alles nur eine Illusion ist, so ist es dennoch wunderschön auf dieser grünen Erde. Ich möchte dir das zurückgeben, damit du wieder Freude empfindest, hier zu sein."

So kam es dann auch. Es war die Zeremonie, in der sie erfahren sollte, was pure Ekstase bedeutet. Was hinterher blieb, war ein Gefühl von tiefer Dankbarkeit. Vor allem für die kleinen Dinge im Leben.

„Ich habe viele wichtige Lektionen in Peru gelernt. Vor allem ist mir klar geworden, dass dieses Leben *mir* gehört, dass es *mein* Leben ist, dass ich alles machen kann, was ich möchte, dass ich aufhöre zu sagen: Das und das würde ich ja gerne machen, aber du hältst mich davon ab und du willst das nicht. Wenn ich sage: Meine Eltern stehen mir im Weg, dann tun sie das auch, aber wenn ich sage: Meine Eltern vertrauen mir und stehen hinter mir und ich kann fliegen, dann kann ich das auch. Wenn ich etwas erleben möchte, ist kein anderer dafür verantwortlich, das zu realisieren und kein anderer als ich selbst hält mich davon ab. Diese Erkenntnis öffnet einem alle Türen, macht alles möglich.

Wir halten alle unsere Freude klein, denn wir denken, dass sie uns abhält von den Dingen, die wir machen sollen. Doch wenn man den Mut hat zu sagen: Da ist Freude und da gehe ich jetzt rein und koste es aus, wird man dadurch glücklich und das ist doch eigentlich unser aller Ziel!"

Lina ist einen Moment in Gedanken versunken, bevor sie weiterspricht. „Die Peru-Reise war für mich wie der Beginn einer Freundschaft mit mir selbst. Mittlerweile kann ich sagen: It's fun to be with me!"

Nachdem ich aus Peru abgereist war und Lina zurück nach Pisac fuhr, lernte sie die beiden Kanadier Sara und Richard näher kennen, die in unseren Zeremonien dabei waren. Es stellte sich heraus, dass Richard ein spiritueller Lehrer und Sara eine Freundin und Schülerin von ihm ist. Lina steht noch immer in intensivem Kontakt zu ihnen und da mich interessieren würde, was sich bei den beiden seit den Zeremonien getan hat, bitte ich Lina um ihre Emailadressen. Als ich ihnen schreibe, reagieren sie sehr offen.

Zunächst skype ich mit Sara. Ich erzähle ihr von dem Facebook-Post, den ich vor ein paar Monaten entdeckt hatte, in dem sie schrieb, dass sie eine tief sitzende Traurigkeit gehen lassen konnte.

„Oh ja", sagt sie, „es hat sich alles noch sehr gut entwickelt in Peru!" Sie erzählt mir, dass sie seit ihrem siebten oder achten Lebensjahr an schweren Depressionen gelitten habe und schon einige Therapien hinter sich hatte, bevor sie mit der Pflanzenmedizin begann. Seit ihrer Jugend habe sie täglich einen Joint nach dem anderen geraucht, um ihre Gefühle zu unterdrücken, sich zu betäuben.

Sie entschied sich, nach Peru zu reisen, weil sie gehört hatte, dass Ayahuasca dabei helfen kann, von einer Sucht wegzukommen. In ihrem Fall von der Marihuana-Sucht. Ebenso hoffte sie, endlich die Themen bearbeiten zu können, die ihr seit so vielen Jahren Schmerz und Leid bereiteten.

Bei ihrer ersten San Pedro Zeremonie spürte sie

jedoch rein gar nichts. „Heute weiß ich, dass ich im kompletten Widerstand war!", sagt sie. Sie wollte schlichtweg nichts spüren, weil sie Angst hatte, dass sie sofort wieder in die Depression rutscht, wenn sie ihre Gefühle zulässt.

José fragte sie nach der Zeremonie, warum sie hier ist. Warum sie sich für Pflanzenmedizin entschieden hatte, wenn sie nun nicht zuließ, dass sie wirken kann.

„Ich bin hier, um bei dir Ayahuasca zu trinken", sagte sie.

„Wenn du das wirklich machen willst, dann gibt es kein Hintertürchen und keinen Weg zurück! Ayahuasca kann dir die komplette Kontrolle nehmen", warnte sie José.

„Das ist genau das, was ich brauche. Ich muss gezwungen werden. Ich darf nicht die Möglichkeit haben zu entkommen wie bei San Pedro."

Sie trank ein volles Glas, doch es passierte nichts. José gab ihr eine zweite Portion. Sie wartete eine Weile, doch die Wirkung trat noch immer nicht ein. Dann ging sie zur Toilette und sobald sie auf der Kloschüssel saß, schlug die Medizin zu. Sie fühlte sich mit einem Mal hundeelend, wusste nicht mehr, wo sie war und hatte Schwierigkeiten, die Klorolle zu finden. Sie verlor die Kontrolle. Und hasste es. Sie war kurz davor, Richard zu Hilfe zu rufen. Er war mitgekommen, um sie zu unterstützen, falls es ihr schlecht ging und hatte selbst nicht getrunken. Doch als sie sich besann, dass sie gerade auf der Toilette saß, hielt sie die Idee für unpassend. Sie schaffte es allein zurück auf ihren Platz und legte sich hin. Die Medizin überwältigte sie so sehr, dass sie Angst bekam.

„Ich kämpfte einfach so stark gegen an, weshalb es so schrecklich wurde", sagt sie. „Ich atmete schwer, hatte körperliche Schmerzen. Alles fühlte sich so dunkel an."

„Lass los. Lass es zu. Das ist es, was du wolltest!",
sagte José.

„Nein, ich kann nicht." Sie kämpfte weiter. Die ganze
Nacht. Es war ein Albtraum.

Am nächsten Tag weinte sie stundenlang aus lauter
Frust. Sie sagte Richard, dass sie das Gefühl habe, etwas
Dunkles sitze auf ihrer Brust. Er machte eine schamanische Behandlung mit ihr. Danach ging es ihr besser.
Jedoch spürte sie in den folgenden drei Zeremonien so
gut wie nichts von der Medizin, außer dass sie sich nicht
mehr ganz so dunkel anfühlten.

Dann kam ihre zweite San Pedro Zeremonie. Während sie die Medizin leicht zu spüren begann, traten ihre
Nackenverspannungen immer mehr zum Vorschein. Sie
legte sich in den Ayahuasca-Tempel und war nur damit
beschäftigt, ihren Nacken zu entspannen, der stark
schmerzte. José kam zu ihr. Sie solle sich ins Gras legen
und Mutter Erde bitten, die schwere Energie von ihr zu
nehmen. Das tat sie und kurze Zeit später verflüchtigte
sich die Schwere auf einmal komplett. Sie setzte sich
aufrecht hin und fühlte sich leicht. Gegen Ende der
Zeremonie weinte sie sehr lange.

Da sie in den Ayahuasca-Zeremonien jedoch nicht
wirklich vorankam, erkannte José, dass er bei ihr härtere
Register ziehen musste. Er entschied sich für eine Tabak-
Diät.[43] Die Diät sah folgendermaßen aus: Bei Sonnen-

---

[43] Rätsch, Ayahuasca, S. 63: „Südamerikanischer Schamanismus ist ohne
Tabak nicht denkbar, nicht vorstellbar, eben schamanisch. Das ist
ethnografische Tatsache. Für westliche Esoteriker ein Graus, für
Pharmakologen ein Rätsel, für Forscher ein gefundenes Fressen." Rätsch
zum Gebrauch von Tabak während Ayahuasca-Ritualen (Ayahuasca, S.64): „Es
heißt, der Tabakgeist verstärke die Ayahuasca-Wirkung, beschütze den
Trinker und reinige den Ort. Der Tabak hilft den Ritualteilnehmern, indem
er vor inneren und äußeren Quälgeistern schützt, das Bewusstsein zentriert
und den Körper reinigt."

aufgang trank sie eine Tasse Tabak-Tee. Eine Stunde später durfte sie etwas essen. Nachmittags um sechzehn Uhr erfolgte die zweite Mahlzeit und zum Sonnenuntergang trank sie wieder eine Tasse Tabak-Tee. Ihre Mahlzeiten bestanden hauptsächlich aus gekochten Eiern, ungewürztem gedämpften Gemüse und Quinoa. In der ersten Woche waren Früchte tabu. In den darauf folgenden zwei Wochen war eine Frucht pro Tag erlaubt. Die Diät fand auf allen Ebenen statt. So durfte sie maximal fünf Minuten am Tag reden und auch nur, wenn es wirklich wichtig war. Keinerlei Berührungen mit anderen Menschen, nicht einmal Händeschütteln oder Umarmungen waren gestattet. Zudem durfte sie nur bestimmte Dinge lesen und keine Musik hören. Ziel der Diät war es, den Körper und den Verstand zu schwächen, um während der Zeremonien besser loslassen zu können, sich nicht zu wehren gegen den Kontrollverlust.

Jeden Tag fragte José, wie sie sich fühlte.

„Ich habe Hunger", sagte sie dann immer. Aber ansonsten ging es ihr gut.

Sie erzählte José, dass sie einen Zwillingsbruder hatte, der im Mutterleib gestorben war. Schon immer war ihre Vermutung, dass sie auch deshalb unter Depressionen litt.

Alle paar Tage machte sie Ayahuasca-Sessions. Sie waren jedes Mal sehr herausfordernd, da sie die Kontrolle weiterhin nicht abgeben konnte, so sehr sie sich auch sagte: Lass los! Ihr Körper war weiterhin angespannt, vor allem ihr Nacken und Kiefer. Sie litt die meiste Zeit und stöhnte schmerzvoll, während José sie besang und alle möglichen schamanischen Techniken anwendete, um ihr zu helfen.

Dann kam ihre letzte San-Pedro-Zeremonie. Als die Medizin zu wirken begann, hatte sie das Gefühl, dass ihr etwas im Hals sitzt, wodurch sie nicht richtig atmen konnte. Sie bekam Panik. José vermutete, dass dies etwas mit ihrem verlorenen Zwilling zu tun hat. Er fragte sie, ob sie jemals selbstmordgefährdet war.

„Ja, seit meiner Kindheit", sagte sie.

„Wolltest du bei deinem Zwillingsbruder sein?"

„Ja, immer." Sie brach in Tränen aus, trauerte um ihren verlorenen Bruder. Stundenlang.

In der dritten und letzten Woche der Tabak-Diät bemerkte sie die meisten Veränderungen. Sie las „Jetzt! Die Kraft der Gegenwart" von Eckhart Tolle. Zum zweiten Mal. Doch anstatt es nur zu lesen, lebte sie es. Aus allem, was sie las, machte sie eine praktische Übung.

Sie meditierte viel. Ihr gesamtes Empfinden änderte sich, sie fühlte sich wie eine andere Person.

„Ich verstand auf einmal, dass ich meine Geschichte brauchte, um mein Leiden zu rechtfertigen. Dass ich Angst hatte, nichts Besonderes zu sein, wenn ich meine Geschichte nicht hätte. Ohne meine Geschichte hätte ich kein Recht darauf, so depressiv zu sein. Deshalb hielt ich an der Geschichte fest."

Sie erkannte, dass ihr die Geschichte, die sie die ganze Zeit mit sich herumtrug, nicht mehr diente und dass es an der Zeit war, sie loszulassen. In ihrer vorletzten Ayahuasca-Zeremonie kickte sie ihre Geschichte symbolisch weg. Und es fühlte sich an, als ob sie sie wirklich gehen lassen konnte.

Bei ihrer letzten Session trank sie nur ein halbes Glas und erfuhr die volle Wucht der Medizin. Sonst brauchte sie immer mindestens zwei Gläser. Auch wenn diese Zeremonie wieder etwas leidvoller war, so hatte sie diesmal eine neue Qualität. Denn sie kam erstmals in Kontakt mit ihrem höheren Selbst, wie sie sagt.

Nach insgesamt zwanzig Tagen Tabak-Diät, neun

Ayahuasca- und drei San-Pedro-Zeremonien verließ sie Pisac. Und ließ ihre Traurigkeit zurück.

„Ich fühlte mich wie ein neuer Mensch!", sagt sie.

Jetzt, ein halbes Jahr später, ist es anders. Jetzt kommt die Traurigkeit nur noch, wenn sie danach fragt. Wenn sie bewusst Dinge hochholt, um an ihnen zu arbeiten. Vorher fühlte sie die Traurigkeit aufsteigen, sobald sie allein war oder zu meditieren begann. Einen Joint hat sie nie wieder angerührt und verspürt auch gar keine Lust dazu.

„Ich fühle mich heute so viel leichter, auch wenn nicht alles perfekt ist. Es ist immer noch viel zu tun, aber jetzt bin ich in der Lage, daran zu arbeiten."

Ich frage, ob sie Ayahuasca und San Pedro anderen weiterempfehlen würde, die in einer ähnlichen Lage steckten wie sie und schon lange unter Depressionen litten.

„Definitiv!", sagt sie.

Auch Richard würde Ayahuasca weiterempfehlen. Doch nicht generell, sondern nur Menschen, die schwer krank sind, ob physisch oder psychisch sowie an ernsthaft spirituell Suchende, die auf ihrem Weg steckengeblieben sind und einfach nicht weiterkommen. Das erzählt er mir bei unserem Skype-Gespräch. So hat er beispielsweise die Heilung eines sehr engen Freundes miterlebt, der Krebs hatte. Die Ärzte der westlichen Schulmedizin in Vancouver gaben ihm noch zwei Monate zu leben. Daraufhin entschied er sich, an einem zweiwöchigen Ayahuasca-Retreat bei José teilzunehmen. „Er musste sich in seiner ersten Zeremonie mit seiner dunkelsten Seite konfrontieren. Nach mehr als zwölf Stunden konnte er sie gehen lassen", sagt Richard. Sein Freund nahm an insgesamt neun Zeremonien teil. Als er anschließend wieder zuhause war, war sein Krebs nicht mehr nachweisbar. Er lebt noch heute.

Richard selbst nahm 2008 erstmals Ayahuasca. Bis dahin war es ein langer Weg. Nachdem er viele Jahre als Ingenieur gearbeitet hatte, kündigte er irgendwann seinen Job, denn die Unternehmenswelt machte ihn auf Dauer nicht glücklich. Ein Jahr lang wanderte er ziellos umher, bis er zu meditieren begann. Von da an änderte sich alles. Er ging in ein tibetisches Kloster, wo er bei einem spirituellen Lehrer hohen Ranges lernte. „Dieser Mensch änderte mein Leben. Durch ihn lernte ich, wie unser Verstand tatsächlich tickt", sagt Richard. In dieser Zeit begann er, nur noch seinem Herzen zu folgen. Er lernte bei verschiedenen spirituellen Lehrern, unter anderem in Thailand und Vancouver sowie bei einem Schamanen in Peru.

Er erkannte, dass wenn er wirklich schamanisch arbeiten wollte, er über das Körper-Verstand-Konstrukt hinausgelangen musste. Und wie schafft man das? Indem man die Angst vor dem Tod überwindet. Denn solange man Angst vor dem Unbekannten hat, ist es schwierig, in andere Dimensionen zu reisen, sagt er. Genau das aber macht die Arbeit des Schamanen aus. Er versuchte es mit verschiedensten Techniken, doch nichts half. Er war blockiert. Er hatte gelesen, dass Ayahuasca in so einem Fall sehr hilfreich sein sollte. Also beschloss er, in den Dschungel zu gehen und erst wieder herauszukommen, wenn er „gestorben" war. Er nahm an sieben Zeremonien in zwei Wochen teil. Nach seinem „Ego-Tod" lernte er, wie er mit Hilfe verschiedener Techniken an die Orte vordringen kann, an die einen Ayahuasca führt. Ohne Substanzen.

„Ayahuasca ist hingegen wie ein Booster, sie katapultiert einen direkt hinein", sagt Richard. Darin sieht er auch eine Gefahr. „Viele, die es aus Neugier machen, wissen nicht, worauf sie sich da einlassen. Ayahuasca kann ihnen einen ganz neuen Blick auf das Leben geben und damit können viele nicht umgehen. Sie sind noch nicht bereit für eine derartige Erfahrung. Unter Umständen könnten sie traumatisiert herauskommen. Man sollte wissen, worauf man sich einlässt und sich gut vorbereiten. Und man sollte es auch nur bei jemandem machen, dem man absolut vertraut."

Aus den verschiedenen Methoden und Techniken, in denen er ausgebildet wurde, erstellte Richard ein eigenes Programm. Um es verknappt auszudrücken: Er hilft heute Menschen dabei, in ihr Innerstes vorzudringen, um sich selbst zu heilen. Darin spielen externe Substanzen keine Rolle, doch hin und wieder fragen ihn seine Schüler, ob er sie bei einem Pflanzenretreat begleiten könne. So kam es, dass er im vergangenen Jahr mit Sara und den anderen Schülern bei José war.

Zum Abschluss unseres Gesprächs verrät mir Richard, was er Menschen sagt, die auf der Suche nach dem Sinn ihres Lebens sind. Wie sie es schaffen, den Weg ihres Herzens oder ihrer Seele zu gehen.

„Für mich besteht der einzige wirkliche Sinn des Lebens zunächst darin, die Essenz zu erkennen, wer man wirklich ist. Wer glaubt, er sei seine Persönlichkeit und sein Ego, der verfehlt den Sinn, der das Leben ausmacht. Das ist der Punkt, an dem die Menschheit krankt. Wenn Menschen die Essenz dessen entdecken, wer sie wirklich sind, dann bekommen sie eine Botschaft von ihrem höheren Selbst oder ihrer Seele und nicht von irgendjemand anderem, der ihnen erzählt, warum sie hier sind. Ab dann können sie das Leben leben, wofür sie hergekommen sind. Menschen, die das tun, beginnen zu strahlen, ihre Augen leuchten! Sie strahlen Zufriedenheit, Glück und Frieden aus und das ist wunderschön. Aber solange jemand mit seinem Verstand oder seinem Ego versucht, einen Sinn zu finden, verschwendet er seine Zeit. Gehe über den Verstand hinaus, dann wirst du es finden."

Was braucht mein Herz?

„Wir sehen, was wir glauben, nicht umgekehrt. Und um das zu verändern, was wir sehen, müssen wir manchmal das verändern, was wir glauben."[44]

Jeremy Narby

Die Wohnung, in der wir uns diesmal für die Zeremonie treffen, gehört Sebastian. Der Mitte Dreißigjährige litt an Morbus Crohn, einer chronischen Darmentzündung. Zwei Jahre lang lief er täglich zwanzig bis dreißig Mal mit Durchfall auf die Toilette. Bis er das erste Mal Ayahuasca trank. Seitdem, das liegt nun ein Jahr zurück, sei er beschwerdefrei. Von einen Tag auf den anderen.

Natascha, meine kleine Fee vom letzten Mal, ist auch wieder da. Sie hat mir einen Platz neben sich freigehalten, wofür ich sehr dankbar bin, denn neben ihr fühle ich mich geborgen. Es ist mittlerweile ihre achte Zeremonie. Ob und was sich durch Ayahuasca für sie geändert hat, will ich wissen. Abgesehen davon, dass sie nun viel leichter meditieren könne, habe sie zum Beispiel endlich wieder ihre Periode bekommen. Nachdem diese fast drei Jahre ausgeblieben war. Und auch Migräneanfälle, von denen sie regelmäßig heimgesucht

---

[44] Narby, Die kosmische Schlange, S. 153.

wurde, hätten sie schon erstaunlich lange nicht mehr gequält.

Ich bin so fasziniert von dieser Elfe, dass ich ihr stundenlang einfach nur dabei zusehen könnte, wie sich ihre langen Wimpern über den blauen Augen auf- und ab bewegen. Dabei könnte ich glatt in Trance fallen.

Natascha ist nicht nur Yogalehrerin, sondern auch Steuerberaterin. Komischerweise schadet das ihrem Elfenimage nicht.

„Morgen früh um neun Uhr trage ich wieder ein schickes Kostüm und habe einen Mandanten vor mir sitzen", lacht sie in ihrem weißen Leinenoutfit.

Als sich alle auf ihren Plätzen eingefunden haben, beginnt Marius seinen Vortrag. Er weist diesmal besonders darauf hin, dass es am wichtigsten ist, keine Erwartungen zu haben und der Pflanze einfach zu vertrauen. Dann beginnt er, den Trunk auszuschenken.

Je näher Marius kommt, desto nervöser werde ich. Mein Herzschlag erhöht sich. Das Pärchen gegenüber von mir hat eine Meditationshaltung eingenommen. Ich tue es ihnen gleich.

Seitdem ich mich für diese Zeremonie angemeldet habe, stieg in den vergangenen Wochen immer wieder in kurzen Momenten die Angst in mir auf. Ayahuasca hatte mich schließlich ganz schön hart rangenommen beim letzten Mal.

Die Medizin ist übrigens nicht jedes Mal gleich. Marius probiert gerne verschiedene Additive aus, andere Heilpflanzen, die den Grundstoffen beigefügt werden.[45] Er weist darauf hin, dass er diesmal nach einer neuen Rezeptur gekocht hat und entschuldigt sich für den pelzigen Geschmack im Nachgang. Wobei pelzig – mit Verlaub – viel zu kuschelig klingt.[46]

„Gute Reise", sage ich zu meinem Nachbarn, nachdem er getrunken hat. Er heißt Hannes und hat sich einen Eimer mit dem Schriftzug „OBI" mitgebracht. Er lächelt irritiert und wünscht mir selbiges.

Nachdem ich getrunken habe, pocht mein Herz noch viel schneller als zuvor, doch gleichzeitig sage ich mir wie ein Mantra immer und immer wieder: „Ich vertraue und lasse geschehen, ich vertraue und lasse geschehen." Ein paar Minuten bleibe ich aufrecht sitzen, bis ich merke, wie zügig die Wirkung diesmal einsetzt und mir leicht schummrig wird.

Es ist an der Zeit, mich hinzulegen und den Prozess beginnen zu lassen. Der Übergang in eine andere Dimension ist noch nie so schnell und so heftig gegangen wie heute, bemerkt mein Verstand noch, bevor mit einem Mal andere Ebenen des Bewusstseins in den

---

[45] Vgl. Rätsch in Ayahuasca, S. 38: „Schamanen sind Forscher, denn der Schamanismus ist kein statisches System, sondern ein dynamischer Prozess. Ebenso wie unsere Pharmazeuten stets nach neuen Wirkstoffen und Medikamenten suchen, erforschen die Schamanen die amazonische Waldwelt stets nach weiteren, bisher noch unbekannten Pflanzen, mit denen sich die Ayahuasca weiterentwickeln lässt und mit denen spezifische Eigenschaften verstärkt werden können."

[46] Siehe auch Regueiro, Ayahuasca: Soul Medicine, S. 16: „Höchstwahrscheinlich gab es nie einen einzigen, einzigartigen, göttlich inspirierten Weg, mit Ayahuasca zu arbeiten. Falls dies jemals der Fall gewesen sein sollte, dann ist er schnell zu vielen unterschiedlichen Wegen mutiert, und in Anbetracht fehlender historischer Dokumentationen und Beweise im Urwald, können wir beruhigt sein, da wir nie in der Lage sein werden, mit absoluter Sicherheit eine Behauptung oder Theorie zu bewerten. Menschen geben ihr Bestes, um eine Tradition zu bewahren, die wie so viele andere Aspekte der Amazonaswelt auszusterben droht." (Übersetzung von Eva-Maria Gass)

Vordergrund rücken. Schlagartig flackern vor meinem inneren Auge bunt leuchtende und sich rasch bewegende geometrische Formen auf und bieten mir ein wunderbares Spektakel. So sehen also diese Muster aus, von denen immer alle reden. So deutlich habe ich sie noch nie gesehen.

Du hast Angst vor Bestrafung! Aber es gibt keine Bestrafung. Bestrafung ist ein menschliches Konstrukt. Hier geht es um Heilung. Es gibt nichts zu befürchten!"

Die Worte dieser inneren Stimme wirken beruhigend auf meinen Organismus. Mein Herz geht seiner Arbeit wieder in langsameren Schritten nach, lässt sich mehr Zeit mit dem Pochen.

Ich konzentriere mich erneut auf meine Intention und frage: Was braucht mein Herz? Die visuelle Antwort lässt keine Sekunde auf sich warten. Grün leuchtende Wesen kommen auf mich zugeflogen. Halleluja!

Ich traue meinem inneren Auge nicht und gleichzeitig bleibt mir nichts anderes übrig, als zu glauben, was hier gerade passiert, so real ist die Situation. Die Wesen sehen skurril aus, fast ein wenig klischeehaft „alienmäßig" mit ihren großen schwarzen Augen. Sie machen mir keine Angst, denn ihre Absichten scheinen nicht feindselig zu sein. Im Gegenteil. Sie tragen eine strahlend helle Lichtkugel in ihren Händen, nähern sich meinem Brustkorb und schieben diese langsam in meinen Herzbereich hinein. Was für ein wunderschönes Gefühl! Eine überflutende Wärme und Liebe durchströmt mich. Die Lichtwesen verlieren keine Zeit und drücken mir einen weiß-grün leuchtenden Lichtkegel unterhalb des rechten Schlüsselbeins in meinen Körper. Auch das ist angenehm. Als sie ihren Dienst getan haben, machen sie sich rasch wieder von dannen. Vielleicht warten noch andere Aufträge. Ich winke ihnen nach und rufe ihnen gedanklich ein riesiges, aufrichtiges Dankeschön hinterher.

Was ist da gerade passiert? Es ging alles so schnell und ich kann es kaum glauben. Das war das erste Mal, dass ich das Gefühl hatte, nicht – wie sonst – auf eine Theaterbühne oder Leinwand zu schauen. Diesmal befand ich mich selbst mitten auf der Bühne. Mein Körper stand im Mittelpunkt des Geschehens. Was sich vor meinem inneren Auge abspielte, konnte ich auf körperlicher Ebene spüren. Es war eine wahre Interaktion zwischen mir und diesen Wesen, dieser Intelligenz, meinem Unterbewusstsein, was auch immer.

Diese Erfahrung hat mir das Herz erwärmt und es wieder ein Stückchen weiter geöffnet, so dass ich nichts als Liebe empfinde. Und dann – genau im richtigen Moment – taucht ER auf.

Hoffnung, Sehnsucht, Friede, Wattewelt. Und die über allem schwebende Glückseligkeit.

Es gibt nichts als den Moment – also gib dich dieser Liebe voll und ganz hin.

Klare Botschaft. Kein Zweifel.

Schnitt. Das nächste Bild. Eine Tür erscheint. Davor sitzt ein gräuliches Wesen mit langen Schlappohren, jedoch erinnert nichts an die Niedlichkeit eines Hasen. Es ist eher die Gruselvariante von Bugs Bunny. Freundlich lächelnd fragt das komische Etwas, ob ich vielleicht eintreten möchte. Es ermutigt mich geradezu, die Tür zu öffnen. Dahinter wird etwas Dunkles verborgen liegen, ahne ich.

„Ich weiß nicht ... Was meinst du? Soll ich?", sage ich hin- und hergerissen. Eine Kraft zieht mich leicht in Richtung dieser Tür, doch ich wehre mich. „Nein, nein, lieber nicht. Heute noch nicht!"

Mein Bitten wird erhört, das Wesen lässt mich in Ruhe und die Vision verschwindet.

Viele Einsichten und Erkenntnisse folgen. Ich realisiere in einem Zustand, der mich mein Ego spüren lässt, dass ich mich die ganze Zeit selbst bewerte, ich mit meinen Handlungen und Gedanken permanent vor ein inneres Gericht ziehe. Wenn ich es schaffen würde, das Urteilen zu verringern und einfach nur zu „sein", dann würde ich mich so viel freier fühlen. Unbeschwert. Uneingeschränkt. Wie ein Kind.

Leg die innere Verurteilung ab und sei einfach nur. Sei!

Ich strecke meinen Arm in die Luft, mache kreisende Bewegungen mit der Hand und genieße dies für einen kleinen Moment. Unmittelbar danach ist der Feind wieder zur Stelle.

„Wie sieht das denn bitte aus? Was sollen die anderen denn denken?" Gerade will ich meinen Arm herunternehmen, als ich bemerke, wer da gerade gesprochen hat. Diesmal habe ich ihn auf frischer Tat ertappt. Meinen inneren Richter! Jetzt ist es an der Zeit, die Seiten zu wechseln. Ich mache ihn zum Angeklagten und weise ihn in die Schranken. Du kannst mich mal! Ich lasse meinen Arm noch eine Weile in der Luft baumeln und kreise meine Hand weiter zur Musik.

Trau dich, dich zu zeigen.

Wer spricht da eigentlich? Ist das meine innere Stimme oder ist das Mutter Ayahuasca? Vielleicht ist es auch dasselbe, wer weiß.

In der nächsten Vision stehe ich auf einer Bühne vor einem großen Publikum.

Spüre, wie es sich anfühlt, Menschen aus dem Herzen heraus zu inspirieren.

Ich nehme einen tiefen Atemzug und schaue in die Menge. Ergriffen von dem Anblick, versprüht mein Herz erneut eine unglaubliche Liebe und Wärme. Ohne es bewusst zu steuern, umarme ich mich selbst und bemerke dies erst nach einer Weile.

Meine Freundin Maria macht in einer Vision schlangenartige, fließende Bewegungen mit ihren Armen.

Im Fluss zu sein bedeutet, das, was kommt, zu integrieren, anstatt Widerstand aufzubauen. Wenn man die Dinge integriert, ob sie einem passen oder nicht, dann wird es fließen.

In diesem Zustand verstehe ich, woher meine Verspannungen im Schulter- und Nackenbereich resultieren. Sie kommen vom Festhalten am Plan, der Unfähigkeit, zu akzeptieren, dass nicht immer alles nach Plan laufen kann, dass manchmal eben Umwege nötig sind.

Irgendwann spüre ich einen Energieschwall durch meinen Körper strömen und bemerke dann, dass Marius über mir steht und seine Hände wie ein Magier auf meinen Körper richtet.

Was vor meinem inneren Auge abläuft, ist schwer beschreibbar. Beschreib das Unbeschreibliche.

Klare Bilder wechseln sich ab mit kaleisdoskopartigen, sich überwältigend schnell bewegenden Mustern. Selbst mit geöffneten Augen sehe ich die Muster noch leicht verschwommen.

Plötzlich tauchen massenweise goldene Schlangen auf, die sich blitzschnell um meinen Körper schlängeln.

Die berüchtigten Schlangen! Nachdem ich schon so oft von ihnen gehört habe, sind sie nun auch in meinem Kopf. Oder wo auch immer.

Ich frage mich, wie ich diese ganzen Dinge behalten

und anderen beschreiben soll, ohne dass sie mich gleich einliefern lassen. Ich bin so fasziniert von diesem Spektakel, dass ich Angst habe, es könnte bald vorbei sein. Nicht aufhören! Mehr davon!

Nicht immer mehr, mehr, mehr schreien und immer was Neues wollen!

Ayahuascas strenge Seite kommt zum Vorschein. Du hast ja Recht, gestehe ich mir ein. Aber diese Reise ist einfach zu schön, um schon zu Ende zu gehen.

Ich sehe eine Eule über meinem Kopf schweben, daneben zwei Gestalten, die über mich zu wachen scheinen. Sie sehen aus wie römische Männerbüsten. Oder sind es Engelsköpfe?

Von meinem Nachbarn ertönen immer wieder merkwürdige Geräusche. "Peng! Puff! Krass! Und was ist das jetzt? Nee, oder?!"

Scheinbar ist er gerade Hauptdarsteller in einem Comic. „Haaahhaahhaaaaa." Er krümmt sich vor Lachen, so dass alle mitlachen müssen.

Irgendwann öffne ich kurz die Augen und sehe in der Dunkelheit die Silhouette von Marius, die über meinem Nachbarn steht. Er bläst Mapacho-Rauch auf seinen Körper.

„Hey Marius!", sage ich in Gedanken. In dem Moment dreht er seinen Kopf zu mir herüber und kichert. Ich erschrecke. Hat er das gehört? Habe ich das nicht nur in Gedanken gesagt? Ich bin mir dessen ziemlich sicher. War das jetzt Telepathie?

Ich werd' verrückt.

Ich drifte ein bisschen ab, nehme verschiedene Bewusstseinsebenen wahr, die Vielschichtigkeit des Seins. Ich kann klar unterscheiden zwischen dem Ego, das permanent seinen Senf zu allem dazugibt und wertet und dem, was darüber oder darunter liegt – die Reinheit, wohl das, was Eckhart Tolle als „pures Gewahrsein" beschrieben hat.

Alles erscheint grenzenlos, miteinander verwoben wie ein riesengroßes waberndes Netz. Auch wenn jeder für sich seinen eigenen Film schiebt, könnte die Verbundenheit nicht größer sein.

Mir kommt der Zustand vor wie eine Erinnerung, ein Aufwachen aus einem Tiefschlaf, ein Heraustreten aus diesem großen Spiel, in dem jeder seine individuelle Rolle spielt. Ich sehe Angela Merkel als Marionette und muss kichern. Wie wichtig wir kleinen Erdenbürger uns doch nehmen!

Im letzten Drittel der Reise wird meine Erfahrung sehr körperlich. Yogaübungen entspannen meine Nackenmuskulatur, während die engelsgleichen Mantragesänge mich durchströmen.

In dieser Zeremonie wird mir besonders deutlich, um was es hier eigentlich geht. Es geht um Heilung! In welcher Form auch immer. Bei Natascha offenbar gerade in Form eines Kopfstandes. Bestimmt zehn Minuten verharrt sie in dieser Position mit einer Leichtigkeit, die es ihr erlaubt, dabei sogar „Halleluja" mitzusingen. Auf Hannes hat dieses Bild, als er seine Augen öffnet, wieder eine sehr erheiternde Wirkung.

„Halleluja", schnauft er und hält sich den Bauch vor Lachen.

Als die Wirkung langsam nachlässt, fangen Natascha und ich an zu tuscheln. Dann verschwindet sie in der

Küche und kommt kurz darauf ganz aufgeregt zurück.

„Ich habe gerade auf die Uhr geguckt. Es war 3:33 Uhr! 333! Das ist eine heilige Zahl!"

Hannes, der noch eingemummelt in seinem Schlafsack liegt, dreht seinen Kopf zu uns.

„Oh mein Gott, es macht alles Sinn!", sagt er mit kaum zu übertreffender Ironie.

Am Ende der Zeremonie frage ich Hannes, wie seine erste Ayahuasca-Erfahrung war.

„Ziemlich abgedreht", sagt er. „Aber im Grunde, glaub ich, ich war einfach nur ich selbst!"

Spirit Doctors

„Der rationale Ansatz geht von der Vorstellung aus, dass alles erklärbar sei und das Geheimnisvolle gewissermaßen der Feind. Das bedeutet, dass man lieber herabsetzende oder gar falsche Antworten gibt, als dass man das eigene Unverständnis eingesteht. "[47]

Jeremy Narby

In den folgenden Tagen denke ich noch viel über die Session nach. Was mache ich mit diesen Erfahrungen? Vor allem die Begegnung mit den fremden Wesen hat mich stark beeindruckt. Es war so real und so interaktiv. Generiert mein Gehirn solche Erfahrungen selbst? Ist es ein Hirngespinst oder ist das tatsächlich eine andere, aber genauso reale Wirklichkeit wie die unserer Alltagswelt? Als ich Marius frage, was es mit diesen Wesen auf sich hat, sagt er ganz selbstverständlich: „Ja ja, das sind

[47] Narby, Die kosmische Schlange, S. 152.

die Spirit Doctors. Die unterstützen uns bei der Arbeit."
Verrückt.

Kürzlich habe ich mir das Buch „DMT – Das Molekül des Bewusstseins" von Rick Strassman gekauft. Zwischen 1990 und 1995 führte der Wissenschaftler an der Universität New Mexico von der DEA (Drug Enforcement Administration) genehmigte klinische Untersuchungen durch. Es waren die ersten neueren Forschungen über die Wirkungen psychedelischer oder halluzinogener Substanzen auf den Menschen in den USA seit über zwanzig Jahren. Strassman beschreibt in dem Buch die Sitzungen der sechzig Freiwilligen, denen er DMT injizierte, ausführlich. Erstaunlich viele Testpersonen berichten von ähnlichen Ereignissen mit „nicht-materiellen" Wesen. *„Die Probanden finden sich auf einem Bett oder in einem Landeschacht, in einem Forschungslabor oder einem mit hochmoderner Technik ausgestatteten Raum wieder. Die hochintelligenten Wesen dieser ,anderen Welt' zeigen Interesse an dem Probanden, sind scheinbar auf seine oder ihre Ankunft vorbereitet und verschwenden keine Zeit, sondern gehen ,direkt an die Arbeit'. Manchmal hat ein bestimmtes Wesen eindeutig die Befehlsgewalt und gibt den anderen Anweisungen. Die Freiwilligen berichten häufig von der emotionalen Qualität der Beziehung, die diese Wesen zu ihnen haben: Sie ist liebevoller, fürsorglicher oder professionell distanzierter Natur"*, schreibt Strassman.[48]
Ich fand mich bei meiner Erfahrung zwar nicht in einem fremden Labor wieder, sondern lag noch ganz bewusst in dem mir bekannten Raum. Doch auch diese

[48] Dr. med. Rick Strassman, DMT: Das Molekül des Bewusstseins. Zur Biologie von Nahtod-Erfahrungen und mystischen Erlebnissen, 2. Auflage, Baden und München 2012, S. 272.

grünen Wesen machten sich direkt an die Arbeit, als sie angeflogen kamen. Ich würde ihren Arbeitsstil auch als von „professionell distanzierter Natur" beschreiben.

Während ich das hier schreibe, kommt es mir komplett absurd vor, was ich da erlebt habe. Ähnlich ging es wohl auch den Probanden von Strassman, die es aber genau wie ich als eine real empfundene Erfahrung bezeichnen. Ein Proband sagte:

„DMT hat mir gezeigt, dass es unendliche Varianten von Wirklichkeit gibt, die alle ganz real sind. Es ist tatsächlich möglich, dass es unmittelbar benachbarte Dimensionen gibt und dass das Ganze vielleicht nicht so einfach ist wie unsere Vorstellung von fremden Planeten mit darauf lebenden außerirdischen Zivilisationen. Dafür ist es viel zu zentral. Es gleicht auch nicht irgendeiner Drogenerfahrung, sondern eher dem Erleben einer neuen Technologie. Man hat dabei die Wahl, sich darauf einzulassen oder nicht. Auch wenn wir dem keine Beachtung schenken, wird es sich weiterhin entwickeln. Wir kehren dabei nicht an einen Ort zurück, den wir einmal verlassen haben, sondern an den Ort, zu dem sich die Dinge entwickelt haben, seit wir nicht mehr da waren. Das ist keine Halluzination, sondern eine Feststellung, eine Beobachtung. Wenn ich an diesem Ort bin, bin ich nicht berauscht. Ich bin ganz klar und nüchtern."[49]

Rick Strassman wusste nicht, wie er mit dieser Art von Berichten seiner Probanden umgehen sollte. Zunächst beschloss er, sie als komplizierte Halluzinationen anzusehen, als Produkte der Hirnchemie, die einem Wachtraum glichen. Die Probanden allerdings widersprachen dieser Art von Erklärung vehement, da sie der *„Ungeheuerlichkeit und Unbestreitbarkeit ihrer Begegnungen sowie den Übereinstimmungen zwischen*

[49] Strassman, DMT, S. 266f.

ihren Erfahrungen nur unzureichend Rechnung trugen."[50]

Er schreibt weiter: „*An einem gewissen Punkt beschloss ich, meinen reduktionistischen, materialistischen Ansatz eines Menschen, der 'Bescheid weiß, um was es da geht', aufzugeben. Das heißt aber nicht, dass mir danach bei derartigen Geschichten wohler zumute war.*"

Was auch immer unter dem Einfluss von DMT geschieht, die Frage bleibt: Warum produziert unser Körper eigentlich DMT? Rick Strassmans Antwort lautet: „*Weil es das Molekül des Bewusstseins ist!*"[51] Strassman weiter: „*Darüber hinaus dürfen wir nicht vergessen, dass ein Bewusstseinsmolekül nicht an sich geistig oder spirituell sein oder aus Bewusstsein bestehen muss. Stellen wir es uns doch als Schleppkahn, als Streitwagen, als einen Fährtensucher auf dem Rücken eines Pferdes vor, als irgendetwas, an das wir unser Bewusstsein anheften können. Es zieht uns in Welten hinein, die nur ihm selbst bekannt sind. Wir müssen uns dabei gut festhalten und darauf vorbereitet haben, denn die spirituellen Bereiche umfassen Himmel und Hölle, Fantasie und Albtraum. Während die Rolle des Bewusstseinsmoleküls der eines Engels zu gleichen scheint, gibt es keine Garantie dafür, dass es uns nicht in dämonische Welten führt.*"[52]

Bis jetzt sind die Forschungen über dieses relativ simpel aufgebaute Molekül noch recht dürftig. Sicher ist jedoch, dass es in unserem Körper sowie in zahlreichen Tieren, Pflanzen und Pilzen vorkommt. 1972 entdeckte der Nobel-Preisträger Julius Axelrod das Molekül im menschlichen Hirngewebe. Wissenschaftler vermuten, dass DMT unter anderem in der Zirbeldrüse hergestellt wird. So geht Rick Strassman davon aus, dass ein natür-

---

[50] Ebd. S. 273.
[51] Strassman, DMT, S. 84f.
[52] Ebd. S. 86.

liches Enzym, das in der Zirbeldrüse auftritt, für den Zerfall des Neurotransmitters (biochemischer Botenstoff) Serotonin in DMT verantwortlich ist. Er sieht einen Zusammenhang zwischen DMT und unseren nächtlichen Träumen und vermutet eine hohe DMT-Ausschüttung bei Nahtoderfahrungen sowie bei der Geburt und beim Sterben.

Eine Studie von Cottonwood Research aus dem Jahre 2013 beschreibt nicht nur, dass DMT in der Zirbeldrüse von Ratten gefunden wurde, sondern legt auch nahe, dass es darin produziert wurde.[53] Ebenso kommt die Lunge als Hauptproduzent von DMT in Frage. „Mein Eindruck ist, dass hauptsächlich in den Lungen permanent DMT produziert wird und dass die Zirbeldrüse nur zu bestimmten Zeiten DMT produziert", so Strassman in einem Interview aus dem Jahr 2015.[54]

„Als einziges, tief im Gehirn sitzendes und nicht paarweise vorkommendes Organ blieb die Zirbeldrüse fast zweitausend Jahre lang eine anatomische Kuriosität. Niemand im Westen hatte eine Idee, was dieses Organ für eine Funktion haben könnte."[55]

Bekannt ist seit einiger Zeit, dass die Zirbeldrüse Serotonin in Melatonin umwandelt – beide sind dem DMT strukturell sehr ähnlich. Das Hormon Melatonin regelt unter anderem unseren Wach- und Schlafrhythmus und steuert die Sexualfunktion.

---

[53] Die Studie hierzu findet sich unter
http://www.cottonwoodresearch.org/wp-content/uploads/2013/11/Pineal-D
MT.pdf (Stand: 5.6.2014).
[54] Das Interview ist zu finden unter:
https://www.sociedelic.com/the-future-of-dmt-research-with-dr-rick-strassma
n/ (Stand: 5.6.2014).
[55] Strassman, DMT, S. 91.

Die Zirbeldrüse ist ein erbsengroßes Organ des Menschen, das im Verlauf der Embryonalentwicklung sieben Wochen oder neunundvierzig Tage nach der Empfängnis sichtbar wird, schreibt Strassman. *„Eigentlich ist die Zirbeldrüse des Menschen gar kein richtiger Bestandteil des Gehirns. Sie entwickelt sich vielmehr aus spezialisiertem Gewebe im Gaumen des Embryos. Von dort aus wandert sie in die Mitte des Gehirns, wo sie im Gesamtgefüge den besten Platz zu haben scheint."* [56]

In den Veden, religiösen Texten des Hinduismus, wird die Zirbeldrüse als das „Dritte Auge" bezeichnet. Es ist zudem auch der Sitz des Stirnchakras[57], das mit Wahrnehmung, Intuition und Erkenntnis in Verbindung gebracht wird. Der französische Philosoph und Mathematiker des siebzehnten Jahrhunderts René Descartes verstand die Zirbeldrüse als Mittler zwischen Körper und Geist.

Forschungen haben ergeben, dass die Zirbeldrüse ähnlich wie das Auge aufgebaut ist und Lichtphotonen (lichtempfindliche Zellen) besitzt, in ihrem Aufbau dem der Netzhaut des Augenpaares ähnelt, und als Lichtmesser innerhalb des Gehirns fungiert. Die Hieroglyphe „Das Auge des Horus" in der äqyptischen Mythologie weist große Ähnlichkeit mit der menschlichen Zirbel-

[56] Ebd. S. 94.
[57] „Das 7-Chakra-System oder das System der 7 Hauptchakren geht vor allem auf die Yoga-Tradition und den Hinduismus zurück, in denen sehr ausführliche Beschreibungen zu jedem Chakra überliefert sind. Die ersten Schriften zum Thema sind über 4.000 Jahre alt und sind in ihrer Ausführlichkeit relativ einmalig, da die meisten spirituellen Traditionen mündlich und im Geheimen weitergegeben wurden. Dieses System basiert auf der Beobachtung, dass im Energiesystem des Körpers sieben Haupt-Energiezentren existieren. Diese 7 Chakren durchdringen alle den physischen Körper und werden heute meist nach ihrer ungefähren anatomischen Lage bezeichnet."
Quelle: http://www.chakren.net/chakrenlehre/7-chakren/
(Stand: 10.10.2016)

drüse auf. Es ist ein Sinnbild für Licht, Ganzheit und Heilung.[58]

Doch unter dem Einfluss vom Ayahuasca-Trunk entfaltet natürlich nicht nur das DMT von den Chacruna-Blättern seine Wirkung, sondern vor allem auch das Harmalin von der Liane.

Für die Schamanen im Dschungel hingegen spielen die Inhaltsstoffe nicht die entscheidende Rolle. Denn der wahre Heiler ist für sie der Geist der Ayahuasca-Liane. Die physische Form besticht in ihrer Manifestation dann durch bestimmte Moleküle, die wir – aus unserer reduktionistischen Sicht – als Auslöser betrachten. Für einen Schamanen ist DMT und Ayahuasca nicht dasselbe. Darum arbeiten viele Heiler nur mit der Liane. Die DMT-haltigen Pflanzen sind Helfergeister, die das Verständnis und Einsicht durch die hervorgerufenen Visionen gegebenenfalls erleichtert.

„Traditionell geht es beim Ayahuasca-Ritual nicht in erster Linie um die außergewöhnlichen Visionen, die diese Medizin populär und mystisch gemacht haben, sondern um Reinigung und Heilung, sowie darum, sich mit seinen eigenen Wahrheiten, Weisheit und Intelligenz zu verbinden."[59]

[58]Mehr Hintergrundinfos zur Zirbeldrüse finden sich unter: https://vimanna.wordpress.com/2015/02/09/das-dritte-auge-die-zirbeldruse-g eschichtliches-bis-hin-zur-wissenschaftlichen-erkenntnis-teil-3/ (Stand: 15.10.2015)
Benny Shanon beschreibt die folgende Vision eines Ayahuasca-Trinkers in „The Antipodes of the mind. Charting the Phenomenology of the Ayahuasca experience", New York 2010, S.123: „Sie war die Mutter aller Atome und die Matrix aller Formen. Alle Atome tanzten und die Mutter war pure Freude. Sie glich einer ägyptischen Göttin, die alle Lebewesen mit ihrem Körper schützte. ‚Warum siehst Du wie eine Ägypterin aus?', fragte ich die Göttin. ‚In Wahrheit besitze ich keine Form, doch ich erscheine wie eine Ägypterin, da die Ägypter die ersten waren, die mein Geheimnis verstanden haben', antwortete sie." (Übersetzung von Eva-Maria Gass)
[59] Vgl. Regueiro, Ayahuasca, Soul Medicine, S. 19f. (Übersetzung von Eva-Maria Gass)

Auszug aus einem INTERVIEW von Gabriel D. Roberts mit Dr. Rick Strassman:

Es gibt eine große Debatte darum, ob die psychedelische Erfahrung komplett im eigenen Denken stattfindet oder möglicherweise auch nach außen wirkt. Können Sie ein Beispiel in Ihrer Forschung angeben, das die eine oder die andere Seite unterstützt?
Ich glaube mittlerweile nicht, dass es möglich ist, objektiv zu entscheiden, wie viel dessen, was wir unter dem Einfluss psychedelischer Drogen erleben, intern generiert oder extern erlebt ist. Es würde Sinn für mich machen, das Phänomen als Spektrum zu sehen. Es gibt Zeiten, in denen unsere eigene Persönlichkeit überwiegt, anstatt sich bewusst über etwas Externes zu sein. Manchmal jedoch ist das, was wir sehen, extern und nicht selbst-generiert. Es ist jedoch unmöglich, strikt das eine oder andere zu haben. Ohne unsere Lebenserfahrungen und unseren biologischen Aufbau könnten wir das, was wir sehen, nicht entschlüsseln. [60]

---

[60] Gabriel D. Roberts interviewte Dr. Rick Strassman für sein Buch „The Quest for Gnosis". Einen Auszug des Interviews findet sich unter: http://www.vice.com/de/read/abheben-mit-dr-dmt (Stand: 6.1.2015)

Ayahuasca - eine Droge?

„Ich behaupte nicht, dass Ayahuasca das beste Entheogen oder Psychedelikum ist; Ayahuasca ist, viel mehr als andere Zauberpflanzen und -tränke, ein Heilmittel, *eben eine* Medizin, *die nicht unbedingt Spaß bringt. Für den Spaß gibt es schließlich ein ganzes Arsenal an „Partydrogen". Ayahuasca gehört nicht dazu, sondern ist eine ernste Angelegenheit. Und je ernster wir sie nehmen, desto größer ist ihr Heilpotenzial."*[61]

Christian Rätsch

Wenn ich Freunden oder Bekannten von Ayahuasca erzähle, stoße ich auf unterschiedliche Reaktionen. Während die einen fasziniert sind und sich sofort hingezogen fühlen, gibt es die anderen, die ebenso begeistert sind, sich jedoch vor der Erfahrung scheuen. Und bei wieder anderen überwiegt die Skepsis. Entweder denken sie, dass ich in irgendeine Sekte abdrifte oder sie fragen: „Und was bringt dir das jetzt?"

Alles Reaktionen, die ich sehr gut nachvollziehen kann.

Doch es gibt ein grundlegendes Missverständnis. Wenn ich von Ayahuasca als einer Medizin spreche, dann wird dies oft nicht ernst genommen. Medizin? Das ist doch ein Schönreden – Ayahuasca ist eine Droge! Nein, erwidere ich dann, Ayahuasca ist wirklich eine Medizin! Dass sie vor allem bei uns im Westen auch mittlerweile in einigen Fällen als Party-Droge missbraucht wird, ist eine andere Geschichte. Im falschen Rahmen eingesetzt und ohne erfahrene Begleitung, führt dies nicht selten zu sehr unangenehmen Erfahrungen.

[61] Rätsch, Ayahuasca, S. 22.

Das Problem liegt aber eigentlich im Begriff „Droge".
Im deutschsprachigen Raum ist dieses Wort im allgemeinen negativ besetzt und hat mit der ursprünglichen Bedeutung kaum noch etwas zu tun.

Im Duden-Fremdwörterbuch finde ich folgende Definition:

„Droge: 1. a) Rauschgift; b) (veraltend) Arzneimittel. 2. (durch Trocknen haltbar gemachter) pflanzlicher od. tierischer Stoff, der als Arznei-, Gewürzmittel u. für technische Zwecke verwendet wird."

Die Definition im Duden lautet: *„(bes. medizinisch verwendeter tier. od. pflanzl. Rohstoff; auch für Rauschgift)".*

Im Duden-Herkunftswörterbuch steht:

„Droge: Das Wort wurde Ende des 16. Jhd.s in der Bedeutung „(tierischer oder pflanzlicher) Rohstoff" aus gleichbed. frz. Drogue entlehnt, das wahrscheinlich zu nhd. trocken gehört, und zwar als Entlehnung aus dessen niederd. Form droge oder niederl. Form droog (etwa im Sinne von „Getrocknetes, Trockenware"). Im 20. Jh. wird ‚Droge' auch im Sinne von medizinisches Präparat" und „Rauschgift" gebraucht."

Im deutschen Sprachgebrauch werden mit dem Wort „Droge" heutzutage stark wirksame „psychotrope Substanzen", also die menschliche Psyche beeinflussende Substanzen, und Zubereitungen aus solchen bezeichnet.[62]

Im angelsächsischen Raum wird zwischen „drugs" und „recreational drugs" unterschieden. Mit „drugs" werden allgemein Arzneistoffe bezeichnet, während mit „recreational drugs" psychoaktive Substanzen gemeint sind, welche nicht zu medizinischen Zwecken, sondern vornehmlich als Genussmittel eingenommen werden.

Droge ist also nicht gleich Droge. Daher kann man Ayahuasca auch nicht mit Partydrogen in einen Topf schmeißen. Wie Marius bereits im Interview sagte: Zu den „recreational drugs" greift man, um sich in dem Moment besser zu fühlen. Dafür nimmt man in Kauf, dass es einem, wenn die Wirkung nachlässt, oft schlecht geht. Bei Ayahuasca ist es genau umgedreht: Man nimmt es in der Regel nicht ein, um sich in dem Moment besser zu fühlen, sondern um sich hinterher besser zu fühlen. Natürlich gibt es auch Zeremonien, in denen man sich durchgängig gut fühlt, wunderschöne Visionen hat und vollkommen in Ekstase ist, aber es gibt auch verdammt harte, schmerzhafte, beängstigende Nächte oder solche, in denen einem stundenlang kotz-

---

[62] Auf der Homepage www.kmdd.de findet sich folgende Defintion: „Drogen sind Substanzen, die auf das zentrale Nervensystem einwirken, und so in die natürlichen körperlichen Vorgänge eingreifen. Dabei können sie die Wahrnehmung von Sinneseindrücken, Gefühlen und Stimmungen beeinflussen. Drogen haben eine wahrnehmungs- und bewusstseinsverändernde Wirkung.
Unter Drogen verstehen wir alle Mittel, die anregen oder beruhigen. Stoffe, die den Menschen zunächst in angenehme - aber auch unangenehme - Stimmungen versetzen, und ihn körperlich und/oder seelisch abhängig machen können. Das gilt sowohl für legale Drogen als auch für illegale Drogen.
Die Weltgesundheitsorganisation (WHO) definiert jede Substanz als Droge, ‚die in einem lebenden Organismus Funktionen zu verändern vermag'. Mit diesem erweiterten Drogenbegriff bezieht die WHO neben Cannabis, Kokain, Opiaten, Halluzinogenen, Tabak, Schmerzmitteln, Stimulanzien, Schlaf- und Beruhigungsmitteln auch Alltagsdrogen wie z. B. Alkohol, Kaffee und Tee mit ein."

übel ist. Genau wissen, was einen während der Zeremonie erwartet, kann man vorher nie.

„Die Einnahme verursacht weder einen Kater, noch physische oder psychische Abhängigkeit oder Nachwirkungen im Gegensatz zu den meisten der beliebten Freizeit- oder Partydrogen. Die ‚Hoasca-Projekt-Studie‘, die in Brasilien in den frühen 1990er Jahren durchgeführt wurde, hat jüngst u.a. berichtet, dass die Einnahme von Ayahuasca die Fähigkeit des Körpers, Serotonin zu produzieren, verbessert. Kokain oder Ecstasy hingegen führen auf lange Sicht dazu, dass es zur Abnahme des wichtigen Neurotransmitters kommt und die Fähigkeit des Körpers, Serotonin zu produzieren, geschwächt wird.“[63]

Ist Ayahuasca also eine Droge im Sinne einer „recreational drug"? Nein! Ayahuasca ist eine Droge im Sinne von Arzneimittel. Es ist eine bewusstseinserweiternde Substanz. Das darin enthaltene DMT steht unter dem Betäubungsmittelgesetz und ist damit illegal.

Doch eine Substanz wie DMT, die dazu noch von unserem eigenen Körper produziert wird, als Betäubungsmittel zu klassifizieren, ist von der Definition her absurd und irreführend. Denn DMT betäubt nicht, im Gegenteil. DMT entfernt jeglichen Betäubungsschleier und lässt einen aufwachen. Viele fühlen sich nach einer Ayahuasca-Zeremonie so klar, wie sie sich ihr ganzes Leben nicht gefühlt haben. Ich habe Aussagen gehört wie: „Diese eine Nacht hat mir mehr gebracht als zehn Jahre Psychotherapie." Natürlich sollte man während einer Ayahuasca-Zeremonie nicht Auto fahren, doch das sollte man ebenso wenig, wenn man bestimmte Medikamente genommen hat. In beiden Fällen können die

[63] Regueiro, Ayashusca: Soul Medicine, S. 35.

motorischen Fähigkeiten eingeschränkt sein.

„Wir leben im Westen in einer Gesellschaft, die an den Gebrauch potenter Pflanzen als Instrumente zur Heilung und persönlichen Transformation nicht gewöhnt ist. Derartige Pflanzen werden lediglich als illegale Drogen betrachtet, und ihr Gebrauch wird von der Mehrheit und von Politikern und Gesetzgebern als Form des Drogenmissbrauchs wahrgenommen. Das Konzept eines Ayahuasca-Rituals als Heilweg (wohlgemerkt nicht als Heilsweg) entwickelt sich nur sehr langsam und nur deshalb, weil Schamanismus von mehr und mehr Menschen als Alternative zur traditionell allopathischen Schulmedizin akzeptiert wird."[64]

Inzwischen gibt es eine Reihe von wissenschaftlichen Studien, die den therapeutischen Nutzen von Ayahuasca bestätigen. Es kann unter anderem bei Depressionen, Angstzuständen, Traumata, Panikattacken und posttraumatischer Belastungsstörung sehr hilfreich sein.[65]

---

[64] Müller-Ebeling, Ayahuasca, S. 256.
[65] Siehe die Literaturangaben in „The Ayahuasca Dialogues report", S. 19., http://www.ethnobotanicalcouncil.org/wp-content/uploads/ 2014/11/ESC_AyaDialogues-Report_Nov2014_engl.pdf (Stand: 20.10.2015)
Vgl. auch die Geschichte eines Veteranen, der an der Posttraumatischen Belastungsstörung litt:
http://www.foxnews.com/health/2012/04/25/finding-healing-throug h-ancient-amazonian-brew (Stand: 10.6.2015).
In Brasilien gibt es sogar Kirchen, die Ayahuasca als Sakrament verwenden. Seit 2013 wird den Insassen einiger brasilianischer Gefängnisse Zugang zu Ayahuasca-Ritualen gewährt, wie in einem Artikel der New York Times zu lesen ist:
http://www.nytimes.com/2015/03/29/world/americas/a-hallucinogenic-tea-ti me-for-some-brazilian-prisoners.html?hp&action=click&pgtype=Homepage &module=second-column-region&region=top-news&WT.nav=top-news&_r =1 (Stand: 13.4.2016).

„Ayahuasca führt zu einer direkten Verbindung mit dem Unbewussten. Es ermöglicht, belastende biografische Situationen noch einmal zu erleben, sie zu heilen und neu zu integrieren. Das hat einen großen therapeutischen Wert. Die westlichen Pharmaverordnungen und Psychotherapie helfen im Fall von schwerem Missbrauch und Gewalterfahrungen in der Kindheit nur wenig (...)."[66]

Natürlich ist bei dieser Art von Therapie besondere Vorsicht geboten: *„Außerdem ist es wichtig, ein sorgfältiges Vorabscreening des Patienten durchzuführen, um zu beurteilen, ob er so eine Konfrontationstherapie verkraftet, denn sie trägt das Risiko der Retraumatisierung.*"[67]

Inwiefern das Übergeben während der Ayahuasca-Zeremonien eine wichtige Rolle im Heilungsprozess spielt, beschreibt Diplom-Psychologin Anja Loizaga-Velder:

„Intensive Erfahrungen des Übergebens, die viele Patienten während der durch Ayahuasca ausgelösten außerordentlichen Bewusstseinszustände erleben, helfen laut Angaben der interviewten Therapeuten und Zeremonieteilnehmer, den Entgiftungsvorgang zu unterstützen und Spannungen,

---

[66] Zitat eines Therapeuten, zit. nach Anja Loizaga-Velder, A Psychotherapeutic View on the Therapeutic Effects of Ritual Ayahuasca Use in the Treatment of Addiction, MAPS Bulletin Special Edition, S.38,
http://www.maps.org/news-letters/v23n1/v23n1_p36-40.pdf
(Stand: 2.9.2015).
[67] Nielson, Jessica, Julie Megler, Consideration of Ayahuasca for the Treatment of Posttraumatic Stress Disorder, MAPS Bulletin Annual Report, S. 31,
http://www.maps.org/news-letters/v22n3/v22n3_29-31.pdf
(Stand: 2.9.2015).

physische und psychologische Belastungen abzubauen. Sie bringen ein subjektives Gefühl der Erleichterung, des inneren Friedens und geistiger Klarheit. Die meisten der interviewten Zeremonieteilnehmer berichteten, dass der Prozess des Übergebens während der Ayahuascaerfahrung mit einem Gefühl des Loswerdens psychischer Belastungen wie Schuld, negativer Emotionen und Einstellungen sowie negativer Gedanken, einherging. Das Übergeben führte zu einem Gefühl von Erlösung, eines Neubeginns und einem gestiegenen Verantwortungsbewusstsein für ihre Gesundheit und ihr Wohlergehen. "[68]

Es gibt auch zahlreiche Berichte von Krebs-Heilungen mit Hilfe von Ayahuasca. Der brasilianische Wissenschaftler Eduardo E. Schenberg der Universität Sao Paulo ist diesem Phänomen nachgegangen und fordert, dass weitere Studien durchgeführt werden. Ansonsten könne sogar von einer Verletzung der Menschenrechte gesprochen werden.[69]

„Selbst chronische Krankheiten können mit einer einzigen Ayahuasca-Sitzung geheilt werden", sagt der kolumbianische Arzt und initiierte Ayahuasca-Schamane Fabio Ramirez.[70] Er bedient sich als praktischer Arzt einer

[68] Loizaga-Velder, Psychotherapeutic View, S. 37f. Anmerkung: Wie bereits erwähnt, wird Ayahuasca „la purga" oder im Englischen „the purge" genannt, das so etwas wie „Reinigung" bedeutet. Die Reinigung bezieht sich auf das „Übergeben" während der Zeremonie. Daher wird das „purging" aus dem Originaltext hier mit „Übergeben" übersetzt.
[69] Eduardo E. Schenberg, Ayahuasca and cancer treatment, in Sage Open Medicine, S. 8,
http://journals.sagepub.com/doi/pdf/10.1177/2050312113508389 (Stand: 03.03.2017).
[70] zit. nach Adelaars, Ayahuasca, S. 205.

Kombination von schulmedizinischen, alternativen und schamanischen Heilmethoden aus einer humanistischen Sicht und entdeckte, dass der Gebrauch von Ayahuasca den Patienten hilft, die Symptome der entsprechenden Krankheiten im eigenen Körper zu erleben und zu entdecken. *„Das erlaubt ihnen, sich der Krankheit und ihrer Symptome unmittelbar nähern zu können und sie nicht länger als entfremdet von sich selbst zu betrachten. Dieser Prozess ermöglicht es ihnen, Verantwortung für die Krankheit und ihre Symptome zu übernehmen"*, so Ramirez.[71] Doch ob eine Heilung möglich sei, hänge auch vom Patienten selbst und seiner inneren Haltung ab. *„Bei der Behandlung meiner Patienten wähle ich einige aus und empfehle ihnen die Anwendung von Ayahuasca. Dabei orientiere ich mich daran, dass die Erfahrung für sie produktiv sein könnte. Es gibt Patienten, die sich als Opfer ihrer Krankheit fühlen. Solche Patienten zeigen kein wirkliches Engagement bei der Heilung ihrer Krankheit. Eine Behandlung mit Ayahuasca ist folglich für sie nicht unbedingt produktiv."*[72]

Ayahuasca ist in meinen Augen auch eine Medizin für Gesunde, da sie dabei helfen *kann*, sich in seiner Ganzheit zu erfahren und damit vielleicht sogar davor schützt, überhaupt in irgendeiner Form zu erkranken.

„Ayahuasca wirkt sowohl auf den Körper als auch auf den Geist und harmonisiert beides. Es reinigt, regeneriert und heilt den Körper und schenkt dem Geist Visionen und Erkenntnisse. Ayahuasca offenbart dem Kranken die Ursache seines Leids und hilft ihm bei dessen Bewältigung; für

---

[71] Ebd. S. 204.
[72] Ebd. S. 203.

den Gesunden ist sie wohltuend und erquickend und fördert sein spirituelles Wachstum."[73]

Sie ist eine kraftvolle Medizin, sie ist zauberhaft, aber kein Wundertrunk, der uns jegliche Probleme abnimmt. Sie kann uns nicht das Leben abnehmen. So viel habe ich durch meine bisherigen Reisen mit ihr schon kapiert.

Ayahuasca kann uns zwar den Weg weisen, doch auf die Schultern nehmen und tragen wird sie uns nicht (auf den Arm jedoch nimmt sie uns schon ab und zu). Wir müssen den Weg selbst gehen. Um die Arbeit kommen wir nicht herum, denn für die Veränderung sind allein wir zuständig.

 Ausschnitt aus einem INTERVIEW von Arno Adelaars mit Taita Querobín Queta, Stammeshäuptling und Schamane der Kofán[74]:

Ist Ayahuasca für jeden gut?
Claro, es ist für jeden geeignet. Jeder soll von dieser Pflanze lernen. Es ist ein Geschenk an die gesamte Menschheit und für jeden gut. (...)

Ayahuasca macht verschiedene Dinge mit Menschen. Manche bekommen ein großes Herz, manche ein großes Ego. Können Sie dazu etwas sagen?
Das hast du gut beobachtet. Es passiert, weil Menschen keine Verbindung mit ihrer spirituellen Seite haben. Sie haben Hass in ihrem Herzen, und das kann die Pflanze

---

[73] Rätsch, Ayahuasca, S. 23.
[74] Interview-Ausschnitt zit. nach Adelaars, Ayahuasca, S. 178.

nicht ändern. Die Pflanze hilft den Menschen nicht, die Hass in ihrem Herzen haben. Das gilt für die Kofán, und das gilt auch für alle anderen. Das ist für jeden gleich.

Wie sehen Sie die Zukunft von Ayahuasca?
Ich denke, dass es gut ist, wenn jeder Ayahuasca trinkt. Aber es wird nicht jeder Nutzen davon haben.

Wie kann man da eine Auswahl treffen?
Es hängt von den Menschen ab, von Ihrem Innern. Was sind es für Menschen? Wie gut sind ihre Gefühle?

Freiheit

ER fragte mich, was ich wirklich will. Was ich verändern will.
„Ich will frei sein", sagte ich.
„Was heißt das für dich?"
Ich schwieg.

Heute kam mir ganz unerwartet die Antwort, als ich gerade dabei war, die Bettdecken zu falten. Die größte Freiheit, die zugleich auch die größte Herausforderung ist, besteht für mich darin, dir offen und ehrlich meine Gefühle und Gedanken mitzuteilen.
Mich dir zu zeigen, wie ich wirklich bin. Das fällt mir weiß Gott nicht immer leicht und manchmal drücke ich mich auch davor, um einer schmerzhaften Konfrontation zu entgehen. Doch ich möchte vor dir kein anderer Mensch sein, als ich es vor meinen Freunden bin. Diesen Fehler habe ich oft genug begangen, aus Angst,

aus Bequemlichkeit. Der Preis, den ich dafür zahle, ist zu hoch. Wenn du siehst, wie ich wirklich bin, wenn ich zu mir in meiner Ganzheit stehe, kannst du entscheiden, ob du mich trotzdem liebst. Jedes Mal, wenn ich den Mut aufbringe, wenn ich meine Gedanken nicht weiter in meinem Kopf einsperre, sondern sie durch das Tor des Atems freilasse, hinaus in den Raum, hinein in deine Welt, wo sie sich verwandeln, vermischen und neue Gedanken hervorbringen, dann werde ich belohnt. Auch wenn das im ersten Moment nicht so aussieht. Auch wenn sich erstmal alles schwarz eintrübt, dein Gesicht, deine Gedanken, unsere Luft, unsere Liebe. Und dann, wenn es ganz düster geworden ist, kommt plötzlich ein Moment, ein magischer Moment, an dem wir den warm leuchtenden Schein der Kerze wieder wahrnehmen. Ein Moment, in dem alle Wut und Trauer gewichen sind. Ein Moment, in dem wir das Alte in Frieden loslassen können, um etwas Neues hineinzulassen. Dann, wenn der innere Stau abgeflossen ist, bemerken wir, dass unsere gemeinsame Welt nicht untergegangen ist. Sie hat nur ein neues Antlitz bekommen.

Genau dann fühle ich mich frei. Ich schenke mir selbst die Freiheit, ICH sein zu dürfen. Und ich danke dir aus tiefstem Herzen, dass ich bei dir SEIN kann.

Nichts bleibt, wie es ist und es liegt wie immer die Kunst darin, loslassen zu können, sich nicht krampfhaft an etwas festzuhalten. Denn wenn man einmal begreift, dass jeder Tod nichts weiter ist als eine Transformation, dass jeder Tod auch neues Leben bringt, dann wandelt sich Angst in Vertrauen.

Lotte

Als ich die Wohnung betrete und ihren Namen rufe, kommt keine Antwort. Dabei müsste sie eigentlich zu Hause sein. Ich schaue in jedes Zimmer, an jeden von ihr so geliebten Platz. Sie hat überall ihre gewohnten Spuren hinterlassen und sich dann scheinbar ins Unbekannte gewagt. Dort, wo ich sie am wenigsten vermute, finde ich sie. Im Arbeitszimmer. Zusammengerollt in einer Ecke. Bei ihrem Anblick erschrecke ich. Das ist doch nicht Lotte. Als sie mich sieht, hebt sie ihr eingefallenes Köpfchen ganz leicht und wacklig und öffnet ihre Augen einen Spalt. Mehr als ein klägliches Miau kann sie nicht aus ihrem schwachen schwarzen Körper pressen. Ich nähere mich ihr langsam, hocke mich vor sie und streichle ihr mit aller Vorsicht übers Fell, durch das ich das abgemagerte Gerippe spüre. Drei Monate zuvor brachte die Katzendame noch stolze fünf Kilo auf die Waage, jetzt sind nur noch Haut und Knochen übrig und ein Blick, der offensichtlich schon zwischen den Welten wandert. Sie ist bereit, ganz auf die andere Seite zu verschwinden. Möglicherweise war sie schon auf halbem Wege, doch mein Auftauchen nach vierstündigem Alleinsein hat sie wieder ein Stückchen in die sichtbare Welt zurückgeholt.

Ich halte ihr eine geöffnete Packung Katzenfutter vors Maul. Sie schnuppert erst dran, dann schleckt sie zögerlich an der bräunlichen Soße, die über das saftige Fleisch läuft. Essen war immer ihre große Leidenschaft. Doch jetzt hat sie keine Freude mehr daran. Vielleicht weiß ihr Körper aber auch, dass sein Dienst dem Ende zugeht und er keine Nahrung mehr braucht. Nach ein paar Zungenschlägen bleibt das Mäulchen fest verschlossen. Ich bringe das Katzenfutter wieder in die Küche und als ich zurückkomme, sitzt Lotte plötzlich aufrecht und miaut mich an. Ihre letzte Kraft scheint sie aufzuwenden, um sich ein paar Schritte fortzubewegen. Tapfer setzt sie Pfötchen vor Pfötchen, ihr einst so anmutiger Gang musste einem gebrechlichen Taumeln weichen. Ich schlucke und realisiere, dass das Ende naht, dass dieses kleine Wesen sich vielleicht nicht mehr von ihrer Besitzerin verabschieden kann.

Nach ein paar Schritten setzt sie ihr Hinterteil wieder auf dem Boden ab und schaut mich an. Sie ist so anders, als ich sie in Erinnerung habe. Als ich nach ihrem Körper greife, um sie auf den Arm zu nehmen, lässt sie es einfach geschehen. Keine Spur mehr von Scheu, die sie mir bisher auch noch nach jahrelanger Bekanntschaft entgegengebracht hat. Es ist, als hätte sie ihre Angst verloren. Als spürte sie, dass es sich nicht mehr lohnt, davonzulaufen. Wovor auch? Der Tod folgt ihr überall hin, egal, in welche Ecke sie sich verkriecht. Sie ergibt sich ihrem Schicksal und lässt los. Vor ein paar Tagen, so erzählte mir meine Freundin Rebecca, hat sie sogar das heimische Territorium verlassen und sich auf Erkundungstour durch die Nachbarswohnung gemacht. Dort, wo Hund Anni zu Hause ist. Das wäre ihr ein paar Wochen zuvor im Leben nicht eingefallen. „Bis zum Zaun und nicht weiter", lautete ihre sicherheitsgetriebene Devise. Als sie diese mutigen Schritte wagte und sich nach dem Rundgang auf die von der Sonne gewärmten Pflastersteine mitten auf den Innenhof fläzte, hat nicht nur meine Freundin große Augen gemacht, sondern auch der dicke Nachbarkater Diego. Sonst war er hier nämlich der Platzhirsch, vor dem sich Lotte stets in Acht nahm. Es schien sie nichts mehr aus der Ruhe zu bringen. Sie leckte sich genüsslich die Pfötchen sauber und würdigte Diego keines Blickes, der wie

angewurzelt aus sicherer Entfernung die alte Katzendame ansah. Während Lotte ihre Angst verlor, verlor
Diego seine Angriffslust.

Vorsichtig lege ich sie ins Bett auf das Kissen neben
mich. Sie schnurrt, während ich ihr übers Köpfchen
streiche und leise ein Lied summe. Ich bin ihr seltsam
vertraut. Nur wir beide kennen ihr Geheimnis. Sie hat
mir verraten, dass sie sich bald auf eine große Reise
begeben wird. Und dass sie dafür nur noch eine letzte
Hürde überwinden muss. Sie muss sich von ihrem
Körper befreien. Manche glauben, dass Katzen das
Geheimnis von Leben, Tod und Wiedergeburt wahren.
    Einige Stunden liege ich neben ihr. Dann beschließe
ich, die Tierärztin anzurufen. Als ich Lottes Zustand
beschreibe, sagt sie, wir sollen in die Klinik kommen.
    Ich hole die Katzentragetasche und stelle sie aufs Bett.
Vorsichtig hebe ich den kleinen Körper an und will ihn
durch die Seitenöffnung in die Tasche setzen. Plötzlich
ist Lotte wieder bei Sinnen und als sie erkennt, was ihr
blüht, beginnt sie zu miauen und sich zu wehren. Mit
aller Kraft, die sie aufbringen kann, stemmt sie ihr
Hinterteil gegen meine Hand. Es bricht mir das Herz,
sie dennoch gegen ihren Willen in die Tasche zu schieben. Lotte weiß genau, was das bedeutet. In den vergangenen Wochen musste sie diese Strapazen immer
wieder auf sich nehmen.
    Eine Nachbarin meiner Freundin fährt uns in die
Klinik. Es ist dreiundzwanzig Uhr. Im Wartezimmer
sind noch drei andere Notfälle. Eine weitere Katze und
zwei Hunde. Der Labrador hat epileptische Anfälle und
läuft verwirrt und nervös umher. Ihre Besitzer versuchen, ihn zu beruhigen. Lotte schaut mit großen
Augen durch das Plastikgitter der Tasche auf meinem

Schoß und miaut. Ich flüstere ihr zu, dass alles gut wird. Ich weiß nicht, ob sie mir glaubt. Die Nachbarin heißt Claudia und erzählt von ihrem Hund, der ein paar Jahre zuvor gestorben ist. Er war ihr Ein und Alles. Obwohl ich Claudia gerade erst kennengelernt habe, ist sie in diesem Moment genau der richtige Mensch an meiner Seite.

Nach einer Stunde dürfen wir mit Lotte ins Behandlungszimmer. In der Ecke liegt der epileptische Hund und jault leise. Ich hebe Lotte aus der Tasche. Widerstandslos ergibt sie sich ihrem Schicksal und legt sich flach wie eine Flunder auf den mintgrünen Bezug der Operationsliege. Die Tierärztin kennt Lottes Krankheitsverlauf. Sie schaut ihr in den Mund. Das gelbliche Zahnfleisch weist auf Leberversagen hin. Wenn es ihr Tier wäre, so sagt sie, würde sie es jetzt erlösen, aber das könne sie nicht entscheiden. Und ich kann es auch nicht. Das kann nur die Besitzerin. Ich rufe Rebecca an, doch sie geht nicht ans Telefon. Sie ist für ein paar Tage nach Griechenland geflogen, der erste kurze Urlaub nach über einem Jahr. Es ist null Uhr dreißig, wahrscheinlich schläft sie.

In den letzten Monaten ging es mit Lotte bergab. Fast jede Woche war meine Freundin mit ihr bei Ärzten und Homöopathen. Sie schien sich immer wieder zu berappeln. Sie ist ja auch erst elf, kein Alter für eine Katze. Doch seit ein paar Tagen, seitdem ihre treue Gefährtin nicht zu Hause ist, lässt Lotte langsam los vom Leben.

Ich rufe Rebeccas Mutter an. Wir beraten uns und beschließen, dass es keinen Sinn macht, Lotte weiter leiden zu lassen. Wir sind uns sicher, dass Rebecca dasselbe getan hätte. Noch ein letztes Mal wähle ich die Nummer meiner Freundin. Ohne Erfolg.

Der Tod ist ständig in unserer Nähe, doch wir

bemerken ihn meist nicht, vor allem dann nicht, wenn wir mitten im Leben stehen. Bei manchen kündigt er sich lange vorher an, bei anderen fällt er durch die Hintertür ein. Bei Lotte hat er vor längerer Zeit ein Zeichen gegeben, dass er sich auf den Weg macht. Nun wartet er bereits eine Weile vor der Tür. Ich fühle mich wie sein Gehilfe und öffne ihm. Die Tierärztin bekommt ein Zeichen von mir, dass es soweit ist. Es werde ganz schnell gehen, sagt sie.

Als die Ärztin die Spritze ansetzt und mit ihrem Daumen langsam die Flüssigkeit in den weichen Körper drückt, streicheln Claudia und ich Lotte übers Fell. Seltsam, wie sich zwei wildfremde Menschen begegnen, um einen so intimen Moment zu teilen. Ich halte meinen Kopf ganz nah an den von Lotte. Es wird alles gut, bald wird es dir besser gehen. So langsam glaubt sie mir. Wahrscheinlich hat sie die andere Seite, dort, wo es keine Schmerzen gibt, schon erblickt. Sie ist so weich und warm. Ihre Augen sind geschlossen. Noch einige Male hebt und senkt sich ihr Fell auf Höhe ihrer Lungen. Dann ist auch der letzte Atemzug getan. Lotte hat ihren kranken Körper abgelegt und sich auf die Reise gemacht. Einen Moment lang ist es ganz still. Auch der Hund hat aufgehört zu jaulen.

Die Tierärztin legt Lotte behutsam zurück in die Tasche und verabschiedet sich herzlich von uns. Auch wenn er zu ihrem Alltag gehört, scheint der Tod sie noch immer zu berühren.

Still fahren Claudia und ich durch die menschenleeren Straßen der Nacht zurück nach Hause.

Tunnelblick.

Dann klingelt mein Telefon. Es ist meine Freundin.

„Hallo", sage ich und spüre, wie sich ein Kloß im Hals bildet.

„Ich weiß es schon", schluchzt sie leise. „Danke, dass du da bist ... Hätte ich gewusst, dass es zu Ende geht, wäre ich nicht gefahren."

„Ich weiß."

Wenn sie weint, klingt sie wie ein kleines Mädchen, das man auf den Schoß nehmen möchte, um es zu trösten. Stattdessen setzt sich genau in diesem Moment jemand auf ihren Schoß. Ein schneeweißer griechischer Kater. Während auf meinem Schoß die pechschwarze Lotte ruht.

Zu Hause angekommen, stelle ich die Tasche auf den Balkon. Es ist die letzte laue Sommernacht, die Lottes Körper auf dieser Welt verbringt, bevor er wieder eins mit der Erde wird.

Im Bett meiner Freundin liegend, schaue ich auf das Kissen neben mir. An der Stelle, wo Lotte eben noch lag, erinnern eine Delle und feine schwarze Haare an sie.

Ich schließe die Augen. Es dauert eine Weile, bis ich einschlafe. Seitdem ich mich mit dem luziden Träumen beschäftige, kann ich mich viel besser an meine Träume erinnern und die Häufigkeit der Klarträume hat zugenommen. Zudem habe ich den Eindruck, dass meine nächtlichen inneren Ausflüge durch die Ayahuasca-Zeremonien noch intensiver geworden sind. Und so erwartet mich in dieser Nacht wieder eine lebendige Geschichte, auch wenn sie nach Tod schmeckt.

Taumelnd schleppe ich mich zum Waschbecken. Ich spucke Blut. Es geht dem Ende zu, das spüre ich. Ich setze mich auf einen Stuhl und binde mir die weißen Turnschuhe zu. Danach trete ich vor den Spiegel und tusche meine Wimpern tiefschwarz, rücke mir die Jeans und die weiße Bluse noch einmal zurecht. Ich trete einen Schritt nach hinten. Ist das Outfit nicht etwas salopp für diesen Anlass? Nach kurzem Zögern ist mein Spiegelbild dann doch einverstanden und nickt. So kann ich gehen.

Ich trete hinaus und laufe einen schmalen Feldweg entlang. Um mich herum blüht und grünt alles. Ein Blick auf die Uhr verrät, dass ich spät dran bin. Ich lege einen Zahn zu. Schon von Weitem erkenne ich, dass alle mir wichtigen Menschen bereits da sind. Sie haben sich um ein Erdloch versammelt.

Es ist mein Grab.

In diesem Moment erwache ich.

Der schwarze Mann

Zwei Tage nach Lottes Begräbnis befinde ich mich während einer weiteren Ayahuasca-Zeremonie in meinem eigenen Grab. Zentimeter für Zentimeter gleitet mein Körper tiefer in die Erde. Viele Köpfe beugen sich zu mir hinunter. Ich sehe sie durch meine geschlossenen Augen. Als ich auf dem feucht-kalten Boden ankomme, beginnen sie, Erde auf mich zu schippen. Ich vertraue und lasse geschehen.

Die restliche Nacht allerdings begleiten mich finstere Gestalten in schwarzen Umhängen. Da ich sie nicht sehen will, wälze ich mich hin und her und öffne die Augen, damit sie verschwinden. Der Plan geht auf. Heute Nacht entkomme ich, muss die Wendeltreppe hinunter in den Keller nicht mit ihnen gehen.

Doch am nächsten Abend im eigenen Bett schalte ich das Licht nur ungern aus. Der volle Mond steht mir bei, bis ich einschlafe. Und träume.

Unruhig laufe ich im Zimmer auf und ab. In mir herrscht eine seltsame Gewissheit. Gleich werde ich umge-

bracht. Er ist schon im Haus, auf dem Weg zu mir. Ich könnte flüchten, doch ich spüre keinen Impuls wegzulaufen. Da muss ich jetzt durch. Ich bin nicht panisch, nur nervös. Weil ich nicht weiß, was danach kommt. Jeder Schritt wird begleitet vom Knarren der Dielen, das sich immer mehr in einen knarzenden Quietschton wandelt. Es klingt wie eine Warnung. Lauf weg! Doch ich bleibe. Und als er an meiner halb geöffneten Zimmertür stehen bleibt, verstummen auch die Warnrufe. Es gibt kein Zurück mehr.

Mit seinem Zeigefinger durchbricht er die Stille. Klopf. Klopf. Wortlos drehe ich mich zu ihm um. Die Kapuze seines schwarzen Pullovers deutet die Form eines Kopfes an, doch statt eines Gesichts umhüllt sie nur eine dunkle Leere. Um nicht zu erstarren, plaudere ich ein wenig drauf los. Ein kläglicher Versuch, über meine Nervosität hinwegzutäuschen. Es bleibt ein Monolog, bis auch meine Worte verhallt sind. Ich drehe ihm meinen Rücken zu und gehe zum Fenster. Draußen ist es stockfinster. Durch die Reflexion im Glas sehe ich ihn näher kommen. Mein gesamter Körper, vom Kopf bis zu den Knöcheln, überkommt ein Schauern. Er trägt schwarze Handschuhe und spannt eine Schnur zwischen seinen Fingern. Ich schließe die Augen. Er steht nun ganz dicht hinter mir. Ich höre das dumpfe Knirschen der Lederhandschuhe, die sich meinem Kopf nähern. Langsam zieht er die Schnur an meinem Gesicht vorbei in Richtung Hals. Mir stockt der Atem. Jetzt ist der Moment. Als die Schlinge meinen Kehlkopf berührt, schrecke ich auf.

Und sitze mit einem Mal senkrecht im Bett. Mein Herz springt mir fast aus der Brust. Ich halte es fest. Schweißtropfen bahnen sich ihren Weg über meinen Bauch. Langsam beruhigt sich mein Atem wieder und erleichtert sinke ich zurück auf die Matratze. Ich kann mich nicht erinnern, wann ich jemals so aufgeschreckt bin von einem Traum.

Es dauert eine Weile, bis ich wieder einschlafe.

Am nächsten Morgen setze ich mich an meinen Schreibtisch und klappe meinen Laptop auf. Ich lege meine Hände auf die Tastatur und starre auf meine Finger. Doch so lange ich auch warte, sie wollen einfach keine Worte tippen. Viele Wochen sind mittlerweile verstrichen, ohne dass ich auch nur eine Zeile geschrieben habe. Ungeduld und innerer Druck reichen sich die Hand und pressen gemeinsam gegen meine Brust, lassen mir nicht genügend Raum zum Atmen. Der Kopf bringt die immerselben Gedanken hervor. *Du musst das Buch fertig schreiben. Du musst das Buch fertig schreiben!* Immer leiser wird die Stimme aus dem Hinterkopf, die lange wohlwollend und beruhigend auf mich einwirkte. *Es bedarf keiner Eile. Es geschieht alles zur rechten Zeit.* Ich fühle mich wie ein Schüler, der konsequent keine Hausaufgaben macht und nun um seine Versetzung fürchten muss. Dieses schöne Projekt, das sich anfangs wie ein zartes Baby an meine Brust schmiegte, verwandelt sich gerade von einem Milch- in einen Blutsauger, der mir kostbare Energie raubt. Wie konnte es soweit kommen? Wieso fühle ich mich so fremdbestimmt? Dies ist mein Projekt, verdammt noch mal. Dies ist keine Auftragsarbeit.

Oh doch, dahinter steckt sehr wohl ein Auftraggeber, und zwar der wichtigste, den es geben kann. Mein Herz höchstpersönlich! Und das verdient mehr Raum. Allein auf SEINE Stimme sollte ich mehr hören und mir keinen Druck von außen zuziehen. Dabei gibt es auch gar keinen Druck von außen! Niemand anderes macht mir Druck. Dafür bin allein ich verantwortlich.

Doch wie soll ich es fließen lassen, wenn das Rohr verstopft ist? Wie soll ich kreativ und bunt sein, wenn der Grauschleier mich erdrückt? Wie kann ich andere inspirieren, wenn sich Gedanken statt auf Papier, auf der Stirn abzeichnen? Ich dachte, ich hätte meine Berufung gefunden. Zur Zeit ruft nichts. Meine Gedanken öden mich an.

Ich sitze da und bin verkrampft. Ich kann diese Quelle nicht einfach anzapfen, wie ich es will. Sie ist ein Geschenk und eine Gnade. Mir fehlt zur Zeit etwas Essentielles. Mir fehlt der Humor. Ohne Humor auch keine Lust. Ohne Humor keine Leichtigkeit und Lebensfreude.

Ich hasse solche Dürreperioden. Dabei weiß ich: Ich sollte auch sie integrieren, nur dann füllt sich das Flussbett wieder mit Wasser. Ich habe noch so viel zu sagen, doch was nützt es, wenn die Lust fehlt? Das Feuer ist erstickt unter meinem sorgenvollen Atem. Ich habe deutlich gespürt, wenn etwas gut war. Jetzt ist auch das Beste schlecht. Mein Ego geht mir auf die Nerven. Alles zieht vorbei, ich hänge fest in meinem Kopf. Will auf den Grund vordringen, doch auf halber Strecke geht mir die Puste aus. Ich hechte zurück an die Oberfläche. Vielleicht gehöre ich hierhin. Tiefgang war nie meine Stärke, Selbstmitleid entpuppt sich gerade als eine. Viele unverrichtete Aufgaben lungern auf dem Weg. Wo zum Teufel ist der Besen? Braune Suppe läuft über das staubige Fenster, nimmt mir die Sicht auf graue Wolken. Ich kann so viel essen, wie ich will, mein Magen knurrt weiter vor Hunger. Der Appetit ist mir vergangen, die Speisekarte leer.

Ich weiß: Dies ist eine Aufgabe, eine Prüfung für mein Selbstvertrauen und eine Aufforderung, durchzuhalten. Doch wo ist hier der Hinterausgang? Die halbe Strecke ist geschafft – Bergfest fühlt sich anders an. Disziplin kann ich buchstabieren, mehr nicht. Ich habe immer noch Hemmungen, mich voll zu zeigen. Wenn ich es tue, liebst du mich dann trotzdem noch? Wieso glaube ich gerade nicht an ein *Dann erst recht!* Ich weiß, wenn mich der Mut wieder packt, reicht mir auch das Hindernis die Hand. Doch zwischen mir und dem Mut liegt gerade mehr als eine Armlänge. So leicht kriegt er mich nicht zu packen.

Zweifel

Manchmal denke ich immer noch darüber nach, ob das alles totaler Bullshit ist, was mir die spirituelle Welt vermitteln will. Ob ich mich blenden lasse von einer romantischen Vorstellung, dass alles eins sei und über allem Liebe stehe. Ob sich die Menschen aus Angst vor dem Tod ein Schiff mit dem Namen Hoffnung gebaut haben, mit dem sie die Insel, auf der alles verwelkt, verlassen können, um zu neuen Ufern aufzubrechen. Um auf die andere Seite zu gelangen, wo das Gras grüner ist und die Blüten ewig blühen. Um der Endgültigkeit zu entkommen. Manchmal ertappe ich mich, wie auch ich dem rein materialistischen Weltbild verfalle, das unsere moderne Wissenschaft uns auferlegt, das unsere Gesellschaft prägt, weil wir in Zeiten der sogenannten „Vernunft" groß geworden sind. Eine Vernunft, die uns einbläut, dass das Leben durch Zufall entstanden sei. Eine Vernunft, die den Menschen und seine Wissenschaft über alles stellt und die behauptet, nach dem Tod bleibe vom Leben nichts als Staub und Asche. Die ihre wissenschaftlichen Erkenntnisse als Wahrheit verkauft und diese Wahrheit dann alle paar Jahre als Müll entsorgt und durch eine neue ersetzt wird.

Ist das wirklich vernünftig? Nur das zu glauben, was

sich wissenschaftlich beweisen lässt und alles andere zu verneinen, zu verleugnen?

Ich weiß es nicht.

Meine allgemeinen Zweifel machen auch vor Marius keinen Halt. Ich bewundere ihn für sein Universalwissen und seine Arbeit, doch ich frage mich, ob ich mir einen kritischen Blick bewahrt habe oder nur blind hinterherlaufe. Befeuert werden meine Zweifel von einem luziden Traum, den ich kürzlich hatte, in dem mir eine Stimme klar und deutlich sagte: „Lies das Buch *Das Rote Zimmer*!" Ich hatte noch nie etwas von diesem Buch gehört und schaute daraufhin sofort im Internet nach dem Autor und der Inhaltsangabe. Es stammt von dem 1912 verstorbenen schwedischen Schriftsteller August Strindberg und handelt von der „Desillusionierung eines Idealisten". Ein gutgläubiger junger Mann beschließt, Schriftsteller zu werden, um Wahrheit und Fortschritt zu dienen. „Doch wohin er sich auch wendet, er trifft auf Machtdünkel und Manipulation", heißt es in der Kurzbeschreibung.

Bin ich zu gutgläubig? Bin ich wieder in die Naivitätsfalle getappt? Woher weiß ich, ob ich Marius wirklich vertrauen kann?

In drei Tagen steht die nächste Begegnung mit Ayahuasca an. Ich bin gespannt, wie sich meine Zweifel auf den Verlauf der Zeremonie auswirken werden. Wieder einmal erwartet mich eine Reise ins Ungewisse.

Selbstgeißelung

Die Session entpuppt sich als ein harter Kampf mit mir selbst. Endlose Gedankenschleifen zermartern mich. Ich kann mich nicht befreien aus dieser Selbstgeißelung. Ich wälze mich hin und her in der Hoffnung, dass dies auch meine innere Welt umdreht, ich mich wegdrehen kann vor meinen Zweifeln, vor mir selbst. Weit gefehlt, ich kann nicht flüchten. Ich fühle mich wie in einem Albtraum, in dem ich wegrennen will, doch hilflos auf der Stelle trete. Ich sehne mich nach diesem inneren Frieden, den ich in anderen Sessions durch Ayahuasca erfahren durfte. Gleichzeitig bemerke ich das Chaos in meinem Kopf. Die Frage, ob ich Marius vertrauen kann, wandelt sich immer mehr in eine andere Frage.

Vertraue ich mir selbst überhaupt?

Noch frustriert von dieser Nacht sitze ich am nächsten Morgen nachdenklich auf meiner Matte, als sich Tobi zu mir setzt, den ich bereits von einer anderen Session kenne. Ich erzähle ihm unter Tränen, wie anstrengend die letzte Nacht für mich war. Als ich fertig bin, fragt er: „Und weißt du, was der nächste Schritt ist?".

Ich schüttele den Kopf.

„Frieden zu schließen mit deinem Ego! Erlaube dir die Zweifel und verurteile dich nicht dafür. Es ist einfach nur menschlich!"

Wie Recht er hat. Und wie heilsam sich seine Worte anfühlen. Weil sie so wertfrei und mitfühlend sind.

Menschen machen Fehler! Wir sind alle nicht perfekt. Weder Marius noch ich. Plötzlich erkenne ich, dass ich Marius auf ein Podest gestellt und bewundert habe. Dass ich ihm damit unbewusst ein Stück seiner Menschlichkeit genommen habe. Ich bin in die Guru-Falle getappt! Idealisierungen sind Illusionen und da Illusionen Selbsttäuschungen sind, hat die Enttäuschung leichtes Spiel, sobald das Licht die Täuschung entlarvt.

Den Keller aufräumen

„Wenn eine Gesellschaft ihre Mitglieder durch unentwegte Propaganda dazu erzieht, ihren Urinstinkten zu misstrauen und sich von den eigenen Tiefenbereichen abzuwenden, wird das räuberische Element in der Psyche jedes einzelnen zum dominanten Aspekt. "[75]

Clarissa Pinkola Estés

Eines kalten Abends laufe ich mit zwei Freundinnen durch eine dunkle Gasse Berlins. Es kommen uns ein paar Männer mit schwarzen Kapuzenpullis entgegen. Sie sehen nicht vertrauenserweckend aus, doch da sie grölen, machen sie uns nicht wirklich Angst. Bellende Hunde beißen nicht, sagt man.

Was mir bei ihrem Anblick aber plötzlich wieder in den Sinn kommt, ist mein Traum, den ich vor ein paar Wochen hatte. Die tief ins Gesicht gezogenen schwarzen Kapuzenpullis erinnern mich an den Mann, der in mein Haus eindrang, um mich umzubringen.

Wieder zu Hause angekommen, will ich vor dem Einschlafen noch ein paar Zeilen lesen und greife zum Buch „Die Wolfsfrau", das schon seit längerem in meinem Regal steht. Als ich einen Blick ins Inhaltsverzeichnis werfe, fällt mir das Kapitel „Der dunkle Mann in den Träumen der Frauen" ins Auge.

Was ich dort lese, verblüfft mich. Es scheint ein Traum mit einem universellen Grundmuster zu sein, den schon viele Frauen auf der ganzen Welt auf diese oder ähnliche Weise erlebt haben. Die Autorin Clarissa

---

[75] Clarissa Pinkola Estés, Die Wolfsfrau. Die Kraft der weiblichen Urinstinkte, 47. Auflage, München 2012, S. 89.

Pinkola Estés nennt ihn einen Einweihungstraum. Den persönlichen Umständen entsprechend wird der Traum auf verschiedenen Ebenen interpretiert. Ich finde mich in folgender Interpretation wieder:

„Wenn eine Frau von erschreckenden Mannesgestalten träumt, dann mag es sein, dass sie sich in einer allzu angepassten, trägen oder resignierten Gemütsverfassung befindet, woraufhin die Psyche dafür sorgt, dass das Schreckensbild eines Traums den notwendigen Aufruhr in ihr erzeugt, durch den die stagnierte Energie wieder in Fluss gerät, in Bewegung kommt. Ein Traum wie der vom Eindringling mit bösen Absichten zeigt, dass die Träumerin sich scheut, eine gravierende Entscheidung selbstständig zu treffen, dass sie vor dem nächsten Schritt zurückschreckt und sich nicht traut, dem Räuber die Macht abzuringen, die sie ihm selbst zugestanden hat."[76] Ebenso könne so ein Traum mit Zweifeln am eigenen Talent zusammenhängen: *„Träume vom dunklen Mann sind in diesem Fall ein Hinweis auf destruktive Umtriebe in der Psyche, die einer Frau das Feuer der Schaffenskraft stehlen wollen."*[77]

Wenn ich auf die vergangenen trüben Wochen zurückblicke, so trifft dies ziemlich genau auf mich zu. Angsterregende Träume seien jedoch gut für die Kreativität, schreibt Estés, denn sie zeigen, was passiert, wenn man seine Talente brachliegen und schuldhaft verkommen lässt. Dies kann bewirken, dass man sich recht zügig wieder an sein Werk begibt.

Ich blättere einige Seiten zurück und entdecke dort eine Stelle, die mir möglicherweise eine Antwort auf eine Frage liefert, die ich schon einige Monate mit mir herumtrage. In meiner zweiten Ayahuasca-Nacht bei

[76] Ebd. S. 87.
[77] Ebd. S. 89f.

Marius hatte ich eine fiese Vision von einer unterirdischen Höhle, in der lauter abgetrennte Körperteile auf einem großen Haufen lagen. Gleichzeitig zu dieser Vision überkamen mich Ekel, Angst und Panik, die ich kurz darauf in meinen Eimer kotzte. Am nächsten Morgen fragte ich mich, was diese Vision wohl zu bedeuten habe. „Vielleicht heißt das, dass du Vegetarierin werden sollst", sagte eine Teilnehmerin zu mir. Dieser Erklärungsversuch schien naheliegend, stimmte mich jedoch nicht wirklich zufrieden.

Estés beschreibt die Geschichte von Blaubart, der seine „neugierigen" Ehefrauen in tausend Stücke zerhackt und im Keller hinter einer verschlossenen Tür aufbewahrt. Sie interpretiert die Geschichte so, dass hier von der Zerstückelung der weiblichen Kreativität schlechthin die Rede ist, von einem Angriff auf die weiblichen Urinstinkte. Bei ihrer psychologischen Märcheninterpretation sind alle Aspekte und Charaktere der Geschichte Symbole für das Drama, das sich in der Psyche einer einzigen Person abspielt. Die Figur des Blaubarts *„repräsentiert eine weit nach innen verdrängte mörderische Energie, die am Rande des Bewusstseins jeder Frau auf die nächstbeste Gelegenheit wartet, Widerstand gegen alles Weiterführende zu leisten."*[78] Um den Räuber der Psyche in den Griff zu bekommen, müssten Frauen in den Vollbesitz all ihrer instinktiven Kräfte gelangen. Frauen, die tapfer genug seien, stiegen dazu in die geheimsten unterirdischen Gänge ihrer Psyche hinab, um die vernachlässigten Räume zu inspizieren. Oder aber sie würden dort einfach hinabgestoßen. Letzteres trifft dann wohl eher auf mich zu. Manchmal braucht man eben einen Tritt in den Hintern.

[78] Ebd. S. 58.

Es hat gerade erst begonnen, doch die Emotionen fahren schon jetzt Achterbahn. In den vergangenen Monaten hat sich einiges an negativer Energie in mir angestaut und hier ist der perfekte Ort, um einmal so richtig Dampf abzulassen. Um leer zu werden. Fernab der Stadt auf einem einsamen Gutshof, umgeben von einer alten Mühle und zugeschneiten flachen Feldern so weit das Auge reicht. Ich bin auch hierhergekommen, um eine schwierige Entscheidung zu fällen. Ob mir diese fünf Tage Auszeit dabei helfen werden, weiß ich nicht.

Das Retreat wird geleitet von meiner Freundin Lina, die ein Jahr nach unserer Peru-Reise nach Guatemala geflogen ist, um dort einen dreißigtägigen spirituellen Workshop zu absolvieren. Ihr Lehrer dort war Richard, den wir gemeinsam in Peru kennengelernt hatten. Die Dinge, die sie in dem Ort mit dem schönen Namen San Pedro erfahren durfte, will sie uns nun hier unweit der brandenburgischen Ortschaft Seelow-Gusow zumindest ansatzweise näher bringen. Außer mir sind noch zwei weitere Teilnehmer, Christoph und Karina, dabei. Eine sehr intime Runde also.

Schon beim Einzelgespräch mit Lina am ersten Abend laufen mir die Tränen nur so herunter. Das hat vor allem mit der Entscheidung zu tun, die ich treffen muss. Nehme ich die Herausforderung an, die mir mein Leben gerade bietet und riskiere damit, IHN zu enttäuschen und zu verletzen, oder bleibe ich bei meinem Plan, bei unserem Plan, der sich schon so lange in unseren Köpfen manifestiert hat? Bin ich egoistisch, wenn ich meinen Weg gehe, oder würden wir am Ende beide davon profitieren? Die Frage zerreißt mich innerlich.

Am nächsten Morgen treffen wir vier uns um sieben Uhr im großen unter dem Spitzdach gelegenen Seminarraum zur ersten Übung, die wir nun jeden Morgen wiederholen. Es ist eine fünfphasige dynamische Meditation nach dem in den siebziger Jahren bekannt gewordenen indischen Guru Osho. Lina weist uns zunächst in die verschiedenen Stufen ein. Bei der ersten steht man breitbeinig da und atmet durch die Nase hektisch ein- und aus. Das geht ja noch. „Mehr als zehn Minuten lang", sagt Lina dann. Wie bitte? Die zweite Stufe nennt sich Chaos-Phase und ich ahne Böses. Lina bringt ihr schauspielerisches Talent zum Einsatz und gibt einen Schrei von sich, der durch Mark und Brandenburg geht.

„Lasst in dieser Phase alles an Wut und Trauer heraus, was in euch steckt. Und wenn ihr glaubt, nicht wütend oder traurig zu sein, dann tut einfach so. Schreit euch die Seele aus dem Leib und prügelt auf eure Matratze ein, schluchzt und rotzt in eure Taschentücher. Ich will, dass ihr alles gebt!", sagt Lina.

Ich verspüre ein leichtes Kratzen im Hals und räuspere mich. Christoph und Karina runzeln die Stirn. Das baut mich auf. In der dritten Phase steht man wieder breitbeinig, hebt die Arme seitlich angewinkelt und gibt bei jedem Ausatmen den Laut „Huh" von sich, während man dazu gleichzeitig leicht in die Knie geht. Die vierte Stufe ist die Freeze-Phase, in der man in der Position der Huh-Phase einfach erstarrt, während die letzte Stufe die Tanzphase ist, in der sich jeder nach Belieben bewegen kann. Insgesamt eine Stunde dauert die Meditation.

„Seid ihr bereit?", fragt Lina.

Wir nicken zurückhaltend.

„Gut, dann stellt euch auf eure Positionen."

Lina startet die wilde Trommelmusik und ruft: „Go!"

Ehrlich gesagt würde ich ihren Befehl gerne wörtlich nehmen und direkt zum Frühstück gehen. Doch die Atem-Phase gestaltet sich erstaunlicherweise recht gut. Es ist anstrengend, aber nicht so übermäßig, wie ich dachte. Ich fühle mich energetisiert, mit Sauerstoff durchflutet.

Lina schlägt den Gong und die zweite Phase mit noch wilderer Musik beginnt. Christoph scheint nur darauf gewartet zu haben, denn der Gongschlag ist kaum verhallt, schon lässt er einen Urschrei los, bei dem wohl so manchem Schaf im Umkreis von zehn Kilometern das Heu im Halse stecken bleibt. Ich hingegen trommele wie ein Duracell-Häschen auf meiner Matratze herum, bevor auch ich den Kopf beiseitelasse und einfach mal drauflos schreie. Sobald diese Hemmschwelle überwunden ist, spüre ich, wie gut das eigentlich tut. Mit jedem weiteren Schrei lasse ich mich tiefer auf die Erfahrung ein und empfinde tatsächlich Wut. Mit ganzer Kraft schlage ich nun auf die unschuldige Matratze ein, trete und trampele wie eine Furie auf ihr herum, bis sich die Wut plötzlich in Traurigkeit wandelt. Ich sinke in mich zusammen und breche in Tränen aus, weine eine Weile abwechselnd laut und leise vor mich hin und zücke dabei ein Tuch nach dem nächsten aus meiner mit Blumen und Peace-Zeichen verzierten Taschentücherbox.

Gong. Die Huh-Phase ist an der Reihe, bis auch diese – puh! – geschafft ist. Die Freeze-Phase ist zunächst angenehm entspannend, doch schon nach einer kurzen Weile werden die Arme verdammt müde und ich muss kämpfen, um der Schwerkraft nicht nachzugeben. Mir wird auf einmal ganz schummrig, so dass ich das Gefühl habe, mich übergeben zu müssen. Langsamen Schrittes gehe ich vor die Tür und hocke mich hin. Mein Atem ist tief und schwer. Ein paar Minuten später ist die Übelkeit verflogen und ich gehe wieder hinein zu den anderen, die schon in der Tanzphase vertieft sind. Zurück an meinem Platz, beginne ich, meine Hüften im Takt zu schwingen. Ich bin etwas gehemmt, meinen Bewegungen freien Lauf zu lassen und kann mich nicht vollständig entspannen. Die meiste Zeit über sind meine Augen geschlossen.

Als die Musik verstummt, halten wir noch für einige Momente inne, bevor wir in die Küche gehen, um uns Frühstück zuzubereiten. Wir sitzen schweigend am Tisch, während wir unsere Körper nähren. Nicht etwa, weil wir uns nichts zu erzählen hätten, sondern weil die Meditation am besten nachwirken kann, wenn jeder bei sich im Inneren bleibt. Die Stille hat etwas zutiefst Andächtiges.

Den ganzen Tag über machen wir verschiedene Übungen und als ich abends im Bett liege, wird mir bewusst, wie anders ich mich heute schon im Vergleich zum gestrigen Abend fühle. Viel ruhiger und ausgeglichener.

Mit Erstaunen beobachte ich, wie sehr sich die morgendliche Meditation von Tag zu Tag wandelt. Besser gesagt, die Meditation bleibt die gleiche, doch mein Empfinden der einzelnen Phasen verändert sich. Schon am zweiten Tag empfinde ich in der Chaos-Phase kaum noch Wut und Trauer, vielmehr powere ich mich hier einfach nur aus. Mit jedem Tag schreie ich hemmungsloser. Bei der Huh-Phase mutiere ich am dritten Tag zu einem Gorilla im Dschungel und am letzten Tag zu einem Krieger, der sich voller Entschlossenheit auf den Kampf einstimmt. Ich spüre dabei eine ungeheure Power im Becken und in den Beinen. Lina sagt hinterher, dass sie es total verblüfft habe, welche Kraft da zum Vorschein kam.

Beim Tanzen fühle ich mich mit jedem Tag freier und fröhlicher. Ich traue mich immer mehr, mich zu zeigen. Und ich habe dabei gelernt, bei mir zu bleiben. Während mir dies mit geschlossenen Augen noch leicht fällt, weil man automatisch mehr im Inneren bleibt, geht es mit der Zeit auch mit geöffneten Augen. Einmal ertappe ich mich allerdings dabei, wie ich Karinas coolen Tanzstil sehe und ihn sofort imitiere.

Aber nein: „I do it my way!"

Als größte Herausforderung bei der Freeze-Phase empfinde ich, die Gedanken nicht abschweifen zu lassen, sondern sich voll auf das Hier und Jetzt zu konzentrieren und darauf, sich möglichst gar nicht zu bewegen. Am dritten Tag gelingt mir dies zunächst ganz gut. Ich genieße den angenehmen Zustand zwischen Entspannung und Anspannung. Doch leider soll das Glück nur von kurzer Dauer sein, denn mein Fuß beginnt zu schmerzen. Okay, nicht bewegen, befehle ich meinem Körper, das geht gleich wieder vorbei, so wie jeder Zustand vorbeigeht. Einfach tief ein- und ausatmen.

Auaaa, grummelt es in meinem Geiste. Das ist jetzt eine kleine Herausforderung, meistere sie. Du hast wahrlich schon größere Ziele im Leben erreicht wie zum Beispiel ein abgeschlossenes Studium, diverse Ehrenurkunden bei den Bundesjugendspielen und … Und zack bewegt sich mein Fuß. Von ganz allein. Verdammt! Was denkt der da unten eigentlich, wer er ist?

Herz über Kopf

Eine Übung während des Retreats ist mir in besonderer Erinnerung geblieben. Lina forderte uns auf, aus dem Herzen über die Liebe und unsere aktuelle Situation zu sprechen.

Wir sitzen im Kreis und wer an der Reihe ist, soll einzeln aufstehen und beginnen, zu reden. Und zwar so lange, bis die anderen spüren, wann die Worte wirklich aus dem Herzen und nicht aus dem Kopf fließen. Sobald jemand dieses Gefühl hat, soll er aufstehen. Erst wenn auch der Letzte aus der Runde steht, darf derjenige aufhören zu reden.

Mich macht diese Aufgabenstellung äußerst nervös. Nicht etwa, weil mir dazu nichts einfällt, sondern vielmehr, weil mir die Situation vor einer Gruppe zu sprechen und obendrein völlig unvorbereitet noch nie zu meinen Lieblingsaufgaben zählte. Schon allein wenn es beispielsweise in einem Seminar darum geht, sich der Reihe nach mit einem Satz á la „Hallo, ich bin Kristina und ich bin hier, weil ..." vorzustellen, rutscht mir das Herz immer tiefer in die Hose, je näher der Zeitpunkt rückt, an dem die volle Aufmerksamkeit mir gewidmet wird. Wenn ich dann dran bin, versuche ich, das Zittern in meiner Stimme zu verbergen und möglichst souverän zu wirken. Leider macht mir mein Körper in solchen Situationen regelmäßig einen Strich durch die Rechnung und zeigt sich eher unkooperativ. So spüre ich, wie mir langsam aber sicher das Blut Richtung Kopf steigt. Und zu allem Überfluss gipfelt die Nervosität dann auch noch in einem Peinlich-Berührt-Sein über die Signalfarbe in meinem Gesicht, wobei der Farbton Himbeere übergeht in die Nuance Feuer. Wäre Karneval, könnte ich als Streichholz gehen.

Es ist eine völlig irrationale Furcht, die da zum Vorschein kommt, die wohl mit Versagensangst zu tun hat. Woher ich sie habe, weiß ich nicht.

Von Vorteil ist hier natürlich, dass mir die Gruppe bekannt und klein ist. Doch dass ich nicht einfach aufhören darf zu reden, wann ich will, sondern so lange sprechen muss, bis alle drei aufgestanden sind, negiert den Vorteil wieder.

Christoph und Karina sind zuerst an der Reihe. Die Aufgabe scheint beiden recht leicht zu fallen und so dauert es nicht lange, bis sie sich wieder setzen dürfen.

Ich bin dran. In dem Moment, in dem ich aufstehe, habe ich noch keinen blassen Schimmer, was ich gleich sagen werde. Pochenden Herzens schaue ich in die Gesichter.

Und schweige.

Dann schließe ich die Augen.

Was sagt mein Herz?

Ich beginne zu reden. Über die Liebe, über meine Liebe. Ich bringe zwei, drei holprige Sätze heraus. Dann kommt nichts mehr. Normalerweise wäre jetzt wieder so ein Streichholz-Moment, doch stattdessen bleibe ich ganz ruhig und nehme einfach nur wahr, was ist. Ich kann die Stille ertragen, spüre all die Aufmerksamkeit, die mir zuteil wird und die mir sonst so viel Unbehagen bereitet in solchen Situationen. Ich bleibe ganz zentriert bei mir, ohne mir Gedanken zu machen, was die anderen von mir denken oder erwarten. Das ist neu. Ich realisiere, dass es hier nicht darum geht, etwas zu leisten oder geprüft zu werden. Hier geht es darum, jeglichen Rollenmantel abzulegen und sich von seiner echten, wahrhaftigen Seite zu zeigen. Mit allen Unsicherheiten, die damit verbunden sind. Hier ist der Raum, sich verwundbar zu machen, denn hier werde ich gehalten.

Ich beginne wieder zu reden und mit jedem Wort fließt es mehr und mehr. Die schweren Ketten, die sich um meinen Körper gelegt hatten, beginnen sich zu lösen. Zuerst ist es Christoph, der aufsteht. Wenig später erhebt sich auch Karina.

Doch Lina bleibt sitzen.

Ich rede weiter und weiter. Mir kommt es vor wie ein in die Ewigkeit gezogener Moment. *Bitte steh auf, Lina!* flehe ich sie in Gedanken an.

Doch Lina bleibt sitzen.

Ich konzentriere mich erneut auf mein Herz, nehme einen tiefen Atemzug und rede einfach weiter.

Trau dich, dich zu zeigen.

Dann kommt plötzlich der Moment, in dem ich spüre, wie die Verbindung zwischen Herz und Kopf vollständig gelegt und der Weg frei ist, die Ketten endgültig abfallen. Und wie meine Lippen zum reinen Übermittler dessen werden, was in meinem Herzen blüht.

Das ist der Moment, in dem Lina aufsteht.

Am gleichen Nachmittag machen wir eine Herzmeditation. Zum Rhythmus der Musik bewegen wir uns mit dem rechten Fuß einen Schritt vor und wieder zurück, abwechselnd in alle Himmelsrichtungen. Die linke Hand liegt dabei auf dem Herzen, während der rechte Arm mit jedem Schritt vorwärts ausgestreckt und mit jedem Schritt zurück zur Mitte auf die linke Hand gelegt wird. Danach folgen die gleichen Bewegungen mit dem linken Arm und Fuß.

Ich beginne diese Meditation mit wenig Muße. Lustlos führe ich die Bewegungen aus und frage mich, wie lange sich das jetzt wohl hinziehen wird. Bis ich merke, welche Wirkung sich zunächst subtil und dann immer offensichtlicher abzeichnet. Wie die Bewegung in Verbindung mit der Musik die Gedanken beeinflusst. Wie Herz, Kopf und Körper plötzlich zu einer gemeinsamen Botschaft verschmelzen. Ich bin gerührt und fühle mich sanft von weicher Stärke durchdrungen. Und in diesem Moment fällt in meinem Innern eine Entscheidung.

Ich werde die Herausforderung annehmen!

Ich schaffe das!

WIR schaffen das!

Nach dem Retreat realisiere ich, dass vieles, was ich in den Ayahuasca-Sessions gelernt und erfahren habe, hier zum Einsatz kam. Von der Theorie zur praktischen Übung. Das Gelernte jedoch im Alltag anzuwenden, ist die eigentliche Herausforderung. Denn darum geht es bei Ayahuasca, wie auch bei vielen anderen spirituellen Wegen oder Lehren: Die Erkenntnisse, die man gewinnt, auch wirklich umzusetzen, die Erfahrung tagtäglich zu integrieren. Und die Dinge und Muster loszulassen, die man nicht mehr braucht.

Loslassen

Es fällt mir unheimlich schwer, mich von Dingen zu trennen. Mein Schrank quillt über vor Klamotten. Zugegeben: Mit nur einem Meter Breite ist es vergleichsweise auch ein wirklich kleiner Schrank, doch ich ziehe sowieso nur höchstens ein Drittel seines Inhalts regelmäßig an. Wozu also horte ich die ganzen Stoffe? Es könnte ja sein, denke ich mir, dass ich irgendwann doch mal wieder Lust auf die Schlaghose aus den Neunzigern oder das Fred-Feuerstein-T-Shirt habe.

Dabei weiß ich, wie gut es tut, Dinge auszusortieren. Es schafft Klarheit und neue Freiräume – das Außen überträgt sich aufs Innen und umgekehrt.

Damit ich aber soweit bin, im Außen auszumisten, muss ich erstmal im Kopf dafür bereit sein, bestimmte Dinge gehen zu lassen. Mich hinterfragen, warum ich an manchen Sachen festhalte und es so schwer finde, sie loszulassen. Woran halte ich da *eigentlich* fest?

Das Festhalten zeigt sich bei mir nicht nur an Dingen, sondern auch an Menschen und sogenannten Freundschaften. Manchmal fällt es mir schwer, Menschen gehen zu lassen, von denen ich gar nicht mehr weiß, warum ich sie überhaupt treffe. Wie geht man also am besten damit um, wenn man merkt, dass eine Freundschaft oder Bekanntschaft nicht mehr zu einem passt? Ich habe die Erfahrung gemacht, dass mein Körper mir schon anzeigt, wer mir guttut und wer nicht, auf wen ich Lust habe und auf wen eben nicht. Entweder zieht sich innerlich alles zusammen oder alles öffnet sich. So simpel ist das. Der Körper ist ein sehr guter Ratgeber in Sachen Freundschaft. Wieso folge ich ihm dann nicht einfach konsequent?

Kürzlich hat sich eine alte Bekannte per SMS bei mir gemeldet, mit der ich mich alle paar Monate treffe. Sie würde sich gerne auf ein Glas Wein mit mir verabreden. Ich habe ihr noch nicht geantwortet. Denn wenn ich ehrlich bin, haben wir uns mit der Zeit auseinanderentwickelt. Mich zieht es einfach nicht in ihre Richtung. Doch mitgeteilt habe ich ihr das bisher nicht, weil ich sie nicht verletzen will. Und weil mir der Mumm fehlt, ich zu feige bin.

In dem Buch „Der Weg der Kaiserin", das ich gerade lese, gibt es das Kapitel „Abschied nehmen und Trennung". Die Kaiserin stellt sich sowohl bei Dingen als auch bei Menschen die alles entscheidende Frage: „Stärkt es oder schwächt es mich?" Sie umgibt sich mit Menschen, die sie inspirieren, sie beflügeln. Niemals tut sie etwas aus Gefälligkeit. Sie weiß, dass manchmal auch eine Trennung von lieben und netten Menschen ansteht, wenn eine Beziehung oder Freundschaft einfach vorbei ist. Eine Trennung hinauszuzögern bringe überhaupt nichts, sondern verschlimmere es nur und entziehe ihr wertvolle Energie. Sich von etwas zu trennen, bedeute auch, Platz für etwas Neues zu schaffen.[79]

Nach diesem Kapitel weiß ich, was zu tun ist. Ich muss meiner Bekannten schreiben, dass sich unsere Freundschaft für mich nicht mehr stimmig anfühlt. Besser jetzt als später. Oder gleich heute Abend. Besser spät als nie. Ich bringe es auf jeden Fall heute noch hinter mich. Schließlich bin ich eine Kaiserin.

Am Abend beschließe ich, dass ich lieber noch eine

[79] Christine Li und Ulja Krautwald, Der Weg der Kaiserin. Wie Frauen die alten chinesischen Geheimnisse weiblicher Lust und Macht für sich entdecken, 9. Auflage, Frankfurt am Main 2014, S. 191f.

Nacht drüber schlafen sollte.

Aus der einen Nacht werden sieben.

Dann bekomme ich Besuch von meiner Freundin Sarah aus Köln.

„Hast hier ja richtig aufgeräumt", sagt sie mit hochgezogenen Augenbrauen, als sie durch meine Wohnung läuft.

„Äh, ja, hab ich", erwidere ich etwas verdutzt.

„Das nennst du aufgeräumt? Hier steht doch voll viel Zeugs rum. Davon kann aber einiges zum Flohmarkt oder besser gleich zum Sperrmüll."

Das ist das Schöne an einer echten, tiefen Freundschaft: Da kann man sich ehrlich an den Kopf knallen, was man denkt, ohne darüber nachzudenken, ob der andere einem das übel nehmen könnte. Wie herrlich unbeschwert. Manchmal hilft der Blick von außen, damit man selbst wieder klarer oder aber damit man manche Dinge überhaupt erst wieder sieht. So zum Beispiel das kitschige Sektglas mit dem großen roten Herzchen, das ich von einer Freundin geschenkt bekommen habe. Seit vielen Jahren steht es unbenutzt und einsam im Regal, allein der emotionalen Komponente wegen habe ich es noch nicht des Platzes verwiesen. Gerade Geschenke auszusortieren fällt mir schwer. Als würde ich die Geste des Schenkens nicht genügend würdigen und damit auch einen Teil der Freundschaft wegschmeißen. Das ist natürlich Quatsch. Vielleicht liegt diesem Verhalten aber auch eine Art Kindheitstrauma zugrunde. Ich erinnere mich, wie ich in der zweiten Klasse meiner Lehrerin einen Brief geschrieben, mit Verzierungen und einem Foto von mir versehen und ihr ganz stolz geschenkt habe. War gar kein Rumgeschleime, sondern die ehrliche Geste eines unschuldigen siebenjährigen Mädchens. Am nächsten Tag fand ich diesen Brief zufällig in einem anderen Klassenraum im Mülleimer. Ich fischte ihn zwischen den Bananenschalen heraus und brachte ihn Frau Fliege zurück.

„Haben Sie den verloren? Ich habe ihn im Papierkorb gefunden!"

Sie hatte ihn nicht verloren.

„Ich kann doch nicht alles aufbewahren", sagte sie genervt, drehte sich um und trabte davon. Traurig und enttäuscht nahm ich den Brief wieder mit nach Hause und versteckte ihn in meinem Nachtschränkchen.

Möglicherweise hat mich diese Erfahrung so geprägt, dass ich bis heute ungern Geschenke wegwerfe, weil ich weiß, wie verletzend dies für den Schenkenden sein kann. Heutzutage könnte ich mir eine Scheibe Radikalität von Frau Fliege abschneiden. Ich könnte das Sektglas schnappen und zuhören, wie es im Glascontainer zerschellt. *Ich kann doch nicht alles aufbewahren*. Aber so herzlos bin ich einfach nicht.

Als ich Sarah wieder Richtung Köln verabschiede, packt mich die Lust, so richtig auszumisten. Das Resultat: Allein fünf große Tüten nur an Kleidung habe ich aussortiert und mein Schrank kann so tief atmen wie schon lange nicht mehr. Die Schlaghose gehört auch zu den Opfern, landet aber in einem Extra-Karton mit der Aufschrift „2020er". Der wird auf dem Dachboden verstaut. Bei Fred Feuerstein bin ich radikaler: Sein letzter Gang wird der zur Altkleidersammlung sein. Und von dort aus kann wieder ein neues Leben für ihn beginnen.

Noch am selben Abend spüre ich, dass die Zeit nun wirklich überreif ist. Ich beginne, eine Nachricht an meine Bekannte in mein Handy zu tippen. Nach einigem Hin- und Herformulieren steht der Text endlich. Ich drücke auf Senden. Dreißig Sekunden später erscheint das Signal „zugestellt" auf meinem Display.

So, jetzt ist es raus. Und schon ändert sich mein Gefühl. Wenn ich ihr jetzt auf der Straße begegnen würde, könnte ich ihr in die Augen schauen. Aufrichtig. Vorher hätte ich dies tunlichst vermieden oder ein betretenes Lächeln aufgesetzt, nichts als beschämte Worte herausgebracht und mich hinterher noch unwohler gefühlt.

Ich lege mein Handy beiseite und gehe in die Küche. Auf einmal stört mich das Herzchen-Sektglas gar nicht mehr. Ich wische den Staub ab und stelle es wieder auf seinen alt bekannten Platz. Wenn die Sonne darauf scheint, glänzt es. Sogar fast ein wenig kaiserlich.

PapAya

„Hallo Tina!
Bitte melde mich bei den „ ...-Sessions" an.
Bis bald,
Papa"

Ich staune nicht schlecht, als ich diese Email lese. Mein Vater will tatsächlich an einer Ayahuasca-Session teilnehmen. Einerseits freue ich mich, dass er so mutig ist und diesen Schritt wagt. Wer hätte das gedacht? Von meinem Vater, dem pensionierten Bundeswehrsoldaten. Andererseits kommen mir Gedanken wie: „Kann ich das verantworten? Was ist, wenn ihm irgendetwas Schlechtes passiert?" Ich weiß, dass ich mich von diesen Gedanken lösen sollte, aber das fällt mir nicht leicht.

Vor ein paar Wochen haben wir uns zum Abendessen in Berlin verabredet. Er erzählte mir da erstmals von seinen

Schlafstörungen, die er schon mehr als zehn Jahre hätte. Kaum eine Nacht schlafe er richtig durch. Albträume vom Krieg plagten ihn oft – dabei war er selbst nie im Krieg. Er glaubt, dass er diese Träume möglicherweise von seinem Vater übernommen hat, der im Zweiten Weltkrieg die schlimmsten Dinge erfahren haben muss. Was wird Papa wohl mit Ayahuasca durchleben?

Und wie wird die Erfahrung mit San Pedro sein?

Zusammen mit seinem Vater auf eine Reise zu gehen, während man in einem dunklen Raum liegt, ist eine Sache. Sich dabei in die Augen zu schauen, ist aber nochmal ein anderes Kaliber. Will ich, dass mein Vater mich in diesem Zustand sieht? Wenn man es sich genau überlegt, ist es eine ziemlich intime Angelegenheit. Wir sehen uns gegenseitig in einem Zustand, in dem wir uns bisher noch nie gesehen haben. Wir werden uns direkt in die Augen schauen und das nicht nur für einen flüchtigen Moment. Wir werden uns begegnen auf einer Ebene jenseits der Vater-Tochter-Beziehung. Werde ich dem Blick standhalten können oder werde ich ihm ausweichen? Wie wird es sein, wenn ich meinen Vater vielleicht weinen sehe? Werde ich ihn dann in den Arm nehmen können? Unsere Eltern sind eigentlich die Menschen, die uns am nahesten stehen sollten und dennoch sind sie uns auf eine bestimmte Weise fremd.

Ich erinnere mich an eine Situation, als wir in einer schwierigen Familienangelegenheit steckten und mein Vater am Tisch vor Verzweiflung in Tränen ausbrach. Es war kein leises Wimmern, dafür hatte er die Tränen schon zu lange unterdrückt. Das Weinen brach förmlich aus ihm heraus, es zerschmetterte den steinernen Wall in seiner Kehle und befreite sich aus seinem Innersten. Wir alle – meine Mama neben ihm, mein damaliger Freund und ich, die gegenüber saßen, wir alle waren wie gelähmt und rührten uns nicht vom Fleck. Wie versteinert blickte ich meinen Vater an.

Mein Vater, der Fels in der Brandung! So zerstört hatte ich ihn noch nie gesehen. Für einige Sekunden herrschte dieser Schleier der beißenden Stille. Meine Mutter saß mit gesenktem Kopf und glasigen Augen neben ihm, die Hände im Schoß liegend. Ich sah sie an und Wut stieg in mir auf: „Jetzt nimm ihn doch mal in den Arm!", rief ich ihr zu. Daraufhin erwachte sie aus ihrer Starre und streichelte ihm den Arm. Mehr konnte sie nicht. Und auch ich war nicht in der Lage, meinen Vater zu trösten.

Wie werde ich jetzt, zwölf Jahre später, mit den Tränen meines Vaters umgehen?

Am Telefon frage ich ihn, warum er sich dazu entschieden habe, mitzumachen.

„Na ja, nun hast du schon so lange davon erzählt. Ich will ja auch besser verstehen, wovon du da immer redest."

Ich schmunzele.

„Außerdem würde ich ja gerne mal wissen, was mein Leben mir noch so bringen wird. Ich hätte zum Beispiel Lust, mal eine Fernreise zu machen und fremde Kulturen kennenzulernen. Für ‚Work and Travel' bin ich ja nur leider schon zu alt."

„Eine Reise wird das auf alle Fälle, das kann ich dir versprechen."

Mein Vater lacht. Und wird dann wieder ganz ernst.

„Aber diese Leute, die das regelmäßig machen, da frage ich mich ja schon, ob die nicht süchtig sind. Wenn man das einmal macht, ist ja gut, aber das muss doch dann reichen." Er seufzt. „Wieso muss man das denn immer wieder machen?"

„Man muss gar nichts", sage ich zu meinem Vater. „Manche machen es nur einmal, andere machen es regelmäßig, je nachdem, um was es den Leuten geht. Ob sie spüren, dass es ihnen guttut und mit jedem Mal zunehmend besser geht. Wenn jemand tiefgreifende Probleme mithilfe der Pflanze lösen möchte, reicht es meistens nicht, nur eine einzige Session mitzumachen."

„Mmmh...", murmelt mein Vater. „Ich will auf jeden Fall nicht abhängig von dem Zeug werden!"

„Das wirst du nicht, auch das kann ich dir versprechen!"

„Soll ich einen Pyjama mitbringen?"

Ich muss daran denken, wie mir meine erste Session bei Marius wie eine riesengroße Pyjamaparty vorkam. Das ist mittlerweile etwas mehr als ein Jahr her.

„Nein, Papa. Bring einfach helle und bequeme Kleidung mit. Aber es ist ja noch ein wenig Zeit bis dahin."

Denn bevor ich mit meinem Vater auf eine Reise gehe, ist erstmal die Reise mit IHM dran.

Kloschüssel-Romantik

Als die Wirkung der Pflanze langsam nachlässt, öffne ich die Augen. Es ist noch immer dunkel. Ich erkenne die Umrisse der anderen, die über den Fußboden verteilt in ihren Schlafsäcken liegen. Der Platz neben mir ist hingegen leer. Ich robbe mich zum Rand des Sofas vor und schaue hinunter. Dort liegt ER auf einer dünnen Matte und dreht mir den Kopf zu.

„Du warst mir zu unruhig", flüstert er, um die anderen nicht zu stören. Die ganze Nacht habe ich mich geschüttelt, mich hin und her gewälzt, den ganzen

Dreck, die ganze Anspannung der letzten Wochen aus jeder einzelnen Pore ausgeschwitzt, bevor mein Körper endlich zur Ruhe kam. Die Herausforderung, die ich vor ein paar Monaten annahm, hat mich ziemlich weit aus meiner Komfortzone katapultiert.

„Wie war es für dich?", frage ich.

„Total lustig! Ich war wie ein kleines Baby, das alles zum ersten Mal erlebt!" Zum ersten Mal die Beine ausstrecken, zum ersten Mal schwimmen, zum ersten Mal etwas essen. Eine halbe Ewigkeit kaute und saugte er an einer einzigen Traube herum und machte dazu genüsslich schmatzende Geräusche, erzählt er mir. Wir kichern uns noch eine Weile an, bevor wir müde werden und einschlafen.

Als ich am nächsten Morgen in den Spiegel schaue, ist meine Stirn übersät mit vielen kleinen Pickelchen. Was sich unter der Haut an emotionalem Ballast angestaut hatte, dringt nun an die Oberfläche. Was San Pedro jetzt wohl hervorbringt?

Ich schlucke eine große Portion und schon bald darauf wird mir wieder übel verbunden mit dem Gefühl von „Oh Gott, das ist zuviel!" Mit schwerem Atem schleppe ich mich ins Badezimmer und schließe die Tür hinter mir zu. Ein- und ausatmen, ein- und ausatmen. Ich fühle mich elektrisiert wie ein Strommast, der nicht weiß, wie man Strom verteilt. Ich versuche, die überschüssige Energie in meinem Körper über meine Hände hinauszuschleudern. Nach endlos langen Minuten erlöst mich der Kaktus und ich übergebe mich in die Schüssel. Erleichterung.

Klopfen an der Tür.

„Alles okay bei dir?", höre ich seine vertraute Stimme.

Ich wanke zur Tür, schließe auf und bitte IHN hinein.

„Willst du nicht rauskommen? Es ist so schön draußen im Garten!"

„Nein, ich kann nicht" sage ich und als er merkt, dass es zwecklos ist, mich zu überreden, tritt er ein in mein kleines Verlies und verschließt uns vor der Außenwelt. Wir nehmen uns in den Arm. Ich muss mich hinsetzen. Er gibt mir Halt und als auch das Sitzen nicht genügt, sinken unsere Köpfe auf den nackten Fliesenboden der Tatsachen zwischen Dusche und Toilette. Er greift nach einem Handtuch und drückt es mühevoll unter meinen Körper, damit ich mich nicht verkühle. Eng umschlungen liegen wir da. Jetzt kann ich mich vollends fallen lassen. Selten habe ich mich so geborgen gefühlt.

Und dann beginne ich zu weinen. Erst fließen nur ein paar Tränen, doch je mehr ich die Traurigkeit zulasse, die in mir aufsteigt, desto mehr wandelt sich das Weinen in tiefes Schluchzen. All die Wut und all der Stress, die sich in mir angestaut und festgesetzt haben, finden nun endlich ein Ventil, über das sie abfließen können. Er streichelt mir währenddessen unentwegt den Kopf und lässt es einfach zu, spendet mir Trost. Ist da. Ist einfach nur da. Und schenkt mir seine volle uneigennützige Aufmerksamkeit.

Das ist Liebe.

Ich glaube, ich habe mich noch keinem Menschen gegenüber so verletzlich gezeigt. Mir wird bewusst, wie groß das Vertrauen ist, das ich ihm schenke. Und wieder einmal die Dankbarkeit, dass dieser Mensch in mein Leben getreten ist.

Nach eineinhalb Stunden hat das Schluchzen ein Ende und ich schnappe nach Luft. Nehme bewusst ein paar ganz tiefe Atemzüge. Das Tal ist durchschritten, nur noch ein paar Meter, dann habe ich den Gipfel des

Berges erklommen. Oben angekommen, ramme ich mit Schwung meine Flagge in die Erde. Ihre Botschaft lautet: „Kristina was here". Nein, ich habe mich verlesen: „Kristina IS here!"

Dass ich einer meiner intimsten und heilsamsten Stunden in meinem Leben ausgerechnet neben einer Kloschüssel verbringen würde, hätte ich mir vorher auch nicht ausgemalt.

Ich bin wieder bereit für die Außenwelt und nehme meine Liebe an die Hand. „Jetzt können wir in den Garten gehen!", sage ich.

Ganz großes Kino

Mein Vater legt sich ganz rechts außen an die Wand. Ein paar Meter weiter blase ich meine Matte auf. Genügend Abstand, um emotional nicht so involviert in seine Prozesse zu sein und nah genug, um ihn dennoch im Blick zu haben. Eine sichere Mischung.

Nach und nach füllt sich der Raum und es kommen bekannte Gesichter auf mich zu.

„Das ist mein Vater", sage ich zu François und zeige auf Papa. Der hat sich bereits ein weißes T-Shirt und eine hellgraue Trainingshose angezogen und ist gerade dabei, sich seine Matte mit ein paar Decken zu polstern.

„Aaah", lächelt François, tänzelt auf meinen Vater zu und umarmt ihn. Der weiß nicht recht, wie ihm geschieht, erwidert die Geste jedoch mit einem ehrlichen Lächeln. François erzählt ihm, dass er schon eine richtige Familien-Session gemacht hat mit seinen Eltern, Geschwistern, Cousinen und Cousins.

„Es war wirklisch wunderbar. Isch bin gespannt auf

Ihre Erzählungen", sagt er und macht sich dann auf zu seinem Lager.

Links von mir breitet sich Silke aus, eine junge Mutter von drei kleinen Kindern. Sie trägt einen Pferdeschwanz mit einem Achtziger-Jahre-Sloutchi-Haargummi und einen weiten knallpinken Pulli.

„Ach, werden hier keine Kotztüten verteilt?", fragt sie mich, als sie meinen Topf sieht.

„Nee, hier bringt sich jeder seine Utensilien selbst mit", sage ich. Ich bin mittlerweile umgestiegen. Da ich von Mal zu Mal treffsicherer geworden bin, dachte ich, es sei an der Zeit für ein von den Ausmaßen her etwas weniger dramatisches Gefäß als mein Zwanzig-Liter-Eimer. Auch im Leben eines Kochtopfs gibt es gute und schlechte Zeiten.

In der Küche ist Silke offenbar fündig geworden und kommt mit zwei kleinen weißen Plastiktüten zurück. Mit viel Geschick und kritischem Auge formt sie diese zu Brech-Gefäßen. Sie hat eine künstlerische Ader, das merkt man.

Rechts von mir sitzt Malte, der auf seine Fußsohle ein kreisförmiges Zeichen malt, während eine junge Frau seinen Nacken gerade mit etwas Dreieckigem verziert.

„Was ist das?", frage ich.

Er zeigt mir verschiedene farbenfrohe Bilder auf seinem Handy. „Das sind Kristalle."

„Aha."

„Von der sogenannten Kryonschule."

„Coole App", meint sein Nachbar zu den Bildern auf dem Telefon. Mich beeindruckt eher die Bandbreite an unterschiedlichen Menschen während so einer Session. Links der Sloutchi, rechts die Kryon-Kristalle, vor mir eine Frau mit einem feierlichen lila Gewand, das mit goldenen Verzierungen versehen ist, in der Ecke mein

Vater mit seinem Bundeswehrschlafsack. Und mittendrin ich. Heute trage ich wohl die unheiligste Kleidung von allen. Eine Zwei-Euro-Fünfundneunzig-Turnhose eines bekannten Textildiscounters, meine einzig bequeme weiße Hose. Zu meiner Verteidigung kann ich sagen, dass es wirklich ein Notfallkauf war, als ich im Yogastudio feststellte, dass ich meine Sportkleidung vergessen hatte. Ich schäme mich auch etwas dafür. So einen Laden sollte man nicht unterstützen, wenn man es sich leisten kann. Aber es war der einzige Laden in der Nähe. Und ich wollte unbedingt die Yogastunde mitmachen. Jetzt, wo ich die Hose nun einmal besitze, kann ich sie auch tragen, finde ich.

Olaf, der heute seine vierundfünfzigste Ayahuasca-Session macht, setzt sich zu mir und Silke. Er gibt uns ein paar Tipps für die Begegnung mit der strengen Mutter. Ziemlich zu Anfang einer Zeremonie sage er oft den Satz: „Heile mich aus" und erfahre daraufhin eine unmittelbare psychosomatische Reaktion. „Die Pflanze geht dann richtig durch meinen Körper und ich spüre, dass sie mich heilt", sagt er. Ich kenne dieses Gefühl auch, aber ohne dies vorher direkt anzuweisen.

„Wenn ihr zum Beispiel Tiere in euren Visionen seht", fährt er fort, „die das Maul aufreißen, dann habt keine Angst, sondern traut euch, in das Maul hineinzugehen. Ich springe sogar regelrecht in das Maul hinein! Denn es sind alles Türöffner zum Unbewussten".

„Du bist dann also Teil deiner Vision? Als wäre es völlig real?"

Er nickt.

„Für mich ist es meistens so, als würde ich auf eine Theaterbühne oder auf eine Einhundertachtzig-Grad-Leinwand schauen", sage ich.

„Dann ist es vielleicht so, dass du dein Leben auch

wie ein Theater betrachtest?"

So habe ich das noch nie gesehen.

„Jedenfalls kannst du die Pflanze bitten, in die Vision hineinzugehen!", sagt Olaf.

Wieso hat mir das vorher noch keiner gesagt? Das muss ich unbedingt ausprobieren.

Nach und nach füllen sich alle Plätze. Marius hat bereits zum Großteil den ersten Trunk ausgeschenkt, als eine junge, hübsche Frau mit dunkler Haut und langen schwarzen Locken neben meinem Vater Platz findet. Hektisch zieht sie sich an Ort und Stelle um und schluckt gleichzeitig das Gebräu aus dem Miniaturkelch hinunter, den ihr Marius reicht.

Dann ist mein Vater an der Reihe.

„Ist ein bisschen vergleichbar mit einem alkoholfreien Jägermeister", sagt Marius.

Mein Vater kippt sich den dunklen Schluck hastig in den Rachen. „Wie Lebertran … So schlimm ist es jetzt wirklich nicht", sagt er und wirft mir dabei einen abfälligen Blick zu.

Als alle versorgt sind, wird das Licht gelöscht. Nachdem noch schnell eine Whats-App-Nachricht verschickt wurde, schalten auch die letzten ihr Handy aus. Es kehrt Ruhe ein, bevor wieder die altbekannten Dschungelgeräusche vom Tonband in unsere Ohren schleichen.

„Ich spüre schon was, hui, das ist stark!", sagt Silke nach zwei Minuten und legt sich hin.

Auch ich lege mich auf die Matte und es dauert keine fünf Minuten, bis mich die Kraft der Pflanze voll durchdringt.

Wow, oh ja, diesmal ist die Medizin wirklich sehr stark, überhaupt kein Vergleich zu den letzten Malen. Marius hatte schon angekündigt, dass sehr viel „Energie" in dieser Mischung stecke. Er hat nicht zu viel versprochen! Zudem ist sie taufrisch. Keine fünf Stunden sind vergangen, seit er sie von der Herdplatte nahm.

Eines prägt sich in diesem ersten Teil der Zeremonie besonders ein. Und zwar der Moment, in dem ich mir zum ersten Mal in meinem Leben wirklich darüber klar werde, dass auch ich einmal eine achtzigjährige Oma sein werde. Das wusste ich natürlich schon vorher, vorausgesetzt ich werde so alt. So banal es auch klingen mag, aber in diesem Moment begreife ich es erst, fühle richtig, wie es Klick macht. Ich sehe diese Frau vor mir mit ihren grauen zu einem Dutt zusammen gebundenen Haaren und sympathisiere mit ihr, also mit mir. Ihr Wesen ist noch dasselbe wie eh und je, während ihr Körper dem Vergehen nahe ist. Und dass sich dieses Vergehen völlig in Ordnung anfühlt, ist das entscheidend Neue an dieser Perspektive. Ich erinnere mich, dass ich als Kind dachte, dass meine Oma immer eine Oma war und ich für immer ein Kind bleiben würde. Es kommt mir vor, als sei ich erst jetzt aus dieser Illusion erwacht.

Irgendwann bemerke ich, dass ich – wie in anderen Sessions zuvor auch schon – wieder anfange, das gerade Erlebte zu analysieren und im Kopf nachzuerzählen. Und dann habe ich das erlebt und dann war es so und so und bla, bla, bla. Es kommt mir vor wie eine Fortsetzung einer der letzten Sessions nur mit dem Unterschied, dass ich die Stimme diesmal stoppen kann. Ayahuasca führt mir vor Augen, dass ich häufig in die Beobachterrolle hineinschlüpfe, was mich davon abhält, wirklich im Erleben selbst zu sein und darin aufzugehen. Deshalb erscheint mir vielleicht auch oft die Theaterbühne. Ich löse mich bewusst von dieser Rolle und erinnere mich an Olafs Satz, wie ich Teil der Vision werden kann.

Ich sehe grüne Muster vor mir. Kann ich eintreten?

Mach doch.

Gesagt, getan. Ich steige wie durch ein Fenster erst mit dem einen und dann mit dem anderen Fuß in meine Vision und bin plötzlich mit meinem gesamten Körper in diesem Muster verwoben. Das fühlt sich, so absurd es klingen mag, wie ein großer Fortschritt an. Raus aus der Passivität und dem Geschehen lassen hinein in die Aktivität, ins Selbstgestalten.

Ein Riesenspaß!

Als die Wirkung nach vielen Stunden langsam nachlässt, richte ich mich auf und sehe durch die Dunkelheit, dass einige bereits gegangen sind, so auch Silke. Ich schaue hinüber zu Papas Platz. Sein leerer Schlafsack liegt dort wie ein Kokon, aus dem der Schmetterling geschlüpft ist. Er wird in die Küche geflogen sein. Ich stehe auf und setze behutsam einen Fuß vor den anderen. Ein wenig schummrig auf den Beinen durchquere ich den großen Raum. Ich fühle mich super. So entspannt, ruhig und rein. Ich biege um die Ecke in die Küche. Hier sitzen einige im warmen Licht auf Sofas und tauschen sich aus. Weiter hinten steht Papa mit Olaf und wirft sich wie im Akkord eine Weintraube nach der nächsten in den Mund.

„Das ist übrigens mein Vater."

Olaf schaut verdutzt. „Ach echt? Ich dachte, ihr seid ein Paar! Du siehst noch so jung aus, Jens."

Der grinst.

Nachdem sich Olaf verabschiedet hat, frage ich meinen Vater, wie es war.

„Ja ... Ich muss sagen ..." Er gestikuliert mit den Armen. „Es war einfach ganz großes Kino!"

Er erzählt mir von sprühenden Funken, die ihn ans Schweißen erinnerten, von wechselnden Farben und Mustern, rotschwarzen Lavaströmen, Drachen, ähnlich denen beim chinesischen Neujahrsfest. Später seien Bilder von wunderschönen Landschaften am Meer hinzugekommen, über die er wie ein Paraglider hinwegflog.

„Zu Beginn, als ich auf der Seite lag, waren die Visionen eher dunkel. Doch sobald ich mich auf den Rücken drehte, wurden die Bilder und Farben plötzlich heller, offener und weiter", sagt er. Emotional gesehen habe er keinerlei Veränderungen bemerkt. Und abgesehen von einem leicht schummrigen Gefühl im Körper sei er sonst einfach nur sehr entspannt gewesen.

Ich freue mich, dass die erste Begegnung meines Vaters mit der Pflanze so freundlich war.

Wir verschlingen ein paar Scheiben der saftig-süßen Ananas und beschließen zu gehen. Als wir den noch immer dunklen Zeremonieraum betreten, um unsere Sachen zu holen, sehe ich die Umrisse von zwei Teilnehmern, die sich auf dem Boden gegenübersitzen. Ich will mich eigentlich an ihnen vorbeischlängeln, doch dann flüstert mir das Mädchen mit den polangen Dreadlocks zu, ob wir mitmachen wollen.

„Wobei denn?"

„Wir machen hier einen Energiekreis."

Ich sehe die Umrisse ihrer Hände, wie sie die Hände des Mädchens mit den langen schwarzen Haaren halten, das neben Papa lag. Warum nicht, denke ich und rufe leise meinen Vater zurück, der schon weiter in Richtung Kokon gelaufen ist.

„Willst du mitmachen? Die machen hier einen Energiekreis", sage ich wie selbstverständlich, ohne zu wissen, was das genau ist. Mühsam setzt sich mein Vater in einen Schneidersitz. Dann stapeln wir alle vier unsere Hände in der Mitte des Kreises übereinander, schließen die Augen und atmen tief. Ich schiele mit einem Auge kurz zu meinem Vater hinüber. Total süß, wie er sich dem Geschehen hier hingibt. Nach ein paar Minuten reicht es ihm aber. Genug Energie getankt, denkt er sich wahrscheinlich, steht auf, gibt mir ein Zeichen und bewegt sich in Richtung Matte.

Das Mädchen mit den langen schwarzen Locken nähert sich mit ihrem Kopf den unsrigen. „Ich muss euch mal was fragen", flüstert sie. „Die Pflanze hat mir gezeigt, dass alles hier nur Illusion ist. Das macht mich total traurig. Ich fühle mich einsam. Es erscheint mir nun alles so sinnlos hier. Wie geht ihr mit sowas um?"

„Wie viele Aya-Sessions hast du schon gemacht?", frage ich.

„Das war mein erstes Mal und momentan glaube ich, auch das letzte Mal. Das war so wahnsinnig viel, ich dachte zeitweise, ich werde verrückt."

„Das erinnert mich sehr an die erste Zeremonie von meiner Freundin Lina", sage ich. „Für mich ist es eigentlich genau andersherum." Ich erzähle ihr, dass ich durch die Ayahuasca-Erfahrung mehr Sinn in allem erkannt habe. „Ayahuasca hat mir die Bestätigung gegeben, dass es mehr gibt als unsere Alltagswelt. Doch damit ist die physische Welt für mich keine Illusion, sondern eine von vielen existierenden Realitäten. Und selbst wenn diese materielle Welt eine Illusion sein sollte, ein reines Gedankenkonstrukt – wie ja auch von Quantenphysikern postuliert wird – so ändert sich trotzdem nichts daran, dass ich sie aus meiner Perspektive wahrnehme. Dass ich mit Fleisch und Blut auf diesem wunderschönen Planeten lebe. Ob ich mir das Fleisch und Blut nur einbilde, ist mir dabei eigentlich egal. Warum versuchen wir nicht einfach, das Beste daraus zu machen? Was auch immer das für jeden Einzelnen bedeutet."

Für mich bedeutet es, seinem Herzen zu folgen. Denn wer seinem Herzen folgt, der folgt sich selbst. Ich muss zugeben, dass dies eine riesige Herausforderung für einen Mensch wie mich ist, der doch sehr kopflastig geprägt ist. Aber ich arbeite daran und das wahrscheinlich ein Leben lang.

„Meine Freundin Lina hat übrigens ein halbes Jahr später rückblickend über ihre erste Session gesagt, dass diese ihr am allermeisten gebracht und sie viel gelernt hätte", sage ich.

Das Gesicht des Mädchens erhellt sich. „Danke", sagt sie und umarmt mich. „Wie heißt du eigentlich?"

„Kristina. Und du?"

„Mareike".

Ich verabschiede mich von ihr und verlasse mit meinem Vater den Zeremonieraum. Es ist sechs Uhr morgens und die Nacht verbeugt sich noch einmal vor dem Publikum, das nach einer zauberhaften Vorstellung selig in die Sessel sinkt. Zögerlich betritt der Tag die Bühne, setzt langsam einen Fuß vor den anderen, will die kleinen Erdenwesen nicht überrumpeln mit seiner hellen Erscheinung. Dies ist der Moment, in dem Papa und ich auf die Straße treten. Die Scheinwerfer der Autos durchdringen die Dämmerung und die Motoren durchbrechen die Stille. Papa und mich umgibt noch ein Hauch der Einkehr. Wir sind beide etwas überfordert von den vielen Sinnesreizen im Außen.

Wir laufen zur nächsten Kreuzung und winken ein Taxi herbei. Zwanzig Minuten später sind wir in der Wiener Ferienwohnung, die wir uns gemietet haben, essen ein paar Trauben in der Küche und legen uns dann wieder in die Horizontale. Völlig entspannt gleiten wir wie in einem Wattebausch für ein paar Stündchen in den Schlaf.

Am Nachmittag rufen wir meine Mutter an. Ihre Stimme klingt erwartungsvoll.

„Und Jens, was sagst du? Ist das alles nur Hokuspokus?"

„Nein, Hokuspokus ist das gewiss nicht. Das war schon ziemlich beeindruckend, muss ich sagen!"

Als er von seinen Visionen erzählt, wendet meine Mutter ein: „Aha, und was ist daran jetzt besonders? Im Fernsehen kann ich mir doch auch solche Bilder anschauen ..."

„Nein, nein, das ist schon etwas anderes", meint mein Vater. „Du kannst ja auch mal mitmachen!"

„Um Gottes willen! Das fehlt mir noch ..."

„Du musst dich mal ein bisschen öffnen!", scherzt mein Vater und zwinkert mir zu.

„Ja nee, also, wie auch immer, ich lege mich da nicht mit fünfzig anderen Leuten auf den Fußboden. Und dann noch Kotzen und Weinen – beides Dinge, die ich überhaupt nicht mag."

„Musst du ja auch nicht, Mama!", sage ich. „Das ist auch nicht für jeden richtig."

„Und was macht ihr jetzt, bevor es nachher wieder losgeht?"

„Wir chillen ein bisschen ...", sagt mein Vater.

Chillen. Dieses Wort muss erst kürzlich seinen Wortschatz erobert haben. Ich habe es jedenfalls noch nie aus seinem Mund gehört.

„Bitte?", fragt meine Mutter. Sie offensichtlich auch nicht.

„Wir ruhen uns ein bisschen aus, Mama!"

Am Abend machen wir uns rechtzeitig auf den Weg, um wieder freie Platzwahl zu haben. In einem Hinterhof stehen an dem verabredeten Treffpunkt bereits drei Teilnehmer. Zwei von ihnen kenne ich schon von anderen Sessions. Diesmal haben die beiden sympathischen Männer ihren jungen Arbeitskollegen dabei, der heute das erste Mal mitmacht. Seine Nervosität spricht ihm aus den Augen. Vor lauter Aufregung hat er sogar vergessen, sich einen Eimer mitzubringen. Zum Glück gab es in einem Ramschladen um die Ecke weihnachtlich bemalte Keksdosen. Eine gute Alternative.

Immer mehr Leute sammeln sich vor dem Gebäude, in dem heute noch eine weitere Veranstaltung stattfindet. Ein Flyer an der Tür lädt zur Kuschelparty im fünften Stock ein.

„Na, nicht, dass sich hier einige verlaufen und aus Versehen bei uns landen, hahaha", sagt einer.

Das würde wohl kaum auffallen, denn in Anbetracht der hohen Teilnehmerzahl wird es bei uns sicher auch kuschlig.

Wider Erwarten taucht Mareike plötzlich auf. Ich freue mich, sie zu sehen und dass sie sich entschieden hat, trotz der für sie schwierigen Erfahrung der letzten Nacht wieder dabei zu sein.

So langsam bricht die Gruppe auf in Richtung vierter Stock. Während wir vor der Wohnungstür warten, komme ich mit einer Frau ins Gespräch, die neben mir steht. Die burschikos aussehende Endvierzigerin mit kurzen grauen Haaren hat etwas Hartes an sich. Ich frage sie, wie sie auf Ayahuasca gekommen ist. Sie erzählt, dass sie mit Burnout diagnostiziert wurde und die Ärzte ihr Antidepressiva verschreiben wollten. Das sei auf keinen Fall für sie in Frage gekommen. Kurz darauf habe sie über Bekannte von den Ayahuasca-Sessions erfahren und sich gleich die volle Dröhnung gegeben: Zehn Sessions hintereinander, davon zweimal San Pedro.

„Wie war es bis jetzt?"

„Super! Die Ayahuasca-Erfahrungen bringen mir sehr viel." Von San Pedro hingegen werde sie jetzt erstmal die Finger lassen. Sie hätte sich beide Male die Seele aus dem Leib gekotzt. Schnauze voll im wahrsten Sinne des Wortes.

Nach fünf Minuten Wartezeit öffnet uns der Wohnungsbesitzer die Tür und bittet uns hinein in sein loftartiges Apartment.

Papa und ich legen uns wieder auf unsere alten Plätze, Mareike liegt diesmal nicht neben meinem Vater, sondern neben mir. Nach einem längeren Vortrag von Marius beginnt die Zeremonie.

Es dauert eine Weile, bis ich von dem Trunk etwas spüre. Und dann wird mir schlecht. Dreimal lasse ich mich von innen auswringen und hänge noch ein wenig abgekämpft über meinem Topf, als eine innere Stimme sagt *Los, öffne die Augen!* Ich will nicht! *Doch, jetzt mach schon!*

Ich ziehe die schweren Augenlider auseinander und sehe überall leicht verschwommene kaleidoskopartige bunte Muster. Kleine Ablenkung von den Körpersäften, deren stechende Dämpfe mir in die Nase steigen. Als ich mich aufrichte und die Augen wieder schließe, befinde ich mich sofort in einer anderen Welt.

Und in was für einer!

Diese Kraft in mir, die mich eben noch so beschwert

hat, verkehrt sich nun ins Gegenteil. Sie beflügelt mich, katapultiert meinen Geist förmlich ins Nirwana.

Mind Explosion – unendlicher Raum.

Matrix.

Ich bin überall und nirgends. Ich spüre die Multidimensionalität! Es ist so unglaublich abgefahren, dass ich die ganze Zeit kopfschüttelnd daliege.

Das gibt's doch gar nicht! Das gibt's doch überhaupt gar nicht!

Zudem habe ich zum Teil die Kontrolle darüber, wo ich meinen Geist in dieser Schwerelosigkeit hinführen möchte.[80] Ich sprudele nur so vor Glück und kann nicht anders, als übers ganze Gesicht zu grinsen. So war es noch nie! Ich sehe Marius durch meine Vision laufen und in diesem Zustand gibt es für mich keinen Zweifel mehr daran, dass Astralreisen möglich sind.

---

[80] Siehe Shanon S. 99f: „Ayahuasca-Trinker müssen angesichts der ihnen dargebotenen bildfüllenden Szenen/Visionen nicht passiv bleiben. Vielmehr ist es so, dass Trinker, je mehr sie sich auf die Bilder, die sie sehen, einlassen, desto kraftvoller scheint die Erfahrung zu wirken. Trinker können sich außerhalb der Szene befinden, oder statisch innerhalb der Szene, oder sich in den Szenen bewegen. Was die Vielfalt der Interaktion angeht, können vier Fälle beobachtet werden. Der erste und einfachste Fall ist der ohne Interaktion. Zweitens, der Fall passiver Interaktion, d.h. der Trinker ist passiv, doch er nimmt wahr, wie sich die Szene auf ihn auswirkt. Drittens: aktive Interaktionen mit Menschen in der Szene. Und zum Schluss, im vierten Fall, hat der Trinker die Kontrolle darüber, was passiert. Die Unterschiede zwischen den verschiedenen Formen der Interaktion werden verständlicher, wenn man sie mit einem Film oder Theaterstück vergleicht. Im ersten Fall ist der Trinker nur Zuschauer oder Publikumsgast. Der zweite Fall kann nicht mit einem Film verglichen werden, doch er könnte mit einem Theaterstück verglichen werden, bei dem die Schauspieler sich dem Publikum nähern. Im dritten Fall fungiert der Trinker wie ein Schauspieler. Im vierten Fall ist er nicht nur der Schauspieler, sondern auch der Regisseur." (Übersetzung von Eva-Maria Gass)

Wie schon in der vergangenen Nacht spiele ich mit den Visionen, kann sie teilweise selbst kreieren und kontrollieren. Benny Shanon schreibt in seinem Buch „Antipodes of the Mind", dass Ayahuasca mit einer Universität verglichen werden könne. Dass man nach bestandener Prüfung ins nächste Semester aufsteige.

In dieser Nacht habe ich mal eben ein Semester übersprungen. Ich bin vollkommen geflasht. Und so geht es nicht nur mir.

„Also, sowas habe ich ja noch nie erlebt! Ich wusste überhaupt nicht mehr, wo oben und unten ist", sagt die Frau mit der Burnout-Diagnose am nächsten Morgen.

Für meinen Vater war die vergangene Nacht ähnlich wie die erste Zeremonie. Zunächst erschienen ihm wieder Landschaftsbilder, Farben und Muster, bis es später ins Familiäre wechselte. Viele glückliche Kindheitsbilder seien aufgetaucht.

„Und dann kam eine Vision, die mir besonders in Erinnerung geblieben ist", erzählt mein Vater. „Da war so ein Garten. Der war voller bunter Blumen und alles war in rosa Farbe getüncht! Es war wunderschön, so ... so wie der Garten Eden. Und mitten auf dieser Wiese, da saßen wir zusammen als Familie – Mama, du, Simon und ich. Ich muss schon sagen, das hat mich wirklich so ein bisschen gerührt."

Nur eines habe ihn genervt. „Die Musik! Manches war ja ganz schön, aber irgendwann konnte ich das Gedudel nicht mehr ertragen." Daraufhin ging er in die Küche und unterhielt sich mit Johann, dem nervösen Jungen mit der Keksdose, den wir vor der Zeremonie kurz kennengelernt hatten. Mit Tränen in den Augen erzählte der meinem Vater von seinen Erfahrungen. Er habe seine Geburt noch einmal durchlebt und konnte spüren, wie sich sein Bewusstsein von seinem Körper trennte. Er sagte: „Mir war plötzlich glockenklar, dass es auf jeden Fall nach dem Tod in irgendeiner Form weitergeht. Ich habe mich immer als Atheist bezeichnet, aber jetzt bin ich mir da nicht mehr so sicher."

Eigentlich wollte Johann an diesem Morgen auch noch die San-Pedro-Zeremonie mitmachen, doch ihm reicht es vorerst. Er habe in dieser Nacht so wahnsinnig viel über sich selbst gelernt, das müsse er jetzt erst einmal verarbeiten. Zum Beispiel die erschreckende Erkenntnis, dass bisher jede große Entscheidung in seinem Leben auf Angst basierte.

Mit Sack und Pack verlässt er die Wohnung. Unter seinem Arm klemmt sein Gefährte – die Keksdose. Sie wurde in dieser Nacht nicht zweckentfremdet.

Garten Eden

Als es draußen hell wird, packen wir unsere sieben Sachen und begeben uns in die Wohnung von zwei Teilnehmern, um dort dem heiligen Pedro zu begegnen. Von den insgesamt rund vierzig Teilnehmern kommen fünfzehn mit. Mareike ist auch unter ihnen. Für sie war die vergangene Nacht viel friedvoller als die Nacht zuvor.

Wir bauen unser Lager im gemütlichen Wohnzimmer auf. Mein Vater sichert sich wieder einen Platz in der Ecke, ich lege mich daneben.

Als jeder mit dem Trunk versorgt ist, wird es langsam still und viele schließen ihre Augen. Verwundert muss ich feststellen, dass mir diesmal überhaupt nicht schlecht wird von San Pedro. Das ist das erste Mal, dass ich nicht stundenlang mit der Übelkeit kämpfe, sondern das

Schwert stecken lasse und mich widerstandlos hingebe.

Wir beginnen mit einer geführten Meditation, die auch mein Vater wie ein echter Yogi in aufrechtem Sitz und mit geöffneten Handflächen mitmacht. Bis zum Schluss hält er diese Stellung allerdings nicht aus und legt sich nach einer Weile wieder hin.

Nach der Meditation frage ich Papa leise, wie es ihm geht.

„Ich merke nichts!"

„Gar nichts?"

„Mir ist nur ein bisschen schummrig, aber sonst ..." Er zuckt mit den Achseln.

Das ist eindeutig nicht genug. Ich besorge ihm noch einen Extra-Drink von Marius, den er in nullkommanichts herunterkippt.

Eine Stunde später beginnt der kommunikative Teil und damit auch der Zeitpunkt, den viele herbeigesehnt haben: Wir dürfen wieder essen.

Die meisten versammeln sich in der Küche und schmatzen genüsslich vor sich hin. Besonders Steffen, der drei Ayahuasca-Sessions hintereinander gemacht hat und seit Tagen das erste Mal wieder richtig isst.

„Ich hab die Diät ja auch vorher komplett eingehalten", sagt er. Also kein Fleisch, kein Salz, wenig Gewürze, nur stilles Wasser, kein industriell verarbeitetes Essen. Abgesehen von ein wenig Olivenöl und Honig auch keinen Zucker und keine Fette.

„Ich hab nämlich festgestellt", sagt er „wenn man die Diät wirklich einhält, dann fliegt man Business Class. Wenn man sie nur so halb einhält, fliegt man Economy, da kann man immerhin noch aus dem Fenster gucken. Und wenn man sie gar nicht einhält, hängt man im

Gepäckraum fest."

Guter Vergleich. Und preislich gibt es bei den Aya Airlines zwischen den verschiedenen Klassen auch keinen Unterschied. Jeder hat die freie Platzwahl. Eigentlich ganz schön blöde, wer sich freiwillig in den Gepäckraum legt.

Als wir zusammen in der Küche stehen, erzählt eine Teilnehmerin namens Lara belustigt, wie sie sich in der letzten Nacht in der Session auf allen Vieren in Richtung Küche schleppte. Sie habe sich wie ein erschöpfter Tiger gefühlt und gehofft, auf jemanden zu treffen, der ihr behilflich sein würde.

„Gott sei Dank standest du da", lächelt sie und guckt dabei meinen Vater an. „Jens hat mich gefragt, ob ich Hilfe brauche und dann hat er mich zum Klo gebracht".

Alle lachen. Mein Vater sieht glücklich und gelöst aus. Die Rolle des Beschützers gefällt ihm. Unser aller Herzen sind geöffnet, auch das von Papa, selbst wenn er das vielleicht gar nicht bemerkt. Ich kann es sehen.

Weil draußen so wunderbar die Sonne scheint, entscheiden wir uns, in den Park vor der Haustür zu gehen. Auf einer Rasenfläche, die umgeben ist von Eichen und Kastanienbäumen, lassen wir uns auf einer großen Decke nieder und bedienen uns der Früchte im Picknickkorb.

Die anderen beginnen ihre Erfahrungen der letzten Nächte zu teilen. Papa und ich hören die ganze Zeit interessiert zu. Bis Lara irgendwann meinen Vater fragt, wie die Sessions für ihn waren. In seiner üblich sachlichen und überlegten Art beginnt mein Vater von seinen Visionen zu erzählen, gestikuliert dabei mit seinen Händen, um seine Worte zu unterstützen. Bis er bei dem Bild angelangt, das er von unserer Familie im Garten Eden gesehen hat. Plötzlich hält er inne, senkt den Kopf und von einer Sekunde zur nächsten schwindet die Sachlichkeit und die Emotion übernimmt das Ruder. Sein Kinn beginnt zu zittern.

„Das war so ein wunderschönes Bild. Ich war so glücklich", bricht es weinend aus ihm heraus.

Auch mir schießen sofort Tränen in die Augen. Tröstend streichle ich sein Knie, während Mareike und Lara aufspringen und meinen Vater – eine von links, eine von rechts, in den Arm nehmen.

„Es ist doch alles gut. Jetzt hast du doch hier mit uns deinen Garten Eden", sagt Lara und streichelt meinem Vater über den Rücken.

„Ja, das ist auch so schön. Danke, dass ihr hier seid", erwidert Papa mit gebrochener Stimme, halb lachend, halb weinend.

„So, und jetzt nimm' mal deine Tochter in den Arm", sagt Mareike.

Unsere nassroten Augen begegnen sich für einen langen Moment, bevor wir uns in die Arme fallen. Von Vater zu Tochter, doch noch mehr von Mensch zu Mensch, von Seele zu Seele. Ich bin so dankbar dafür, dass mein Vater dies erleben darf, dass wir dies zusammen erleben dürfen, er sein Herz so offenbart und damit seine Verwundbarkeit preisgibt. Damit hatte ich nicht gerechnet, doch er war schon immer für Überraschungen gut.

Etwas später sind wir zurück in der Wohnung. Mein Vater und ich gehen auf den Balkon. Nebeneinander stehen wir am Geländer und schauen in den Park. Manche Sonnenstrahlen erreichen unsere Körper durch das dichte Blätterkleid der Bäume. So langsam weicht das dunkle Grün einem leuchtenden Gelb. Die Vergänglichkeit ist eine Augenweide.

Mein Vater legt seinen Arm um mich.

„Es ist total schön mir dir, Tina! Ein wirklich schönes Wochenende!"

„Finde ich auch, Papa!"

Seine Augen sehen noch glasig aus. Glasig glücklich.

Wir gehen wieder hinein und verabschieden uns von den anderen. Lara sagt zu mir, dass sie es als große Bereicherung empfand, dass ich meinen Vater mitgebracht habe. „Vielleicht bringe ich jetzt mal meine Mutter mit", lächelt sie.

Sehnsucht oder Weltflucht?

„Alle die pflanzlichen Sedativa, Narkotika, alle die Euphorika, die auf Bäumen wachsen, die Halluzinogene, die in Beeren reifen oder aus Wurzeln gepreßt werden können — sie alle ohne Ausnahme sind seit undenklichen Zeiten den Menschen bekannt und systematisch von ihnen verwendet worden. (...) Für den uneingeschränkten Gebrauch hat der Westen nur Alkohol und Tabak erlaubt. Alle anderen chemischen Türen in der Mauer tragen das Schild „Rauschgift", und wer sie unerlaubt benützt, wird als Süchtiger gebrandmarkt."[81]

Aldous Huxley

Nach dem Wochenende mit meinem Vater frage ich ihn, ob er ein Fazit aus den Erfahrungen ziehen konnte. Er muss nicht lang überlegen.

„Meine größte Erkenntnis ist, dass ich total zufrieden mit meinem Leben bin! Es ist alles gut so, wie es ist!"

„Das ist eine schöne Erkenntnis. Und denkst du, dass du sowas mal wieder machen willst?"

„Das war schon etwas Besonderes. Das muss ich wirklich sagen. Aber in mir ist jetzt nicht der Wunsch geweckt worden, es direkt wieder zu tun. Frag' mich in einem Jahr nochmal."

Darin unterscheiden sich mein Vater und ich. Hätte ich gleich beim ersten Mal so eine Erfahrung gemacht wie er, wäre meine Neugierde nur noch mehr gewachsen. Er hingegen sagt sich: Nun habe ich das ja einmal erlebt, nun reicht es auch.

---

[81] Huxley, Die Pforten der Wahrnehmung, S. 48 f.

Ich habe mich schon immer für mystische Dinge interessiert. Wenn im Fernsehen Dokumentationen über Nahtoderfahrungen oder paranormale Phänomene wie Geistergeschichten liefen, saß ich schon als junges Mädchen wie gebannt vor dem Bildschirm.

Doch als ich begann, mich mit Ayahuasca zu beschäftigen, packte mich eine bis dahin mir unbekannte Faszination. Das Thema ließ mich einfach nicht mehr los. Und selbst nach den enttäuschenden ersten beiden Ayahuasca-Zeremonien in Peru, bin ich recht bald wieder auf den bitteren Geschmack gekommen. Ich wollte es wissen, wollte der Sache auf den Grund gehen, ins Unbewusste abtauchen, um es zu erforschen. In meinen mittlerweile rund zwanzig Ayahuasca-Zeremonien habe ich einen klitzekleinen Einblick dessen bekommen, was möglich ist. Es ist schier unfassbar, in welche Welten Ayahuasca einen führt und ich kann gut verstehen, dass viele Menschen regelmäßig zu Zeremonien gehen. Als ich die Schamanin Isabell fragte, warum sie schon mehr als einhundert Zeremonien gemacht habe, sagte sie: „Ayahuasca ist für mich wie eine alte Freundin, die geht man auch nicht nur einmal besuchen."

Es gibt viele unterschiedliche Gründe, warum sich Menschen in der westlich geprägten Welt immer wieder auf die Reise begeben. Sinnsuche, Abenteuerlust und Neugier waren für mich am Anfang ausschlaggebend. Viel bedeutender wurde später die Verbindung mit etwas Höherem und zugleich Tieferem, dem Innersten, dem wahren Selbst oder wie auch immer man es nennen möchte. Die Sehnsucht nach etwas Wahrhaftigem, Ursprünglichem, der puren Essenz, Erkenntnis. Die Ayahuasca-Erfahrung ist für mich wie ein Erholungsort für die Seele. Seelentherapie. Der Inbegriff von „Seele baumeln lassen". Jedes Mal, wenn ich an diesen Ort vordringe, ist es wie ein Erinnern daran, dass es da ja noch etwas gibt. Etwas, dass das Boot in stürmischen Zeiten wieder in ruhigere Gewässer treibt. Dorthin, wo das Wasser so klar ist, dass man bis auf den Grund schauen und jedes Sandkorn erkennen kann.

Für viele ist es auch der Wunsch nach Heilung von einer Krankheit. Der Wunsch nach Ganzsein, „sein dürfen", Sein.

Nach Friede, Freude, Ayakuchen.

Claudia Müller Ebeling schreibt: *„Doch dieses neu erwachte Interesse am Schamanismus und an der Ayahuasca-Erfahrung ist keineswegs repäsentativ für den Mainstream; es resultiert vielmehr aus dem Bemühen Einzelner, in der unsichtbaren Wirklichkeit Sinnzusammenhänge aufzuspüren, die in der eigenen westlich geprägten Kultur von einem rein rational bestimmten, logisch-analytischen wissenschaftlichen Weltbild verdrängt und verschüttet wurden."*[82]

Es ist auch eine Suche nach Sinn in einem System, das Menschen als reine Konsumenten sieht, das Menschen immer wieder neue schwachsinnige Bedürfnisse kreieren lässt, um die Wirtschaftsmaschinerie irgendwie am Laufen zu halten. In einer satten, nein sogar bis zum Erbrechen vollgefressenen Gesellschaft wie unserer sind viele Menschen in träge Erstarrung verfallen. Manche versuchen, sich freizukotzen, weil sie merken, dass hier etwas zutiefst aus der Balance geraten ist. Dass wir uns als Gesellschaft und als einzelner Mensch zu stark auf das Äußere fixieren und dabei das Innere verkümmert. Andere rackern sich ihr Leben lang ab, doch so sehr sie auch strampeln, das Hamsterrad ist schneller und schleudert sie in einem schwachen Moment einfach aus

---

[82] Müller-Ebeling, Ayahuasca, S. 257f.

dem System. Ausgebrannt liegen sie am Boden und fragen sich: Wozu das alles? Was macht das für einen Sinn?

Neben all diesen Beweggründen, warum Menschen sich zu der Ayahuasca-Erfahrung hingezogen fühlen können, darf eines nicht außer Acht bleiben: der psychedelische Rausch an sich. Und dieser Rausch ist klar und nüchtern.

In dem 2015 erschienenen Buch „Neues von der anderen Seite: Über die Wiederentdeckung des Psychedelischen" beschreiben die Autoren Paul-Philipp Hanske und Benedikt Sarreiter, dass der Rausch seit jeher ein Menschheitsthema sei: *„Wir möchten mit verschiedenen Bewusstseinszuständen spielen, unsere Wahrnehmung manipulieren, für einige Momente enthemmter, offener, mutiger, inspirierter, lustiger, stärker, sensibler, erleuchteter oder einfach nur irrationaler sein. Diesen Drang hemmt kein Verbot."*[83] Und weiter: *„Alle Räusche eröffnen eine Gegenwelt zum Alltag mit seinen festen Regeln, gewähren Urlaub vom starren und determinierten Ich. In diesem Sinn kann man die psychedelische Erfahrung als reinste Form des Rausches begreifen, konfrontiert sie einen doch entschiedener als jede andere mit einer fremden Realität. Das kann bis zur vollständigen Auflösung des Ich-Gefühls gehen, was dann entweder als beglückendes Aufgehen im All-Einen oder als Absturz in den Wahn erlebt werden kann. So oder so jedoch ist der psychedelische Rausch kulturbildend. Er steht am Beginn zahlreicher Gründungsmythen indigener Gesellschaften und hat – auch im Abendland und in der westlichen Moderne – ästhetische*

---

[83] Paul-Philipp Hanske und Benedikt Sarreiter, Neues von der anderen Seite. Die Wiederentdeckung des Psychedelischen, Berlin 2015, S. 13.

und philosophische Eigenwelten ausgebildet. Über den Kokain- und Amphetaminrausch, der einfach eine Steigerung bekannter Vitalfunktionen und Potenzen bewirkt, lässt sich wenig Bemerkenswertes berichten (eher von den Folgen). Ebenso auch über Opiate, sofern sie einen bloß einlullen und mit der Welt versöhnen. Der psychedelische Rausch dagegen ist grell und dunkel, erhaben und unheimlich, er ist von Mal zu Mal anders, anstrengend und erhellend. Kurz: Er war und bleibt ein Abenteuer. [84]

Aldous Huxley schreibt in „Die Pforten der Wahrnehmung", dass der Drang, die Grenzen ichbewusster Selbstheit zu überschreiten, ein Hauptverlangen der Seele sei. Und die amerikanische Anthropologin Erika Bourguignon, die 2015 verstarb, kommt in einer Studie zu dem Ergebnis, dass neunzig Prozent aller knapp fünfhundert Kulturen weltweit, über die es Informationen gibt, einen institutionalisierten Umgang mit veränderten Bewusstseinszuständen pflegen. Hanske und Sarreiter verweisen auch auf die Studien des italienischen Ethnobotanikers Giorgio Samorini, der in zahlreichen Studien nachwies, dass nicht nur Menschen, sondern auch Tiere psychotrope Substanzen konsumierten sowie auf eine interessante BBC Dokumentation[85], in der sich eine Gruppe jugendlicher Delfine im Kreis versammeln und einen giftigen Kugelfisch herumreichen. *„Dabei benagten sie ihr Kalumet gerade so weit, dass dieses nur eine geringe Dosis des Giftes Tetrodotoxin freisetzte, was die Meeressäuger offensichtlich in einen tranceartigen Zustand versetzte.* " [86]

---

[84] Ebd. S. 15f.
[85] Einen Ausschnitt aus der BBC-Dokumentation gibt es zu sehen unter https://www.youtube.com/watch?v=msx3BAhIeQg (Stand: 14.7.2015).
[86] Hanske/Sarreiter, Neues von der anderen Seite, S. 321.

Ist das Bedürfnis eines psychedelischen Rauschs nun Ausdruck von Sehnsucht oder Weltflucht? Oder beides?

Während der psychedelischen Erfahrung entkommt man der alltäglichen Welt für ein paar Stunden – keine Frage. Doch die Erkenntnisse und Erfahrungen, die auf solch einer Reise gewonnen werden, fließen anschließend wieder in die „normale Realität" ein. Vielen Menschen KANN eine solche Erfahrung dazu verhelfen, sich mit der Alltagsrealität zu versöhnen, sich besser in ihr zurechtzufinden sowie sich selbst und die Umwelt bewusster wahrzunehmen. Auf der anderen Seite möchte ich nicht ausschließen, dass es auch Menschen gibt, die sich immer wieder in diese andere Realität stürzen, um vor ihrem weltlichen Leben zu flüchten. Ob das auf Dauer Erfolg hat, wage ich zu bezweifeln.

Vollmondzauber

„Es ist kein Zeichen von Gesundheit, an eine von Grund auf kranke Gesellschaft angepasst zu sein."
Jiddu Krishnamurti

Ich spüre, dass es heute eine ganz besondere Zeremonie für mich wird. Auf dem Weg zur Tram wähle ich seine Nummer. Ich verabschiede mich von IHM, als würde ich auf eine Reise gehen, dessen Ausgang ungewiss ist, als würde sich ein Teil von mir von ihm verabschieden, den er so nicht mehr wiedersehen wird.

Zum Glück erreiche ich die Wohnung früh genug, um noch gute Plätze für Lina, Mareike und mich aussuchen zu können. Eigentlich wollten beide schon da sein, wider Erwarten bin ich nun doch die Erste. Als sie den Raum betreten, freue ich mich sehr, sie zu sehen. Links von mir baut sich Mareike ihr Plätzchen, rechts von mir Lina. Zwischen ihnen bin ich sicher.

Heute leitet Carol, eine Assistentin von Marius, die Zeremonie. Mit ihrer sehr beruhigenden, sanften Stimme erzählt sie, um was es heute Nacht gehen wird. Sie spricht von männlichen und weiblichen Energien und davon, dass der Mond für weibliche Energie stehe. Außerdem herrscht Vollmond, was die Zeremonie zusätzlich befeuern werde. Da ist sich Carol sicher.

„Willkommen an Bord der Aya Airlines!", sagt sie und wünscht uns einen guten Flug.

Meine Intention lautet: *Zeig mir, was ich lernen muss.*

Nach dem Trinken lege ich mich auf den Rücken, atme tief und lasse meinen Gedanken freien Lauf. Zeit vergeht. Ziemlich viel Zeit sogar, doch außer Entspannung spüre ich nichts. Und als sich langsam Ungeduld breitmacht, entschließe ich mich, nachzutrinken.

Es dauert keine fünf Minuten, bis Carol vor mir sitzt und mir ein halbes Schnapsgläschen nachfüllt. Ich gehe noch einmal kurz in mich und kippe die dunkle Medizin in meinen Rachen. Als sie meine Speiseröhre hinuntergleitet, lege ich mich hin, um mich voll und ganz hinzugeben. Schnell stellt sich die gewünschte und vertraute Wirkung ein. Ayahuasca begrüßt mich sanft mit einem feinen Netz aus bunten, verspielten geometrischen Mustern und ich bin erleichtert und erfreut, wieder in ihrer Obhut zu sein. Wohlwissend, dass der Besuch manchmal auch mit blauen Flecken endet.

Hart aber fair.

Zunächst muss ich an eine Freundin denken, mit der ich seit einem Streit kürzlich keinen Kontakt mehr habe. Ich kann in diesem Zustand ihre Einsamkeit spüren und

278

empfinde tiefes Mitgefühl. Danach wandelt sich dieses Gefühl, wird allgemeiner, umfassender.

Weltschmerz.

Was tun wir uns hier auf diesem wunderschönen Planeten nur gegenseitig an? Wie dumm sind wir eigentlich? Wieso bekriegen wir uns? Wieso quälen wir uns? Und was machen wir nur mit den Tieren?

Oh Gott, die armen Tiere. Wir beuten diese hilflosen Geschöpfe so schamlos aus, als hätten wir unser Gewissen auf ewig begraben. Ich halte mir meine Hände vors Gesicht. Vergeblich, denn vor den Bildern hinter meinen Augen schützen sie nicht. Gequälte Tiere in Massentierhaltung. Unentwegt schüttele ich den Kopf. Dieses ganze Leid präsentiert sich mir so gnadenlos aus allen Richtungen, dass es kein Entrinnen, kein Wegschauen mehr gibt.

Der Wahn, in dem wir uns tagtäglich befinden, hat sich schon in jede Pore der Gesellschaft eingefressen, so dass wir ihn vor lauter Wahnsinn – so wie den Wald vor lauter Bäumen – nicht mehr erkennen, sondern zur Normalität erklärt haben. Was die Masse macht, gilt als normal, wird nicht mehr hinterfragt. Wie verblendete Lemminge hetzen wir von A nach B in dieser vermeintlich freien Gesellschaft, ohne zu merken, dass wir Marionetten sind, deren unsichtbare Fäden an die Gitter eines riesengroßen Gefängnisses gekettet sind.

„Lasst uns endlich ausbrechen", flüstere ich Lina zu und klammere mich verzweifelt an sie. Ich kann nicht anders, als das, was ich spüre, über den Mund zu kanalisieren. Zwischendurch merke ich, dass ich die ganze Zeit quatsche und sage: „Bin ich zu laut? Lina, stört dich das? Bin ich zu laut?"

„Alles gut", antwortet sie leise. Das beruhigt mich und ich quatsche weiter.

Dann taucht das Thema Sexualität auf. Die Sexual-energie ist das Heiligste, über das wir Menschen ver-fügen, wird mir klar. Es kann schließlich neues Leben daraus entstehen und ist das schönste Geschenk an zwei Menschen, die sich wirklich lieben. Doch wie alles (außer wahrer Liebe) ins Gegenteil verkehrt werden kann, so kann eben auch aus dem Heiligsten das Perver-seste und Grauenvollste gemacht werden, das man sich überhaupt nur vorstellen kann, nämlich dann, wenn Macht, Unterdrückung und Gier überhandnehmen.

All diese Dinge sind mir auch sonst bewusst, doch jetzt kann ich sie schmerzhaft fühlen, da mein Empat-hieempfinden in der Zeremonie grenzenlos gesteigert ist.

Irgendwann – ich habe überhaupt kein Zeitgefühl mehr – lässt diese Phase etwas nach und ich gleite mit meinem Geist in tiefere Gefilde ab, lasse mich einfach treiben, bis plötzlich alles von Finsternis erfüllt ist. Sich wandelnde fiese Gestalten tauchen in meinen Visionen auf. Sie flößen mir Angst ein. Dies ist ein wahrlich dunkler Ort, an den ich mich hier vorgewagt habe. In den bisherigen Zeremonien habe ich mich nicht getraut, wenn Ayahuas-ca mir anbot, in diese Richtung zu schauen. Diesmal hat sie mich gar nicht gefragt, sondern einfach das Tor durchschreiten lassen, ohne dass ich es bemerkte. Jetzt bin ich plötzlich drin und habe buchstäblich das Gefühl: Das ist die HÖLLE!

Panische Angst überkommt mich in Schüben. Jedes Mal, wenn ich diesen Zustand ein wenig zulasse, über-rollt mich die Panik wie eine Walze, erwischt mich jedes Mal ein bisschen mehr. Ich versuche ihr mit aller Kraft zu entfliehen, bis ich das Gefühl habe, komplett die Kontrolle über meine Angst zu verlieren. Ich reiße die Augen auf, in der Hoffnung, dass sich mein Zustand etwas normalisiert. Von wegen. Vor meinen Augen herrscht komplettes Chaos, alles flackert wild hin und her und je mehr ich mich wehre, desto mehr bäumt sich auch die Angst in mir auf und wird zur Übermacht.

Ich werde verrückt. Der Wahnsinn hat mich in seinen Fängen. Innerhalb von Sekunden ist mir kotzübel, ich richte mich auf und greife nach meinem Topf. Mit halb geöffneten Augen sehe ich die Umrisse einiger anderer, die ebenso wie ich mit sich selbst zu kämpfen scheinen. Plötzlich habe ich das Gefühl, all die schlechte Energie, die gerade im Raum schwebt, aufzunehmen, als hätte sie sich einen Kanal gesucht und mich gefunden, um sich zu entladen. Mit ganzer Kraft wird alles Negative durch mich hindurch gepresst und landet in meinem Topf. Und in meinen Haaren.

Völlig erschlagen sinke ich langsam in meinen Schlafsack zurück.

„Oh Gott, was war das nur, Lina? Was ist das denn hier alles?" An diesem Ort war ich noch nie. Das ist so verrückt. Wieder driftet mein Geist etwas tiefer ab, ist dem Schlafen nahe, als ich erneut Angst bekomme. Nein, das reicht, denke ich, und schon schwindet die Angst, weicht einem entspannten Gefühl.

Doch nur kurz. Heimlich wie eine Schlange schleicht sie sich an. Von Sekunde zu Sekunde steuere ich auf diesem Meer zwischen Himmel und Hölle hin und her.

„Hab Vertrauen!", flüstert mir Mareike zu, der scheinbar nicht entgangen ist, wie es mir geht.

Ich atme ein paar Mal tief ein und aus und begreife irgendwann, dass ich selbst der Kapitän auf diesem Boot bin! Dass es mir freisteht, in welche Richtung ich das Segel setze. Und jetzt ist Schluss, ich habe es begriffen!

Ich will zurück ins Licht.

Und mit einem Mal erscheint alles hell und friedlich.

Mich überkommt eine unglaubliche Dankbarkeit und Liebe für Lina, die ich ihr auch mehr als einmal mitteilen muss.

Irgendwann setze ich mich aufrecht hin und bin ein einziger prall gefüllter Glücksballon, der imaginäres Konfetti durch den Raum versprüht. So tief ich eben noch fiel, so hoch fliege ich jetzt.

Willkommen in der Business Class der Aya Airlines!

Gegen Ende der Zeremonie schmiege ich mich an Lina. Ihre Augen sind geöffnet. Ich flüstere ihr zu: „Ich musste viel an einen Satz denken, den du vor längerer Zeit sagtest. Ich dachte damals schon, ihn verstanden zu haben. Doch erst heute Nacht habe ich ihn wirklich verinnerlicht, wirklich gespürt. Du sagtest:

‚Die Menschen müssen endlich aufwachen'."

Wahrheit

Als ich am nächsten Morgen aufwache, frage ich mich, ob ich durch die Ayahuasca-Erfahrungen der Wahrheit näher gekommen bin.

Das ist schwer zu sagen, denn das mit der Wahrheit ist keine einfache Sache. Ist sie absolut oder absolut variabel?

Ich glaube, dass es eine absolute Wahrheit in jedem von uns gibt – etwas, das zutiefst wahrhaftig ist, unverrückbar, klar und beständig. Vielleicht würden die Beschreibungen dessen, was dieses Wahre ist, sich von Person zu Person unterscheiden, denn Worte sind ohnehin schwierig, um eine Welt jenseits aller Dinge über die Sprache auszudrücken. Doch wenn man diese Worte hinter sich lässt und bis zum Grund, bis zum Ursprung schwimmt, dann berührt man den Kern, der WAHR-scheinlich auch der eigene Kern ist. Abgesehen von diesem Ursprünglichen, dem, woher wir alle kommen, glaube ich, dass es keine absolute Wahrheit gibt, sondern tausende Wahrheiten. Wir können uns alle denselben Tisch ansehen und das Material, aus dem er gemacht ist, bleibt unbestreitbar Buchenholz (zumindest in der uns sichtbaren Welt). Doch über seine Beschaffenheit, sein Aussehen, seine Stabilität lässt sich streiten. All das liegt im Auge und damit auch in der Projektion und Bewertung des Betrachters.

Und diese Projektion erscheint dem Betrachtenden als wahr, doch nur so lange, wie eine neue Erfahrung diese Projektion, diese Sichtweise, wieder verändert. Somit ist die persönliche Wahrheit auch nur eine Illusion, aber dennoch nützlich, um sich zu orientieren und sich zu entscheiden, in welche Richtung man gehen will. Vielleicht hat das, was ich noch vor einem Jahr als wahr angesehen habe, mittlerweile nicht mehr dieselbe Gültigkeit. Dennoch ist das, was damals wahr gewesen ist, nicht abzuwerten, selbst wenn man heute eines „Besseren" belehrt wurde. Vielleicht hat der damalige Entwicklungsstand oder Reifegrad eines Menschen nur diesen einen Schluss zugelassen und war damit absolut berechtigt.

Ich gebe zu, wie leicht ich dazu verleitet bin, meine Wahrheit als die einzig richtige anzusehen und auch manchmal ein wenig wütend werde, wenn andere diese Wahrheit verdammt nochmal nicht als ihre akzeptieren wollen.

Ich glaube, dass der Sinn der Suche nach der Wahrheit zu einem großen Teil in seiner selbst begründet liegt, also in dem Suchen an sich. Und dass diese Suche möglicherweise oder hoffentlich niemals aufhört, nur von Zeit zu Zeit ruht, um danach wieder aufzuflackern. Ich lebe doch gerade durch diesen Forscherdrang und liebe es, Fragen zu stellen. Ich liebe es, dass durch eine Antwort die nächste Frage entsteht. Denn das Mystische wird immer mystisch bleiben.

Das ist meine Wahrheit – untrüglich und echt. Aber ist sie auch deine? Ob sie in einem Jahr noch meine Wahrheit sein wird, weiß ich nicht. Doch das ist heute nicht von Belang.

Was hat sich verändert?

„Aber wer durch die Tür in der Mauer zurückkommt, wird nie wieder ganz derselbe Mensch sein, der durch sie hinausging. Er wird weiser sein, aber weniger selbstsicher, glücklicher, aber weniger selbstzufrieden, demütiger im Eingeständnis seiner Unwissenheit und doch besser ausgerüstet, die Beziehung zwischen Worten und Dingen, zwischen systematischem vernunftgemäßem Denken und dem unergründlichen Geheimnis zu verstehen, das er mit eben jener Vernunft ewig vergeblich zu begreifen versucht." [87]

Aldous Huxley

Die Ayahuasca-Erfahrung wird von vielen als eine Art „Reset" begriffen. Genauso fühlt es sich auch für mich an. Verstopfte und vermüllte Kanäle werden freigepustet, man wird sensibler und feinfühliger. Dies ist nicht unbedingt nur schön, bequem und komfortabel. Im Gegenteil. Während ich auf der einen Seite einen neuen Blick auf das Leben in seiner vollkommenen Schönheit

---

[87] Huxley, Die Pforten der Wahrnehmung, S. 61f.

gewinne, nehme ich auf der anderen Seite auch den kollektiven Wahnsinn, der um uns herum tagtäglich geschieht, nach einer Ayahuasca-Zeremonie viel bewusster wahr. Besonders wenn sie so intensiv war wie in der Vollmondnacht.

Doch wie lange hält das an? Und was verändert sich wirklich? Oder vielmehr: Was verändere *ich* wirklich? Denn es liegt an mir, was ich aus der Ayahuasca-Erfahrung mache. Versuche ich zum Beispiel, dem kollektiven Wahnsinn etwas entgegenzusetzen?

Ich muss gestehen: Zu wenig.

Ich esse, wenn auch nicht oft, trotzdem noch Fleisch, ich mache trotzdem noch Flugreisen und benutze trotzdem noch Plastiktüten. Die Liste ließe sich beliebig fortsetzen. Bewussterer Umgang damit hin oder her.

Dabei ist der Blick nach einer Zeremonie oft so klar. Energiegeladen und voller Tatendrang mache ich mich an meine Aufgaben. Weiß genau, was zu tun ist. Und falle doch oft nach ein paar Wochen in die alten Gewohnheiten und Muster zurück und stumpfe wieder ab. Beispielsweise begann ich nach einer Zeremonie, regelmäßig zu meditieren. Ein halbes Jahr lang jeden Morgen zwanzig Minuten. Dann änderte sich mein berufliches Umfeld und prompt geriet diese Praxis wieder in Vergessenheit. Obwohl sie mir wahnsinnig guttat und ich weiß, dass für mich kein Weg an Meditation vorbeiführt. Ein weiteres halbes Jahr verging, bevor ich wieder zu meditieren begann. Mal schauen, wie lange ich es diesmal schaffe.

Mir fehlt einfach oft die Disziplin. Ich lebe eben mehr nach dem Lustprinzip. Daran hat sich bis heute nichts geändert. Und doch ist vieles anders.

Ich bin vielleicht kein „besserer" Mensch geworden, aber ich bin viel mehr zu dem Menschen geworden, der ich sein will. Und dabei haben mir Ayahuasca und auch San Pedro geholfen.

Natürlich sind die Veränderungen, die ich seit meiner Peru-Reise durchlaufen habe, nicht allein auf die Pflanzenmedizin zurückzuführen. Vielmehr habe ich mich schon vorher auf die Suche nach Veränderung begeben und auf diesem Weg bin ich Ayahuasca begegnet. Ich entschied mich, ein Stück des Weges mit ihr zu laufen, von ihr zu lernen. Seither, nach leichten Startschwierigkeiten, weicht sie nicht mehr von meiner Seite. Was nicht bedeutet, dass ich ständig den Drang habe, in Zeremonien zu gehen. Zwischen den einzelnen Sessions lagen oft viele Monate. Und nun, nach rund fünfundzwanzig Zeremonien in fast vier Jahren, reicht es mir vorerst.

Vieles von dem, was ich durch Ayahuasca erfahren und gelernt habe, lässt sich nicht in Worte pressen. Und alles, was ich hier schreibe, kann ihr niemals gerecht werden. Versuchen möchte ich es dennoch.

Ayahuasca hat mich meinem wahren Kern näher gebracht. Den Weg zu meiner inneren Stimme freigeschaufelt. Vorbei an dem Plappermaul in meinem Kopf, das ständig wertet, entscheidet und mir das Leben schwer macht, aber natürlich auch erleichtert, denn ohne das Ego wären wir in unserem menschlichen Körper nicht überlebensfähig. Doch unter dieser vordergründigen und immer verfügbaren Ego-Stimme liegt noch diese andere Stimme, die in ihrem Klang sanft und friedvoll und von ungeheurer Kraft ist. Sie entspringt einer sehr viel tieferen Quelle als das Ego. Diese Quelle ist zwar immer da, aber in unserer Alltagswelt bin ich mir ihrer viel weniger bewusst. Erst wenn ich mich von der ständigen Ablenkung der Außenwelt abschotte, von all dem Lärm, der mich umgibt und durchdringt, erst dann höre ich wieder das leise Rauschen dieser nährenden Quelle.

Und von diesem Standpunkt aus ist es mir auch möglich, die Perspektive zu wechseln. Das große Ganze zu sehen. Damit ich nicht auf einer krankmachenden Perspektive hängen bleiben muss, wie es Christian Rätsch im Interview so schön ausdrückte. So hat Ayahuasca einige meiner Muster entlarvt, die mir nicht mehr dienlich sind und mir gezeigt, wie es sich anfühlt, wenn ich sie gehen lasse. Bis dahin hatte ich keine Ahnung, wie sehr ich mich selbst eingeschränkt und versteckt habe aus Angst vor Ablehnung, aus Angst zu versagen. Mit Hilfe der Meisterpflanzen habe ich mein Selbstvertrauen gestärkt und meine Intuition geschärft.

Trau dich, dich zu zeigen.

Ein Resultat davon ist dieses Buch. Nach vielen Jahren der Abstinenz bin ich dem Schreiben wieder näher gekommen. Und habe damit eine Aufgabe gefunden, die mein Herz erfüllt. Denn ich wusste nicht, was mir fehlte, bis ich wieder zu schreiben begann. Bis ich eines Morgens plötzlich beim Zubereiten des Frühstücks mit Tränen in den Augen dastand und von Dankbarkeit erfüllt war, dafür, dass sich meine Seele durchgesetzt und ich ihr endlich Gehör verschafft hatte.

Ich wusste, dass ich nur über etwas schreiben kann, wofür ich wirklich brenne. Ayahuasca hat mein inneres Feuer entfacht und ich kann nach Belieben Holz nachwerfen, damit es nicht erlischt.

Noch nie hat sich eine Aufgabe für mich so richtig und sinnvoll angefühlt wie das Schreiben dieses Buches.

Mein weißer Schreibtisch vor dem Fenster ist dadurch ein heiliger Ort für mich geworden. Sobald ich mich auf den weich gepolsterten Stuhl setze, bin ich bereit für die innere Reise. Von hier aus kann ich mich an jeden Platz der Welt begeben und doch bin ich stets am selben Fleck. Ein Ort, an dem einfach alles vorhanden ist und kein Wunsch unerfüllt bleibt. Es ist wie das Gefühl, das ich als Kind hatte, wenn meine Mutter an Weihnachten das Glöckchen läutete und rief: „Bescherung!". Mein Bruder und ich stürmten dann immer aus unserem Zimmer, polterten die Treppe hinunter und fielen ins Wohnzimmer ein. Dieser erste Anblick vom leuchtenden Tannenbaum auf die darunter liegenden Geschenke bleibt unvergesslich. Es ist der höchste Moment der Vorfreude. So ähnlich fühlt es sich an, wenn ich an diesen Ort vordringe, den ich von meinem Schreibtisch aus erreiche. Wenn ich geduldig genug bin, auf das Glöckchen zu warten, breiten sich viele kleine Geschenke vor mir aus. Bei manchen erkenne ich schon von außen, was sich in ihnen befindet. Mit anderen wiederum habe ich überhaupt nicht gerechnet und bin beim Auspacken zutiefst überrascht. Wenn das Unvorhergesehene eintritt, ist auch die Lebendigkeit schnell zur Stelle. An diesem Punkt fühle ich mich am wohlsten, dann bin ich ganz bei mir angekommen.

Dann bin ich frei.

Als ich begann, dieses Buch zu schreiben, dachte ich, dass ich ein paar Monate später fertig sein werde. Pustekuchen, dachte sich das Leben. Deadline um Deadline verstrich, es wurde Sommer, es wurde Herbst, es wurde Winter. Es wurde alles, nur kein Buch.

Bis ich langsam begriff, dass meine Reise gerade erst begonnen hatte! Keine leichte Erkenntnis für jemanden, der bei der Verteilung von Geduld leider leer ausging.

Phasen der Gelassenheit wechselten sich ab mit Phasen von Verzweiflung. Einen Tag vertraute ich, den nächsten verlor ich jeden Glauben. Ich durchlief verschiedenste Emotionen und Gefühle. Eines war ihnen allen gemein: Früher oder später gingen sie vorüber.

Was blieb, war meine Beharrlichkeit und mein innigster Wunsch, dieses Buch irgendwann abzuschließen.

Als ich in einer Session fragte: „Wird das Buch rechtzeitig fertig?", lautete die Antwort: *Da es keine Zeit gibt, ist es immer rechtzeitig fertig!* Haha. Heute weiß ich:

Jetzt ist die rechte Zeit.

Was ich durch das Schreiben dieses Buches gelernt habe, ist, das Leben selbst in die Hand zu nehmen. Nicht passiv darauf zu warten, dass etwas passiert, sondern aktiv für meine Träume einzustehen. Wir können nicht alles unter Kontrolle haben, aber wir können beginnen, ein selbstbestimmteres Leben zu führen.

Ayahuasca wird für immer einen Platz in meinem Herzen haben. Sie hat mir die Tür geöffnet. Und die Augen. Damit ich die Dinge in einem anderen Licht sehe. So hat sich der Blick nicht nur auf meine Welt verändert, sondern auch auf die Welt der Pflanzen.

Der Weg des Adlers

„Wo soll's denn hingehen?“

„Zum Potsdamer Platz, bitte!“, sage ich müde zum Taxifahrer. Es ist sechs Uhr fünfundvierzig und es liegen nur wenige Stunden Schlaf hinter mir. Auch die Stadt döst noch vor sich hin. In den meisten Fenstern hängen die Rollläden schlaff herunter wie meine Lider. Ich reibe sie mir ein paar Sekunden mit den Fingern, bis aus dem Schwarz vor meinem inneren Auge helle Pünktchen entstehen. Als ich die Augen wieder öffne, treffe ich beim flüchtigen Blick in den Rückspiegel auf etwas Vertrautes. Doch ehe ich mich entsinne, kommt mir der Fahrer zuvor.

„Und, wie war Ihre Reise nach Südamerika?“

„Ali, du bist's! Wow, das ist aber lange her!“

Schlagartig bin ich hellwach. Mehr als zwei Jahre sind mittlerweile vergangen, seit wir uns im Café trafen. Damals war Ali noch glatt rasiert und hatte kurze nach hinten gekämmte Haare. Heute ist sein Gesicht umrahmt von prächtigen Locken und einem wuscheligen Vollbart.

„Wie geht es dir?“, fragt er.

„Ja, gut. Gut geht's mir!“ Ich muss mich erstmal sortieren. „Es ist so viel passiert, seitdem wir uns gesehen haben.“

„Hast du noch mit dieser schamanischen Dschungelmedizin zu tun?“

„Ja, ab und zu“, sage ich.

Er nickt grinsend.

„Und dir? Wie geht's dir?“, will ich wissen.

„Ganz okay“, sagt er und winkt dabei einem Gemüsehändler auf der Potsdamer Straße zu. An jeder zweiten Ecke trifft er auf ein bekanntes Gesicht. Ich schaue mir seine Hände auf dem Lenkrad an. Sie sehen noch immer sehr jung aus. Er trägt keinen Ring.

„Ich werde das Taxifahren wahrscheinlich bald aufgeben", sagt Ali. Es mache ihm kaum noch Spaß und finanziell laufe es auch eher bescheiden. Was er stattdessen machen werde, wisse er noch nicht. Das stehe in den Sternen. Vielleicht auch einen Gemüseladen.

„Hast du eigentlich meinen Rat befolgt?", fragt er, als wir uns dem Potsdamer Platz nähern.

Ich weiß sofort, was Ali meint. Wie könnte ich unser Geheimnis vergessen? „Ja, habe ich."

„Gut", sagt er.

Ich betrachte ihn im Rückspiegel, während er mich sicher ans Ziel führt. Vielleicht werden mir seine Augen irgendwann wieder begegnen. Vielleicht in diesem Leben, vielleicht im nächsten. Vielleicht hat Ali dann seine wahre Berufung gefunden.

Vielleicht ist er dann ein Adler.

AUSBLICK

Die Pflanze - das verkannte Wesen?

"Ich halte geistige Zwiesprache mit den Ranken der Wein-
rebe, die mir gute Gedanken sagen und wovon ich euch
wunderliche Dinge mitteilen könnte."

Johann Wolfgang von Goethe

Ich habe mich nie sonderlich für Pflanzen interessiert.
Wenn ich durch den Wald laufe, bin ich froh, eine
Fichte von einer Tanne unterscheiden zu können. Es
erschreckt mich regelrecht, wie wenig ich über unsere
heimischen Pflanzen weiß. Nicht einmal alle Namen
meiner engsten Begleiter, der Zimmerpflanzen, kenne
ich. Nur einen kann ich mir besonders gut merken:
Monstera. Denn sie macht ihrem Namen alle Ehre und
monstert seit Jahren still vor sich hin, so dass sie inzwischen ein gefühltes Drittel meines Wohnzimmers
erobert hat.

Erst als ich begann, mich mit Ayahuasca auseinander-
zusetzen, habe ich mich gefragt, was Pflanzen eigentlich
für Lebewesen sind. Schamanin Isabell sprach von Ayahuasca immer als der Pflanze mit dem höchsten
Bewusstsein. Die Vorstellung, dass Pflanzen überhaupt
eine Art von Bewusstsein haben sollen, war mir fremd.
Doch Schamanen im Amazonas-Dschungel antworten
auf die Frage, woher sie ihr erstaunlich genaues und
umfangreiches botanisches Wissen über die verschiedensten Pflanzen hätten: „Von den Pflanzen selbst."
Mein westlicher rationaler Verstand konnte mit solchen
Aussagen wenig anfangen. Auch dem kanadischen An-

thropologen Jeremy Narby ging es zunächst so, bis er zu der Erkenntnis gelangte: *„Die Schamanen bringen in ihren Visionen ihr Bewusstsein auf die Ebene der Moleküle (...) Auf diese Weise lernen sie, Gehirnhormone mit Monoaminooxidase-Hemmern zu kombinieren oder vierzig verschiedene Pflanzen zur Muskellähmung zu entdecken, während es der Wissenschaft lediglich gelungen ist, deren Molekularstruktur nachzubauen. Wenn sie sagen, sie hätten das Rezept für Curare von den Wesen erhalten, die das Leben schaffen, dann meinen sie das wörtlich. Wenn sie sagen, das Wissen käme von den Wesen, die sie in ihren Halluzinationen sehen, dann bedeuten ihre Worte genau das, das sie beschreiben.“*[88]

Uns im Westen liegt diese Art von Weltbild völlig fern. Spätestens seit der Aufklärung haben wir die Idee von Geistwesen und einer beseelten Natur in den Bereich des Aberglaubens und der Fantasie verbannt. Die materialistische Weltanschauung und die Vorstellung, die Welt und das gesamte Universum seien eine riesige Maschine, haben überhandgenommen. Allein die Wissenschaft, also das, was empirisch nachweisbar ist, zählt heutzutage.

Einer, dem der empirische Blick zu eng war, ist Wolf-Dieter Storl. Der bekannte Ethnobotaniker und Kulturanthropologe verzichtete deshalb auf die klassische Uni-Karriere, denn für ihn sind Pflanzen viel mehr als in Botanik-Büchern zu lesen ist. „Diese rein objektive – also gegenständliche – Sichtweise wird uns antrainiert durch zwölf Jahre Schule, das ist das heutige Weltbild“, sagt mir Storl am Telefon. „Aber die Wissenschaft ist ja nur eine bestimmte Methode, um Wissen zu finden und

---

[88] Narby, Die kosmische Schlange, S. 79.

die hat ihre Grenzen."

Als Völkerkundler lebte Storl eine Weile bei den Cheyenne in den USA. Er erkannte, dass die Indianer ganz andere Aspekte in der Natur wahrnehmen als das, was messbar ist. „Das war mir auch fremd, als ich das erste Mal davon hörte. Aber als ich mit einem Indianer durch den Wald zog, da merkte ich den Unterschied. Ich sprach über und er sprach mit den Pflanzen. Er konnte Botschaften empfangen, zum Beispiel, welche Pflanze bei welcher Krankheit hilft. Die echten Schamanen fallen in eine Art Trancezustand, in dem sie in der Lage sind, mit der Pflanze zu kommunizieren. Das erfolgt zum Beispiel über Imaginationen."

„Pflanzen sind Vermittler, Zwischenwesen, oder wie es der Pflanzenliebhaber Goethe einmal sagte, sie sind ‚sinnliche, übersinnliche Wesen', halb in dieser, halb in der geistigen Welt". [89]

„Würden sie Pflanzen als intelligent bezeichnen?", frage ich. „Wenn man die herrliche Struktur, die Geometrie, die Wachstumsrhythmen sieht, dann kann man nicht sagen, dass da keine Intelligenz ist. In Afrika und Indien stellt sich diese Frage gar nicht", so Storl.

Auch für den Botaniker Stefano Mancuso besteht kein Zweifel an der Intelligenz der Pflanzen. „Intelligenz ist die Fähigkeit, Probleme zu lösen, und Pflanzen sind erstaunlich gut im Lösen ihrer Probleme", so der Leiter des „International Laboratory of Plant Neurobiology" in Florenz. „Intelligenz zeigt sich darin, dass man versteht,

---

[89] Wolf-Dieter Storl, Naturrituale. Mit schamanischen Ritualen zu den eigenen Wurzeln finden, 7. Auflage, Baden und München 2015, S. 100.

auf Veränderungen der Umwelt adäquat zu reagieren. Das können Pflanzen ganz offensichtlich deutlich besser als Tiere oder nun gar der Mensch. Mehr als fünfundneunzig Prozent der Biomasse sind Pflanzen. Das zeigt doch deutlich, wer etwas aus den irdischen Gegebenheiten zu machen versteht und wer nicht.“[90]

Ständig gibt es neue Entdeckungen über die erstaunlichen Sinnesleistungen der Pflanzen. Mancuso schätzt, dass Pflanzen mindestens zwanzig Sinne besitzen. Das lange dominierende Bild von der passiven Pflanze wird gehörig auf den Kopf gestellt. Und so ist in der Forschergemeinde eine Diskussion über die „Intelligenz“ der Pflanzen entbrannt. Die Kontroverse handelt weniger von den bemerkenswerten Entdeckungen als vielmehr davon, wie man sie interpretiert und benennt. Ob man das Pflanzenverhalten, das wie Lernen, Erinnerungsvermögen, Entscheidungsfähigkeit oder Intelligenz aussieht, auch so bezeichnen darf oder ob diese Begriffe nur für Kreaturen mit einem Gehirn reserviert sind.

Schon Charles Darwin vermutete in den Wurzeln der Pflanzen eine Art Kommandozentrale ähnlich der unseres Gehirns. Für diese These, die er in seinem Grundlagenwerk von 1880 „The Power of Movement in Plants“ darlegte, wurde er damals von der wissenschaftlichen Gemeinschaft ausgelacht.

Heute weiß man, dass bei Pflanzen zwar keine Neuronen am Werk sind, es jedoch elektrische und chemische Signalsysteme gibt, die denen im Nervensystem von

---

[90]Zit. aus einem Artikel von Arno Widmann, erschienen in der Online-Ausgabe der Frankfurter Rundschau vom 13.2.1015, http://www.fr-online.de/kultur/intelligente-pflanzen-mancuso--selbst verstaendlich-sind-pflanzen-intelligent-,1472786,29849918.html (Stand: 10.3.2016).

Tieren und Menschen verblüffend ähneln. Ebenso sind Neurotransmitter wie Serotonin und Dopamin in Pflanzen entdeckt worden, deren Rolle allerdings noch unklar ist.[91]

Sind Pflanzen also weit mehr als nur Bio-Maschinen, die ein genetisches Programm abspielen? Haben Pflanzen gar eine Art von Bewusstsein?

Auf die Frage, ob Pflanzen einen „Geist" besäßen, antwortete der amerikanische Ethnopharmakologe und Autor Dennis McKenna in einem Interview mit Zoe Helene: „Das ist die Krux vieler Fragen über die Natur der Pflanzenintelligenz. Die Schamanen würden sagen: ‚Na, selbstverständlich ist die Welt durchdrungen von Geist, von nichtmenschlicher Intelligenz', doch der reduktionistische Wissenschaftler wird sagen: ‚Es ist Teil meiner eigenen Persönlichkeit, die sich abgespalten hat und auf mich reflektiert. Es ist alles das Selbst'."[92]

Der Wald und wir

Interessanterweise ähnelt das Nervengeflecht in unserem Gehirn sehr stark dem Wurzel- und Pilzgeflecht im Waldboden.[93] Es herrscht in einem Waldgebiet auf biochemischer Ebene ein so reges Treiben, dass Wissenschaftler gar vom „Wood Wide Web" sprechen.

[91] Michael Pollan, The Intelligent Plant, Artikel in The New Yorker, 23. und 30. Dezember 2013, S. 92.
[92] http://www.zoehelene.com/celebrity-psychonaut-dennis-mckenna (Stand: 15.11.2015). (Übersetzung von Zoe Helene)
[93] Vgl. Andreas Weber, Mit allen Sinnen, Artikel in der deutschen Ausgabe von National Geographic, August 2015, S. 111.

Auch wir sind Teil dieses Netzwerks, wenn wir den Wald betreten. Denn Bäume, Moose, Sträucher und Laub geben Duftstoffe ab, die sogenannten Terpene, die auch unser Immunsystem „verstehen" und verarbeiten kann.

Wir müssen also kein Schamane sein, um mit Pflanzen zu kommunizieren. Auf einer unterbewussten Ebene kommunizieren wir nämlich alle mit Pflanzen. Und dabei spielen die Duftstoffe eine entscheidende Rolle. Sie wirken auf das limbische System, dem ältesten Teil unseres Gehirns, auch Reptiliengehirn genannt. Dies ist vereinfacht gesagt (unter anderem) der Sitz der Emotionen. „Der Mensch wird, mehr als er glaubt, von unterschwellig wahrgenommenen Duftstoffen von Pflanzen gesteuert und geführt", schreibt Wolf-Dieter Storl.[94]

Wie sich die Duftstoffe der Pflanzen konkret auf unseren Körper auswirken, dem ist der österreichische Biologe und Autor Clemens G. Arvay nachgegangen. Er kommt zu dem Schluss: „Waldluft ist wie ein Heiltrunk zum Einatmen". Bei den Recherchen zu seinem Buch „Der Biophilia-Effekt. Heilung aus dem Wald" stieß er auf die Studien von Qing Li, der an der Nippon Medical School in Tokyo im Bereich „Waldmedizin" forscht. Dass Waldspaziergänge uns guttun, spürt wohl jeder instinktiv. Qing Li wollte diesem Phänomen jedoch wissenschaftlich nachgehen und führte eine Reihe von Experimenten durch, bei dem er Freiwilligen vor und nach einem Spaziergang im Wald Blut abnahm. Er konnte nachweisen, dass beispielsweise das Niveau der Anti-Krebs-Proteine deutlich ansteigt. Der Umweltimmunologe fand außerdem heraus, dass das Eintau-

[94] Storl, Naturrituale, S. 146.

chen ins Grün Ängste und Depressionen lindert, den Blutdruck und den Cortisolspiegel senkt.

In Japan ist das shinrin yoku, das sogenannte „Waldbaden", eine Jahrhunderte alte Tradition und gehört zum therapeutischen Prinzip. Ärzte gehen dort mit ihren Patienten regelmäßig im Wald spazieren, da sich dies positiv auf die Heilung auswirkt.[95]

Es gibt mittlerweile viele Studien, die die heilsame Wirkung der Natur auf uns nachweisen. Menschen, die in Park- oder Waldnähe wohnen, sollen seltener an Krebs erkranken und mental gesünder und glücklicher sein. Die Natur macht uns empathischer, kreativer und fördert unsere Konzentrationsfähigkeit.[96]

Und das alles ist doch überhaupt nicht verwunderlich – wie sollte es auch anders sein? Schließlich kommen wir ja aus der Natur. Wir sind ein Teil von ihr!

„Heute, wo wir immer besser verstehen, dass es ein menschliches Gedeihen ohne Achtung für die Natur nicht geben kann, wäre es an der Zeit, dem weiter nachzugehen: Ob denn unsere Seele in Wirklichkeit nicht auch von Impulsen aus der Natur geprägt wird? Ob nicht seelische Störungen auch durch zerbrochene oder belastete Beziehungen zur natürlichen Umwelt entstehen? Ob nicht die äußere Natur und unsere innere Natur irgendwie zusammenhängen?"[97]

[95] Clemens G. Arvay, Der Biophilia-Effekt. Heilung aus dem Wald, Wien 2015, S. 27ff.

[96] Manfred Spitzer, Nervenheilkunde 12/15, S. 956ff.

[97] Herbert Renz-Polster und Gerald Hüther, Wie Kinder heute wachsen – Natur als Entwicklungsraum. Ein neuer Blick auf das kindliche Lernen, Fühlen und Denken, Weinheim und Basel 2013, S. 59.

Kurzes Nachwort

Eines sei noch gesagt: Ich bin keine Ayahuasca-Expertin und möchte auch nicht so verstanden werden. Mir geht es mit diesem Buch lediglich darum, meine Erfahrungen zu teilen. Man könnte mir den Vorwurf machen, dass ich nie im amazonischen Dschungel war, um die Pflanzenmedizin bei einem einheimischen Schamanen zu trinken. Mein Weg hat mich bisher einfach nicht dorthin geführt. Doch nur in der Heimat dieser mächtigen Pflanze, so höre ich immer wieder, könne man die „wahre" Ayahuasca-Welt erleben. Ob es tatsächlich so ist, kann ich nicht beurteilen. Mir ist das auch unwichtig, denn meine Erfahrung ist deshalb nicht weniger wertvoll und das Schönste daran ist: Mir kann sie keiner mehr nehmen.

Dank

Ich danke allen Menschen von ganzem Herzen, die mich bei meinem Buchprojekt unterstützt haben. Dazu gehören meine Familie, Freunde, Interviewpartner und Testleser. Mein besonderer Dank geht an meinen Freund, der mir während des gesamten Schreibprozesses mit unerschütterlicher Geduld zur Seite stand.

Außerdem danke ich Fabian Piorkowsky (www.plantsbyfabian.com) sowie Javier Regueiro (www.ayaruna.com), die mir mit ihrem fachlichen Rat stets eine große Hilfe waren.

Über die Autorin

Kristina Jessen, geboren 1980 in Schleswig, wächst in einem norddeutschen Dorf und einer holländischen Kleinstadt auf. Nach dem Geschichtsstudium in Jena absolviert sie eine journalistische Ausbildung. Als Redakteurin und Filmemacherin lebt und arbeitet sie seit 2008 in Berlin und seit 2017 hauptsächlich in Köln. Sie liebt Yoga, Reisen und gutes Essen.